马克思主义经典著作导读

科学社会主义卷

姜延军　翟桂萍　主编

上海人民出版社

目录

代序：努力读懂马克思

努力站在前人（尤其是巨人）的肩膀上！这是每一个人、每一代人的共同智慧和现实追求。马克思，作为人类思想史和发展史上一位里程碑式的巨匠和伟人，无疑值得我们关注、学习、追随。这首先需要做好基础性工程，就是认真阅读马克思，读懂他的文本、读懂他的实践、读懂他的追求。

一、要努力读懂马克思“说了什么”的锐气，更要努力读懂马克思“呼唤什么”的担当

马克思的思想阐发，以批判精神著称于世。他的语言和文字，如同一支支投枪和一把把匕首，义无反顾地刺向错误的思想、陈旧的制度、不公的现实。从中学毕业论文《青年在选择职业时的考虑》起，马克思就表现出了一种强烈的忧患意识，正是这一意识使马克思（主义）在纷繁复杂的现实面前显得十分深沉并富有远虑，能从风平浪静中洞察到潜在的危机和社会发展的方向。真正的马克思主义者，正是这样，在强烈的忧患意识中不断艰辛探索——《共产党宣言》的宣示、十月革命的炮声、天安门

城楼的五星红旗——永不停息的忧患意识终于从这些自强不息、百折不挠的奋斗者身上积淀下来，结成一种共同的意志，融入马克思主义的灵魂中，成为马克思主义宝贵的、不可缺少的组成因素。进入新时代后，习近平总书记在党的十九大报告中再次提醒全党："国内外形势正在发生深刻复杂变化，我国发展仍处于重要战略机遇期，前景十分光明，挑战也十分严峻。全党同志一定要登高望远、居安思危……"[1]

这种博大凝重的"忧患意识"，本质上是一种生存意识和发展意识。它所激发的是人们的紧迫感、责任感和历史担当，是促使人们在危机中不断完善自我的希望和动力。它以理想的名义责问现实，但不是以理想诋毁和代替现实；它表面上是对现实的警惕、戒惧甚至责问，但内里却是沉毅地对待社会人生的一种理智的、富于远见的精神状态；它常常表现为一种批判和反对，但更多的却是出于一种继承和建构。正如马克思所言，是"为了激起人民的勇气，必须使他们对自己大吃一惊"。[2]因此，千万不能将这种"忧患意识"形而上地理解和贯彻为"忧患主义"，否则就会消解一切现实存在，就会否定生活本身。

我们应该努力让"我的意见"保持在一定的尺度之内，科学地引导各种社会心态特别是负面情绪，树立和传递自尊自信、乐观豁达、开放包容、踏实拼搏、积极向上、恒毅追求的思想认识，更多地用发现"美"、欣赏"美"、创造"美"的态度去看待他人、看待社会，并观照自己。

---

[1] 习近平：《决胜全面建成小康社会，夺取新时代中国特色社会主义伟大胜利——在中国共产党第十九次全国代表大会上的报告》，人民出版社 2017 年版，第 2 页。

[2]《马克思恩格斯文集》第 1 卷，人民出版社 2009 年版，第 7 页。

二、要努力读懂马克思"学了什么"的洞察，更要努力读懂马克思"创作什么"的智慧

即使"图书馆里足印"的著名典故已不完全可考[1]，客观留存下来的马克思的学习笔记、读书摘录、心得体会、提纲手稿等，也足以向我们印证这位伟人勤奋好学、孜孜以求的一生。确实如一些人朴素感慨的：马克思用一辈子写出来的东西，我们用一辈子都读不完。这种可贵的好学、博学精神，我们当然需要好好学习和传承。我们也应该广泛而包容地阅读、学习各领域、各方面、各层次甚至各种取向的理论成果，以使当代中国马克思主义更紧跟时代发展的步伐、更具有开阔的理论视域。但学习本身不是目的，学习也不是满足于"知道"，更不是照抄照搬。马克思主义的创立，固然离不开马克思恩格斯对包括德国古典哲学、英国古典政治经济学和法国空想社会主义在内的人类文明优秀成果的扬弃，却绝不是这些成果的简单拼凑，而是在消化吸收基础上的"哥白尼式"的理论革命。

伴随着改革开放的不断深入，尤其在苏联解体以后，中国学术界不断反思，要求彻底摆脱"以苏解马"的传统解读模式。近年来，随着"回到马克思原初语境"等理念的拓展和彰显，不仅马克思之前的康德、黑格尔等开始被关注，而且卢卡奇、葛兰西等也开始被研究，甚至相当一批与我们同时代的西方学者已经进

［1］ 近年来，对于马克思在大英图书馆中磨出脚印的典故（以及与此类似的一些问题），不少人费心费力进行实证化考据，质疑其真实性可能性。我们当然不应该为了价值导向而无视真相，但应警惕这种"追求真相"的激烈诉求背后的其他目的。

入我们的视野。应该充分肯定，这种开放的、多视角的、紧跟时代的总体研究逻辑转换，是富有积极意义的——不仅有助于我们放眼看世界，而且有助于我们更富启发地理解马克思（主义），更重要的是隐藏于其中的中国学者自身理论研究思维方式的进步：从对一种话语的简单重复走向多种话语的参与式对话、从对结论的评论走向对提问方式的质询。但一个潜在的问题（甚至危险）是，在这样一种新的阅读和研究模式中，我们如何才能够像当年的马克思一样，在学习中处理好“六经”与“我”的关系、“六经”与“马克思”的关系、“我”与“马克思”的关系，找准自己的理论定位并在此基础上把握理论的发展？在这样一个重要问题域中，人们常说的“要学会学习”，对于阅读马克思显现出了特殊的意义。

或许这种阅读和研究模式的转变，并不必然造成马克思（主义）在当代中国社会生活中的退场和边缘化，但其现实呈现出的结果却令人哭笑不得。一些人片面求“洋”，本应为国人熟知的人物出口转内销有了我们完全不相识的洋气新名：蒋介石成了“常凯申”（Chiang Kai-Shek），孟子成了“门修斯”（Mencius），孙子成了“桑卒”（Sun Tzu）。出现这样的问题，或许跟他们忽视对自己研究领域以外知识和信息的了解有关，但恐怕更是一种拿来主义的阅读和研究逻辑在作祟。也有一些人片面求“新”，更愿意盯着那些所谓“新”的东西（更具体来说就是“原来没有的新词”），而把骨子里的东西、真正底蕴性的东西丢掉了。说重一点，这就是现代版的、理论版的“买椟还珠”。这些年来，不少高校马列主义经典著作的课程已经开不起来或者开不下去的严峻情况，不正是这一问题更深层次的表征吗？还有一些人片面求“异”，热衷于语不惊人死不休。

世界上从来没有纯而又纯的哲学社会科学。学者应有的气节和担当首先就是不能忽视自己肩上的担子，不能忘了扛什么旗、领什么路。坚定的道路自信、理论自信、制度自信、文化自信，离不开踏踏实实地构建具有中国特色、中国风格、中国气派的思想理论。

三、要努力读懂马克思“看了什么”的判断，更要努力读懂马克思“怎么来看”的眼光

马克思一生涉猎领域广泛，著就了百科全书式的经典。正如恩格斯深情回顾的，除了著名的“两大发现”，马克思“在他所研究的每一个领域，甚至在数学领域，都有独到的发现，这样的领域是很多的，而且其中任何一个领域他都不是浅尝辄止”。[1]阅读马克思，当然应该追随他的目光，尽可能全面系统地把握马克思在各个领域的创见，而不是分立、割裂、肢解他的思想。这也正是近年来特别强调马克思主义理论是一个整体的原因和意义所在。美国学者海尔布隆纳曾经在《马克思主义：支持与反对》一书的导言中写道：“今天有各种各样的马克思主义者，其中有的把马克思的著作原封不动地加以捍卫，有的要把马克思的著作几乎全部加以改变；有的认为资本主义的情况基本上如马克思所云，有的认为《资本论》的分析已不再适用；有的想突破禁区，涉足宗教和精神分析领域，有的认为这些只不过是资产阶级的邪门歪道；有的骄傲地自诩为正统派，另有人则认为马克思主义已蜕变为意识形态……”[2]这种混乱的情况原因何在？是时代发展

[1]《马克思恩格斯文集》第3卷，人民出版社2009年版，第601—602页。

[2] 吴晓明主编：《当代学者视野中的马克思主义哲学——西方学者卷（下）》，北京师范大学出版社2008年版，第644—645页。

的客观因素所致？抑或是马克思（主义）本身出了问题？答案都是否定的。其根本症结在于，有些人太紧盯和固守于马克思（主义）的具体言论，而忽视了恩格斯曾经反复告诫的："马克思的整个世界观不是教义，而是方法。它提供的不是现成的教条，而是进一步研究的出发点和**供**这种研究**使用**的方法。"[1]经典之所以具有永恒的魅力，就在于其中蕴涵着回答时代问题、解决时代课题的世界观和方法论。

例如，马克思在临近逝世前，还在密切关注电学方面各种发现的进展情况，并且具体关注了马赛尔·德普勒的发现。他关注的真的是电学本身吗？如果是这样，人们或许应该得出结论：那个时代的电学早已被超越了，因此马克思（主义）也应该"过时"了。事实无疑并非如此。"在马克思看来，科学是一种在历史上起推动作用的、革命的力量。任何一门理论科学中的每一个新发现——它的实际应用也许还根本无法预见——都使马克思感到衷心喜悦，而当他看到那种对工业、对一般历史发展立即产生革命性影响的发现的时候，他的喜悦就非同寻常了。"[2]不难得出结论，在具体知识和技术之上的深沉的历史感和发展观才是马克思真正关切的。与其说他留给我们的财富是那些关注点以及具体的卓越判断，毋宁说是他为我们示范了应该在什么层次上以及应该如何关注和判断这些问题；与其说他更多看到了现实社会的"如是性"，毋宁说他更多追问了"何如是""应如何"。因此，阅读和追随马克思，根本的不仅仅在于了解马克思将目光投向了何处，也不仅仅在于把握他深邃的目光捕捉到了什么，而是在于承

[1]《马克思恩格斯文集》第10卷，人民出版社2009年版，第691页。
[2]《马克思恩格斯文集》第3卷，人民出版社2009年版，第602页。

袭他洞察到常人无法捕捉的奥秘和真理依凭的方法论。就像列宁在申明“马克思和恩格斯在他们的著作中特别强调的是**辩证**唯物主义，而不是辩证**唯物主义**，特别坚持的是**历史**唯物主义，而不是历史**唯物主义**”[1]的同时，又根据当时理论斗争的实际需要，转而特别强调辩证**唯物主义**，而不是**辩证**唯物主义，特别坚持历史**唯物主义**，而不是**历史**唯物主义。这不仅不是背离，恰恰是真正坚持马克思主义。

开启全面建设社会主义现代化国家新征程，我们要做好啃硬骨头、过险滩的各方面准备，一项前提性基础性工作就是学习和掌握马克思主义的眼光，用科学的立场观点方法透彻地看待改革开放进程中的矛盾和问题。我们不仅要知道应该关切什么，更需要学习和思考应该如何关切。每个人都应该自觉“提高阅读生活的能力，善于在幽微处发现美善、在阴影中看取光明，不做徘徊边缘的观望者、讥谗社会的抱怨者、无病呻吟的悲观者，不能沉溺于鲁迅所批评的‘不免咀嚼着身边的小小的悲欢，而且就看这小悲欢为全世界’”。[2]

四、要努力读懂马克思“写了什么”的妙论，更要努力读懂马克思“为什么写”的初衷

马克思一生笔耕不辍，用热情、勤奋和智慧为后人留下了一

[1]《列宁专题文集·论辩证唯物主义和历史唯物主义》，人民出版社2009年版，第115—116页。

[2] 习近平：《在中国文联十大、中国作协九大开幕式上的讲话》，《人民日报》2016年12月1日第2版。

座取之不尽的思想宝库。这座宝库中无论是其生前已发表还是未发表的、其身后已被整理还是待整理的,都值得我们潜心研读。但在我们倾心于在思想层面考证其渊博知识、欣赏其优美文字、汲取其精彩论断的同时,更需要意识到这座宝库的根基是火热而伟大的实践。马克思是一位理论家,更是一位实践家;是一位智者,更是一位导师。他呕心沥血致力于全人类的解放,而不是书斋式地解释世界;他高度关注的是无产阶级的命运,而不是象牙塔式地建构体系。因此,马克思主义作为一种理性形态,不仅包含知识理性,更包含实践理性。而后者所蕴含的价值追求在某种意义上来得要更深沉更根本,就如同我们对自己的母亲、自己的祖国的热爱,如果总是需要理智地提醒自己去热爱,这至多只能算是有知识有教养,而只有那种血脉相连、来自心灵深处的热爱才是一个人的真正感情和价值观。所以阅读马克思(主义)绝不能脱离价值观层面的追求。

马克思本可以过衣食无忧的体面生活,但他数次经济异常窘迫;马克思本可以过安居乐业的稳定生活,但他数次被强制驱逐出境;马克思本可以过纵享天伦之乐的闲逸生活,但他一生为人类之解放奔走呼号。“卡尔·马克思”成了人类思想史上的重要里程碑,马克思砸碎了捆绑全世界无产者的锁链,马克思开出了一切人自由而全面发展的良方。是什么支撑马克思选择和成就了如此灿烂辉煌的人生?答案或许不是唯一的,但远大的价值追求一定是至关重要和最为根本的。用我们更为熟悉的传统文化来表达,就是“为天地立心,为生民立命,为往圣继绝学,为万世开太平”。[1]

[1] 张载:《横渠语录》。

从马克思的传记和当时的有关记载，我们可以了解到，马克思人生的第一个职业是报刊工作者——1842年4月，马克思开始为《莱茵报》撰稿，同年10月起，成为该报编辑。二十多岁之时，马克思还没有成长为站在历史唯物主义高度的深邃思想家，但即使仅仅作为一名年轻的职业报刊人，他也是成功的，这种成功既表现为马克思的报纸深深打动了当时广大民众的心灵，更表现为他动动笔杆子就能让当时的统治阶级惶恐不安。而不论是对人心的打动还是对统治阶级的鞭挞，都来自他的使命感。在马克思看来，"写作"不再是简单的作家的个人行为，而是一项社会工作——"作家当然必须挣钱才能生活，写作，但是他决不应该为了挣钱而生活，写作"。[1]由此，我们或许就不再难理解，为什么马克思留下的彪炳千秋的思想遗产中多是笔记和手稿。就是因为马克思更多的不是为了发表写作，而是为了思考写作；不是为了自己写作，而是为了人类写作；不是为了当下写作，而是为了历史、为了未来写作。在上一个问题中我们突出强调了"眼光"，事实上"眼光"从来都不是孤立的，它既关联于"知识"，又关联于"信念"——"大信念"促进"大眼光"，"大眼光"强化"大信念"。把握不了这一点，我们就不会理解为什么马克思竟然会申明自己不是"马克思主义者"[2]；也不会理解为什么马克思恩格斯会在那些生活于社会最底层、没有太多文化素养、受困于

[1]《马克思恩格斯全集》第1卷，人民出版社1956年版，第87页。

[2] 参见《马克思恩格斯文集》第10卷，人民出版社2009年版，第487、590页。恩格斯在1882年11月2日至3日《致伯恩斯坦》、1890年8月27日《致保尔·拉法格》、1890年9月7日《给"萨克森工人报"编辑部的答复》等文章中多次转述这一事实，旨在重申马克思曾对社会上对其思想本意歪曲理解、看似标榜实则背离的讽刺和批判。

养家糊口的工人阶级身上看到未来社会的力量和希望；更不会理解为什么中国共产党人勇于抛头颅、甘于洒热血。

《马克思主义经典著作导读》（哲学卷、政治经济学卷、科学社会主义卷）的编写坚持以习近平新时代中国特色社会主义思想为根本指导，贯彻落实习近平总书记关于学经典、悟原理的一系列重要指示，精心挑选从马克思到毛泽东的系列重要经典文本展开研读。之所以这样选择，主要基于两点考虑：其一，这个范围内的经典文本更加集中地呈现了马克思主义基本理论，对于马克思主义理论体系而言更加具有根基性；其二，改革开放以来的经典篇章，特别是习近平总书记的重要著作十分丰富且自成体系，篇幅有限选取并予以解读，很容易出现重大疏漏。虽然如此，本导读坚持源流贯通式的解读路径，在注重马克思主义基本原理与新时代党的创新理论的互动中阐明中国化时代化马克思主义的创新发展，从而使整个导读具备了当代视野。

我们由衷期待，本丛书能为广大读者走近并捧起马克思（主义）经典、走近并读懂马克思（主义）经典贡献一份绵薄之力。

《英国工人阶级状况》导读

阅读导引

《英国工人阶级状况》是恩格斯早期的一本著作的简称，它的完整名称则是《英国工人阶级状况·根据亲身观察和可靠材料》，全书内容非常丰富，字数也比较多，除了“致大不列颠工人阶级”“序言”之外，主要包括“导言”“工业无产阶级”“大城市”“竞争”“爱尔兰移民”“结果”“个别的劳动部门”“狭义的工厂工人”“其他劳动部门”“工人运动”“矿业无产阶级”“农业无产阶级”“资产阶级对无产阶级的态度”等部分的内容。从这本书的标题能清晰看出，它的研究对象和研究主题就是英国的工人阶级。该书完成的时间是1845年春，当时的恩格斯虽然只有24岁，但是这本著作选题的角度、关照的温度、研究的深度、认识的厚度、影响的广度，都已经充分证明了恩格斯作为天才思想家的伟大之处。

本书写作的背景是19世纪中叶的英国，而当时的英国，由于它在18世纪60年代就率先开始了工业革命，因而可以说，英国的资本主义在欧洲国家乃至全世界的发展都是最早的一个。资本主义的发展，在实现生产力的巨大飞跃的同时，自然也引起英国经济社会结构的重大变化。这种重大变化的重要表现和标志则就是英国社会中出现了一个规模庞大且强大的工人阶级。但在这种阶级结构中，工人阶级处于被剥削、被奴役的地位，他们虽然非常勤劳、没日没夜地工作并创造了巨大社会财富，然而，他们的不利地位，却使他们不仅没有能够共享这些发展成果，反而是一无所有，生活日益贫困，经常受到失业、饥饿、死亡的威胁。工人们在无法照常生存下去的情况下，自然就开始反抗，而工人反抗的形式是处于不断发展演变之中的，从初级的零散的盗窃和捣毁工厂机器等破坏活动，后来发展到有组织的罢工、暴动乃至于其他形式的政治斗争，等等。这引起了社会各阶层的广泛注意，提出和通过了各种提案，但都无济于事。一些先进的思想家虽然也注意到了资本主义的压迫与工人反抗之间的关联，并且能够较为深刻地认识到资本主义制度本身蕴含的某些固有的、不可克服的矛盾与弊端，但是他们看不到无产阶级的力量，因而，提出的解决方案是不切实际的，因为他们幻想通过说服资产者和统治者，来实现自己的理想社会。此时，马克思和恩格斯已经开始他们思想发展历程中最重要的、具有里程碑意义的转变，即从唯心主义到唯物主义的转变，从革命民主主义向共产主义的转变，并开始着手创立科学社会主义。有了这样的思想基础的支撑，他们深刻认识到，社会主义是无产阶级开展革命运动的必需的科学理论指导和强大的思想武器。那么，如何来认识正在变革的社会？如何认识变革社会中的无产阶级革命运动呢？在恩格斯看来，观察工人阶级就是一个非常好的视角和依托，他指出，“工人阶级的状况是当代一切社会运动的真正基础和出发点，因为它是我们目前存在的社会灾难最尖锐、最露骨的表现”[1]。通

[1]《马克思恩格斯选集》第1卷，人民出版社2012年版，第84页。

过深入考察工人阶级的社会地位、生存状况、反抗情况和斗争经验，从而揭示资本主义制度的弊端和罪恶，使无产阶级深刻认识到自己的历史使命，促进无产阶级的独立和觉醒，才能为本阶级的彻底解放而斗争。而要考察工人阶级，保证精心挑选研究案例的典型性、代表性才能保证研究结果的普遍说服力和适用性。在诸多国家之中，英国资本主义发展的情况，决定了英国工人阶级则是一个典型、合适的研究对象。这就在于研究英国工人阶级状况拥有一系列其他国家所不具有的优势条件：一是英国无产阶级的典型性；二是英国拥有研究所需要的相对全面和权威的统计资料，这些统计资料是完整并且经官方的调查研究而证实的，也是研究必不可少的[1]。

细心的读者都会注意到，该书的标题除了“英国工人阶级状况”这几个字以外，还有一个副标题即“根据亲身观察和可靠材料”，但这个副标题不是可有可无的，它突出了该书的鲜明特点和优势就是它是建立在恩格斯长达21个月的亲身观察、亲自交往、充分调查、深入研究的基础上的，而这一点，恰恰是已有研究所极度缺乏的[2]。1842年跟随父亲迁到英国发达的工业城市曼彻斯特，提供了一个他观察、认识和了解工人阶级的机会，当时，恩格斯在他父亲与人合办的一家商号里工作，却并不习惯“坐办公室”，而是深入火热的“基层一线”去。在1842年11月到1844年8月的整整21个月里，恩格斯经常深入工人的住宅区，在那里，他目睹了英国工人阶级的劳动和生活的惨状，这对他的触动非常大，为他与马克思一起创立科学社会主义提供了坚实的基础。但是，恩格斯不仅从亲身的观察中去认识无产阶级，同时

[1][2]《马克思恩格斯选集》第1卷，人民出版社2012年版，第84页。

还广泛阅读各种研究成果、各种官方文件、各种报刊资料，“这种研究和观察的成果，就是1845年出版的《英国工人阶级状况》一书”[1]。恩格斯1844年9月到1845年3月在德国巴门撰写这本重要的著作，两个月后，也就是1845年5月，这本著作首次以德文版在莱比锡出版。该书还出版了两个英文译本，就是1887年美国版和1892年英国版，恩格斯专门为这两个版本作了序。后来恩格斯又写了一篇阐述美国工人运动状况的文章作为美国版序言，因此，他将其1887年美国版序言译成德文于1887年6月在《社会民主党人报》上以《美国工人运动》为题发表。在1892年德文第二版《英国工人阶级状况》出版时，恩格斯又为该书写了序言，并根据时代的发展变化和国际共产主义运动的新情况在理论阐述上作了新的补充。

从《英国工人阶级状况》的写作风格看，与其说这是一部社会科学著作，不如说它更像是一部文学作品，整部著作以叙事与理论相结合的写作手法，既有生动鲜活的细节描写，又有深刻严谨的理论洞见，全面深入地揭示英国工人阶级的状况，可以说，“叙述这些思想的著作写得很动人，通篇都是描述英国无产阶级穷苦状况的最确实最惊人的情景。这部著作是对资本主义和资产阶级的极严厉的控诉”[2]。在揭示了工人遭受蹂躏的社会根源的同时，该书也明确了工人阶级奋起抗争、推翻资本主义统治的任务。这部著作具有重要价值，马克思给予了高度评价，并且在《资本论》中多次引用其中的观点。列宁也对这部著作的意义和价值进行了充分肯定，并概述了这本书的基本思想与核心要义，

[1]《列宁选集》第1卷，人民出版社2012年版，第91页。

[2]《列宁选集》第1卷，人民出版社2012年版，第92页。

在列宁看来，恩格斯的《英国工人阶级状况》在整个世界社会主义的文献体系中处于十分重要的地位，“是世界社会主义文献中的优秀著作之一”[1]。列宁还指出，“在恩格斯以前有很多人描写过无产阶级的痛苦，并且一再提到必须帮助无产阶级。恩格斯第一个指出，无产阶级不只是一个受苦的阶级，正是它所处的那种低贱的经济地位，无可遏止地推动它前进，迫使它去争取本身的最终解放。而战斗中的无产阶级是能够自己帮助自己的”[2]。这本著作对工人阶级状况的研究，具有十分重要的开创意义，恩格斯实事求是地说，“虽然天知道英国人已经用了多少年来反复调查和修补工人的状况，他们竟还没有一本完整地阐述工人状况的书”[3]。并且，虽然英国已经有一些研究工人阶级的成果，但是，从对工人的实际了解的全面深入程度来看，可以说，“在英国也还没有一本像我这样考察一切工人的著作”[4]。的确，这部著作，不论在 1845 年以前或以后，还没有一本书把工人阶级的穷苦状况描述得这么鲜明，这么真实。进而，这部著作可以形成这样一种局面和影响，那就是“从此，到处都有人援引恩格斯的这部著作，认为它是对现代无产阶级状况的最好描述”[5]。

恩格斯的论述中充满了对工人阶级民生问题的关照。还用了大量的篇幅介绍曼彻斯特触目惊心的环境污染情况。虽然该书已经面世 170 多年，但它的很多思想尤其是对工人阶级地位作

［1］ 转引自许征帆等主编：《马克思主义学说史》第1卷，吉林人民出版社1987年版，第 175 页。

［2］《列宁选集》第 1 卷，人民出版社 2012 年版，第 91—92 页。

［3］《马克思恩格斯选集》第 1 卷，人民出版社 2012 年版，第 103 页。

［4］《马克思恩格斯选集》第 1 卷，人民出版社 2012 年版，第 85 页。

［5］《列宁选集》第 1 卷，人民出版社 2012 年版，第 92 页。

用和使命的关照在今天仍然具有现实意义。习近平总书记强调指出，“工人阶级是我国的领导阶级，是我国先进生产力和生产关系的代表，是我们党最坚实最可靠的阶级基础”[1]。因此，“无论时代条件如何变化，我们始终都要崇尚劳动、尊重劳动者，始终重视发挥工人阶级和广大劳动群众的主力军作用”[2]。

一、无产阶级在工业革命的推动下不断发展壮大

恩格斯之所以花费大量的时间和精力去深入观察和研究英国工人阶级，其中的缘由，首先从研究意义和特点来说，恩格斯的研究体现了鲜明的问题关照，即“描述不列颠帝国无产阶级状况的典型形式，特别是在目前，对德国来说尤其具有重大的意义”[3]。如果分析研究的直接动因，那就是1844年6月4日到6日，德国爆发了著名的西里西亚纺织工人起义。这次起义的直接原因是反对降低工资，从某种意义上来说，这算是德国的无产阶级和资产阶级进行第一次阶级大博弈，但不幸的是起义被当局残酷镇压。虽然起义失败了，但是，起义也打击和影响了资产阶级政府，宣示了工人阶级的力量。恩格斯通过研究英国工人阶级状况，就能够揭示和预测德国工人阶级状况和发展规律，即“揭示英国的贫困，也将推动我们去揭示我们德国的贫困，而且还会

[1] 习近平：《在同全国劳动模范代表座谈时的讲话》，《人民日报》2013年4月28日第1版。

[2] 习近平：《在庆祝“五一”国际劳动节暨表彰全国劳动模范和先进工作者大会上的讲话》，《人民日报》2015年4月28日第1版。

[3] 《马克思恩格斯选集》第1卷，人民出版社2012年版，第85页。

给我们一个尺度，来衡量德国贫困的范围以及在西里西亚和波西米亚的骚动中所暴露出来的危险的程度，这种危险从这一方面直接威胁着德国的安宁”[1]。其次，恩格斯之所以强调到工人中去调查研究，恰恰也是纠正现实研究中的偏向，这就在于德国的社会主义和共产主义都不是到实践中去考察工人的状况，而是到理论中寻找。具体来说，那种研究方式无疑是存在着突出的缺陷的，那就是“德国的社会主义和共产主义比任何其他国家的社会主义和共产主义都更多地是从理论前提出发的”。那样的研究必然导致的结果就是无法对工人阶级的状况有一个全面深入的了解，“我们德国的理论家对现实世界了解得太少，以致现实的关系还不能直接推动我们去对这个‘丑恶的现实’进行改革”[2]。此外，恩格斯之所以到实践中考察研究并把英国作为研究对象，至少有两个方面的优势，一是英国工人阶级较为典型，二是英国相关的研究资料相对丰富。

在《英国工人阶级状况》的“导言”部分，恩格斯详尽考察英国工人阶级诞生的历史。可以说，在某种意义上，这也是英国资本主义发展的历史，英国工人阶级尤其是在工业革命发展的驱动下而逐步形成和壮大的。而在世界资本主义发展的历史之中，英国是发生这种变革的典型地方，因此，英国也是这种变革最主要的结果即无产阶级发展的典型国家。只有在英国，才能把无产阶级放在它的一切关系中并从各个方面来加以研究[3]。这样，考察剖析英国工人阶级的历史，就有助于认识其他国家工人阶级的产生、发展及其规律。

---

[1][2]《马克思恩格斯选集》第1卷，人民出版社2012年版，第85页。
[3]《马克思恩格斯选集》第1卷，人民出版社2012年版，第87页。

总的来说，工人阶级的产生，是生产力发展引起的生产关系的变革的产物。而在这个过程中，“竞争”机制则发挥了重要作用。整个历史可以分为两个阶段，即采用机器之前和采用机器之后。

工业无产阶级的前世。在采用机器之前，“竞争”的色彩没有显现出来，工人们相对过着比较愉快的时光。工人们生产的地点，不是在工厂里，而是在自己的家里。由于没有竞争，因此，工人们生产的节奏也相对缓慢，过着一种正直而平静的生活，在某种意义上来说，是一种“男耕女织”的慢生活。他们一般住在城市近郊的农村，在家里，妻子和女儿纺纱，丈夫则把纱织成布，或者直接把纱卖掉，这样挣的钱就能使得日子过得很不错，“他们的物质状况比他们的后代好得多”[1]。由于“生产力”水平低，产量有限，产品的市场主要是本地市场，“工人之间还不可能发生激烈的竞争，因为他们散居在农村”。[2]这就保证了所有人都有一份“生计”，并且他们的空闲时间也就有保障，是否织布、什么时间织布、织多少布，他们都可以“自由”决定。他们中的多半甚至还会有一些积蓄，因此，可以租一块土地耕种，闲暇的时候就可以到自己的园子里做一些有益于健康的事情。他们还可以参加其他诸如打球等游戏和娱乐活动，这些活动也都很有益于健康。总之，他们过着一种闭关自守、与世隔绝的生活，“对外面席卷了全人类的强大运动一无所知”[3]。

工业无产阶级的诞生。但是机器的使用则使工人们的这种“田园生活”不复存在，究其实质，工人们在这种生活中，他们也

[1]《马克思恩格斯选集》第1卷，人民出版社2012年版，第88页。
[2]《马克思恩格斯选集》第1卷，人民出版社2012年版，第87页。
[3]《马克思恩格斯选集》第1卷，人民出版社2012年版，第89页。

不能算是“人”，“而只是一部替一直主宰着历史的少数贵族做工的机器”[1]。而机器的采用，尤其是工业革命的发展，使“这种情况发展到了极点，把工人完全变成了简单的机器，剥夺了他们独立活动的最后一点残余”[2]，并且改变了他们对外面“一无所知”的局面，从而“把最后的一些还对人类共同利益漠不关心的阶级卷入了历史的漩涡”[3]。珍妮纺纱机的发明则是这种巨变的第一个重要的动因，它极大地提高了生产效率，产量上升、生产费用减少、布匹价格下降、织工工资提高，因而，织工们开始专门织布，逐渐抛弃农业，最后兼营农业的织工完全消失而成为仅仅靠工资生活的纯粹的织工阶级，由于他们没有一点财产了，哪怕租来的一块地也没有了，于是他们就变成了无产者[4]。

农业无产阶级的伴生。珍妮纺纱机发明，不仅促成了工业无产阶级的产生，而且带来了连带效应，那就是农业无产阶级的诞生。这是因为珍妮纺纱机提高了生产效率也提高了工资，使得兼营农业的织工完全消失，工业工人放弃农业，则意味着有大量的土地会闲置起来。于是出现了新的大佃农阶级，他们所租置的土地动辄就是 50 英亩、100 英亩、200 英亩甚至更多，并且通过更好的耕作和较大规模的经营来提高土地收益，因而，他们的产品往往比那些小的自耕农卖得便宜。而这又直接导致那些小自耕农无法生存下去，只好也卖掉土地而去买珍妮纺纱机或织机成为工业无产阶级，或者到大佃农那里去当短工，也就成了农业无产阶级。

工业无产阶级的发展。机器的发明和改进并没有停止，因此，工业运动也就不会止步不前，这会进一步促进工业无产阶级

[1][2][3]《马克思恩格斯选集》第 1 卷，人民出版社 2012 年版，第 89 页。
[4]《马克思恩格斯选集》第 1 卷，人民出版社 2012 年版，第 90 页。

的发展。首先是资本家把珍妮纺纱机装在大的建筑物中用水力来发动，这在减少工人数量的同时，也降低了纱的成本，相对于个体纺织工纺出的纱更便宜。这么做的后果是直接挤垮了个体纺织工，“为工厂制度奠定了基础”[1]。而此后翼锭纺纱机、走锭纺纱机的先后发明，都促进了工厂制度的进一步发展。梳棉机、粗纺机等的发明，使得“工厂制度成为棉纺业中唯一占统治地位的制度了”[2]。而所有这些机器由于重要的标志性的发明物即瓦特改良的蒸汽机并于1785年起用来发动纺纱机，终于使得“机器劳动在英国工业的各主要部门战胜了手工劳动”，而从这时开始，“英国工业的全部历史所讲述的，只是手工业者如何被机器驱逐出一个个阵地”[3]。由于机器带来的巨大生产力的变革，商业和工业日益繁荣，并迅速占领国外没有关税保护的市场，资本和国民财富也迅速增长。而这种变革带来的另一个方面的历史结果就是，“无产阶级的人数更加迅速地增长”[4]。无产阶级人数迅速增加的同时，伴随的是“工人阶级失去一切财产，失去获得生计的任何保证，道德败坏，政治骚动”等[5]。

工业无产阶级的壮大。机器的使用和工业革命的发展，不仅促进了无产阶级诞生和发展，也促进了工业无产阶级的壮大，直到最后工人阶级“第一次真正成为居民中的一个固定的阶级，而在过去，它往往只是通向资产阶级的过渡”，“现在，谁要是生为工人，那他除了一辈子当无产者，就再也没有别的前途了”，根本原因恰恰在于生产力已经发展到“独立经营一个企业必须有大量资本”[6]的时代。在恩格斯看来，“这样就形成了庞大的工人群

[1][2][3][4][5]《马克思恩格斯选集》第1卷，人民出版社2012年版，第92页。
[6]《马克思恩格斯选集》第1卷，人民出版社2012年版，第102页。

体，他们现在布满了整个不列颠帝国”[1]。简单地梳理，那就是机器的使用导致了无产阶级的诞生，而工业的迅速发展，对“人手”也就是工人的需要越来越大。而工资的提高，又加速吸引了工人成群结队从农村涌入城市之中寻找“生计”。这对无产阶级队伍壮大的作用是非常明显的，恩格斯就鲜明指出，人口急剧增长，而且增加的几乎全是无产者阶级[2]。

到这里，作一简单回顾和总结，即能看出，机器的发明和使用推动工业革命，即“分工，水力、特别是蒸汽力的利用，机器的应用，这就是从18世纪中叶起工业用来摇撼旧世界基础的三个伟大的杠杆”，推动了无产阶级的诞生、发展和壮大[3]。审视这些无产阶级的主要类型，就会发现，首先是产业工人这种无产阶级的诞生，随着工业原料的生产重要起来，又产生了新型的无产阶级即煤矿和金属矿工人，工业的发展也影响了农业，进而出现了农业工人。工业革命驱动大工业的发展，带来无产阶级队伍的壮大，同时也带来其他巨变，如交通建设方面的发展，公路、铁路、运河、轮船等焕然一新。于是，随着工业的发展和人口的聚集，村镇变成小城市，小城市又变成大城市。恩格斯肯定了有250万人口规模的大城市伦敦，他是这样描述的，“就是逛上几个钟头也看不到它的尽头，而且也遇不到表明快要接近开阔的田野的些许征象……他们把伦敦变成了全世界的商业首都”[4]。

---

[1]《马克思恩格斯选集》第1卷，人民出版社2012年版，第102页。
[2]《马克思恩格斯选集》第1卷，人民出版社2012年版，第101页。
[3]《马克思恩格斯全集》第2卷，人民出版社1957年版，第300页。
[4]《马克思恩格斯全集》第2卷，人民出版社1957年版，第303页。

二、无产阶级的深重苦难和工人的普遍贫穷

工业革命促进大工业的发展从而催生了无产阶级队伍壮大的同时，也对无产阶级造成了深重的灾难。恩格斯深入无产阶级的住宅区实地调查，切身了解到英国无产阶级的劳动和生活状况，见证了工人的贫穷困苦以及遭受的苦难。恩格斯愤怒地指出，“每一个人都把别人仅仅看做可以利用的东西；每一个人都在剥削别人，结果强者把弱者踏在脚下，一小撮强者即资本家握有一切，而大批弱者即穷人却只能勉强活命”[1]。在无产阶级汇集的大城市更是如此，在伦敦，在看似有250万人口的“全世界的商业首都”，走到这个表面无比繁华和繁荣的大城市的背后，就会吃惊地发现这个“世界城市的‘贫民窟’”，“才会开始觉察到，伦敦人为了创造充满他们的城市的一切文明奇迹，不得不牺牲他们的人类本性的优良品质”[2]。不仅伦敦如此，一切大工业获得巨大发展的城市都是如此，曼彻斯特、伯明翰等这些大城市也无例外。对无产阶级的苦难的描述，正是建立在对这些城市无产阶级生活状况的考察基础上的。总的来说，“英国工业的威力仅仅是靠野蛮地对待工人、靠破坏工人的健康、靠忽视整代整代的人在社会关系、肉体和精神方面的发展的办法来维持的”[3]。

恶劣的居住条件。在“大城市”这一节中，恩格斯用了大量的篇幅描述的是无产阶级恶劣的住宅环境，能够清晰看到资本主义

[1]《马克思恩格斯全集》第2卷，人民出版社1957年版，第304页。
[2]《马克思恩格斯全集》第2卷，人民出版社1957年版，第303页。
[3]《马克思恩格斯全集》第2卷，人民出版社1957年版，第462页。

的罪恶和无产阶级所遭受的深重灾难。毫不夸张地说，资本主义制度造成的是无产阶级的普遍贫穷，透过贫民窟可以轻易得到这样的结论，“每一个大城市都有一个或几个挤满了工人阶级的贫民窟”[1]。无产阶级往往住在紧靠着富人府邸的狭窄的胡同里，却是在被划定的完全孤立的地区，与周边的富丽堂皇的大街形成强烈对比和巨大反差。无产阶级所居住的一般是一排排乱七八糟的一层或两层的砖房，街道没有铺砌过，到处都是坑坑洼洼、垃圾、臭气熏天的死水洼。也由于空间的狭小，空气流通不畅，“像肉店一样发出一股难闻的气味”[2]。如果说，无论居住的空间有多么狭小、居住的条件有多么糟糕，但总算还是“住有所居”的话，那么，还有很多人更不幸，他们是“住无所居”，也就是说，连一二层的砖房也没得住，而是住在地下室，而“这里面常有病弱的小孩和穿得破破烂烂的饥饿的女人爬出来晒太阳”[3]。恩格斯还引用了一个教堂的牧师格·奥尔斯顿讲的例子。这个例子中的人居住的条件更加恶劣，往往是“三世同堂”的十余口人挤在“一间10—12英尺见方的屋子里”[4]。这样的居住条件，在恩格斯看来，并不比夹在这些拥挤的小屋之间的猪圈更好、更干净[5]。如果说，即便挤在这狭小的空间里，还算是幸运的，毕竟有“藏身之所”的话，那么，根据恩格斯的调查，仅仅在伦敦，还有5万人不仅是吃了上顿没下顿，而且处于“今天住这里、不知明天住哪里”的悲惨境况。他们无法自由选择，只能是“哪里可以睡，他们就睡在哪里”，诸如

[1]《马克思恩格斯全集》第2卷，人民出版社1957年版，第306页。
[2]《马克思恩格斯全集》第2卷，人民出版社1957年版，第307页。
[3]《马克思恩格斯全集》第2卷，人民出版社1957年版，第308页。
[4]《马克思恩格斯全集》第2卷，人民出版社1957年版，第309页。
[5]《马克思恩格斯全集》第2卷，人民出版社1957年版，第333页。

过道里、拱门下、公园里甚至树木和堤上的洞穴里[1]，而且相对于公园和拱门，洞穴里是他们防御坏天气的最好“居所”。恩格斯花了 21 个月的时间考察了曼彻斯特各工人区的状况，其居住条件，基本都是如此，资本家建造时除了巨额利润外，诸如清洁、卫生、干燥以及空气畅通等人正常生活所必需的条件，完全都不是他们会考虑的[2]。

污染严重的环境。大工业的发展也带来了环境的严重污染，特别是大量的煤的燃烧和使用，不仅污染了空气，还污染了河流。恩格斯考察的曼彻斯特及其周围的城市都是如此。恩格斯在调研中发现，这些城市的建筑本身就建得杂乱、肮脏和糟糕，而当时因为工业的发展而“到处都弥漫着煤烟”。这弥漫着的煤烟甚至已经严重到了这样一种境地，几乎能够改变整个城市建筑的“面貌”，正如恩格斯所描述的那样，这些城市的建筑物，原本的颜色是鲜红的，但由于有了煤烟的长期的“熏陶”与“浸染”，时间一久都俨然“换新颜”——红砖变成了黑砖，从而就“给人一种特别阴暗的印象”[3]。如果说这种“由红到黑”的转变还不算太坏的话，恩格斯还考察了曼彻斯特西北的波尔顿，其污染之严重，在恩格斯看来，在曼彻斯特周边城市中是最坏的了。放眼望去，工厂的烟囱里喷出的浓烟，根据恩格斯的描述，可以达到“遮天蔽日”的程度，甚至“即使在天气最好的时候，这个城市也是一个阴森森的讨厌的大窟窿”[4]。也就是说，即便是好天气，太阳也透不过这厚重的黑烟照射进来的。不仅空中如此，地上的情

[1]《马克思恩格斯全集》第 2 卷，人民出版社 1957 年版，第 312 页。
[2]《马克思恩格斯全集》第 2 卷，人民出版社 1957 年版，第 345 页。
[3]《马克思恩格斯全集》第 2 卷，人民出版社 1957 年版，第 323 页。
[4]《马克思恩格斯全集》第 2 卷，人民出版社 1957 年版，第 323—324 页。

况也没有任何改善，水的污染的形势也极为严峻，看上去“一条黑水流过这个城市”，让人无法辨别出这到底“是一条小河还是一长列臭水洼”，并且，“黑水”与“黑烟”交织，使得本来就很不清洁的空气更加污浊不堪[1]。恩格斯还专门讲了艾尔克河的污染情况，河里面充满了污泥和废弃物。他描述的画面感非常强，给人一种身临其境的感觉。在这条河里，臭气泡经常不断地从坑底冒上来，散布着臭气，即便人站在很远的地方，比如在高出水面四五十英尺的桥上，都让人感到受不了。如果追根溯源，就会发现，桥以上的工厂是主要的“肇事者”，因为它们是污染物排放的主要来源，如制革厂以及染坊、骨粉厂、瓦斯厂等的脏水和废弃物都在这里“汇聚”[2]，而附近的污水沟和厕所的东西也流淌到这里。恩格斯考察的这些城市的状况是普遍存在的，因而，一些矛盾和问题对其周围的其他城市也是完全适用的。通过对恩格斯这些描述，我们能够强烈体会到这些城市令人触目惊心的糟糕环境。然而，在恩格斯看来，这还只是“冰山一角”。“我还远没有把它的肮脏、破旧、昏暗和违反清洁、通风、卫生等一切要求的建筑特点十分鲜明地表现出来。”[3]

缺吃少穿的惨状。恩格斯的调研发现，绝大多数工人穿得都很坏，用来做衣服的料子都非常不合适，因此，男人和女人的衣服料子都是棉织品。因为贫穷，他们也没有钱去买毛织品和亚麻布，男人们大多穿着粗布和其他粗棉织品做的衣服，女人的衣服也大多数是用印花布做的。很多工人的衣服都是补丁连着补丁，有的

[1]《马克思恩格斯全集》第2卷，人民出版社1957年版，第324页。
[2]《马克思恩格斯全集》第2卷，人民出版社1957年版，第331页。
[3]《马克思恩格斯全集》第2卷，人民出版社1957年版，第335页。

甚至连打补丁的地方都没有了，原来的衣服的颜色已经无法辨认出来。尽管工人们也戴礼帽，很多没有钱买礼帽的人就用纸做一顶四方形的矮帽戴在头上。而同样因为贫穷，工人们没有鞋子穿，“在一切工厂城市里都可以看到许多人，特别是妇女和小孩赤着脚走来走去”[1]。因为贫穷，工人们普遍受到饥饿的威胁。恩格斯列举了两个男孩偷窃的例子：两个小男孩因为“饿得受不住”而偷了一只小牛蹄并立刻吃光，法官的调查发现，小男孩的家里是一贫如洗，没有家具，没有食物，没有床铺。他们盖的是自己少得可怜的衣服。因为没有吃的，孩子的母亲不仅卖掉了床，把床单押在食品店里，而且“为了弄到全家吃的面包就把一切都卖光了”[2]。因为贫穷，无产阶级甚至还无法买到能保证他们健康的、有质量的食品，比如，工人买的土豆多半都是质量很差的，他们买的“肉又瘦，又陈，又硬，都是老畜的肉，甚至常常是病畜或死畜的肉，往往已经半腐烂了”。换句话来说，“工人们买到的肉常常是不能吃的，但是既然买来了，也就只好把它吃掉”[3]。与之对比鲜明的是，资产阶级则有资本把最好的东西挑走。当然，工人的饮食是随着工资变化的，在工资最低的爱尔兰人中，土豆就成了唯一的食物[4]。状况更糟的还有吃土豆皮、菜帮和烂水果。如果工资不到周末就花完了，那么往往是一家人在一星期的最后几天完全吃不到东西，或者只能吃到为了免于饿死所必需的那一点点[5]。然而，更极端的情况是发生饿死人的情形。恩格斯居住在英国的那个时期，真正饿死的竟然有二三十个人，但资产阶级却不愿面对

[1]《马克思恩格斯全集》第2卷，人民出版社1957年版，第350页。
[2]《马克思恩格斯全集》第2卷，人民出版社1957年版，第311页。
[3]《马克思恩格斯全集》第2卷，人民出版社1957年版，第351页。
[4][5]《马克思恩格斯全集》第2卷，人民出版社1957年版，第356页。

这个现实，不敢承认自己的罪行，他们的陪审员们总要找出一条后路来逃避“饥饿致死”的真相，还有的不是由饥饿而直接死掉，而是“经常挨饿引起不可救药的疾病”[1]。

糟糕的健康问题。面对上述的缺吃少穿和恶劣的生存环境，无产阶级的健康状况也非常糟糕。正如恩格斯所指出的，“一个生活在上述条件下并且连最必需的生活资料都如此缺乏的阶级，不能够保持健康，不能够活得很长，这是不言而喻的”[2]。除了上述原因之外，无产阶级糟糕的健康问题至少还与以下四个方面有关：一是工人的饮食状况。因为贫穷，工人吃的食物一般都很不容易消化，对小孩子是完全不合适的，但是，工人的生活状况决定了工人既没有金钱，也没有时间给自己和孩子弄到比较合适的食物。这样，工人们是不健康的，孩子也因为无法得到所需要的营养而罹患诸如佝偻病等严重的病症。二是酗酒和纵欲。这同样是资本主义制度造成的，因为工人“这个阶级既然处于无人照管的情况下，又没有正当地享受他们的自由所必需的手段，那么，这种毛病的产生，就是无可避免的，就是铁的规律”，这就在于，这是资产阶级把大量的沉重的劳动和苦痛加到无产阶级身上仅留给无产阶级的“两种享乐”，因此，“工人为了还想从生活中得到点什么，就把全部热情集中在这两种享乐上，过度地极端放纵地沉溺在里面”[3]。三是“病无所医”。这也是工人阶级遭受肉体上的痛苦的重要原因，也就是说，生了病不能有高明的医生来给看病和治疗。这里的原因也是很简单的，那就是贫穷使工

[1]《马克思恩格斯全集》第2卷，人民出版社1957年版，第305页。
[2]《马克思恩格斯全集》第2卷，人民出版社1957年版，第380页。
[3]《马克思恩格斯全集》第2卷，人民出版社1957年版，第414页。

人支付不了医疗费，“英国医生索取的诊费很高，工人是出不起的”[1]。那么，怎么办？非常悲惨，要么是根本不看病，有病不医；要么，求助于江湖医生吃一些根本无法治病的假药，结果只能是严重伤害健康，“戕害了自己，同时却填满了这些药品的制造者的钱袋”[2]。这样的后果是非常严重的，因为它对工人的健康打击和伤害很大，从而导致工人身体状况的普遍衰弱，进而使得工人们可能老得快，死得早[3]。四是工厂奴役制度的戕害。恩格斯专门描述了一个例子，让我们能深切感受到资本主义制度的“资本至上”逻辑作用下的“非人道”的一面，他说，“女人常常在分娩后三四天就回到工厂去做工，婴孩当然只好丢在家里”，而这样做无论对母亲还是对孩子的健康都是一种伤害。在恩格斯看来，这种戕害也是被事实充分证明的小孩子死亡率显著增高的原因之一[4]。

持续的失业威胁。在恩格斯看来，无论在资本主义制度还是在奴隶制之中，处于被压迫、被奴役的人都会被卖掉，然而，两者的最大区别却是在资本主义制度条件下，工人不是一次就被永远卖掉，“而是一部分一部分地按日、按星期、按年卖掉的”。这看起来无产阶级的状况相比较奴隶制下的奴隶，似乎状况改善了，他们好像是自由的了，但实际上，这种状况没有好转，这种不利地位反而更隐蔽、更持续了，因为它的一个明显的坏处就变成了“没有人保障他的生计”[5]。也就是说，工人们随时可能失

[1]《马克思恩格斯全集》第2卷，人民出版社1957年版，第388页。
[2]《马克思恩格斯全集》第2卷，人民出版社1957年版，第389页。
[3]《马克思恩格斯全集》第2卷，人民出版社1957年版，第390页。
[4]《马克思恩格斯全集》第2卷，人民出版社1957年版，第429页。
[5]《马克思恩格斯全集》第2卷，人民出版社1957年版，第364页。

业，然后被资本家赶出去，丧失生存的条件，甚至“饿死”。但这又是由资本主义残酷的竞争规律所决定的，正如恩格斯所言，“英国工业在任何时候，除短促的最繁荣的时期外，都一定要有失业的工人后备军”[1]。而这种情形在“每五六年就重新开始一次”的周期性经济危机下会加剧，失业的人数会增加。那这些失业的人怎么办？显然，他们根本没有什么自主选择的自由，而只能靠如下的方式来勉强支撑着自己可怜的生活，那就是行乞和偷窃、打扫街道、拾马粪、用手推车或毛驴送东西、摆小摊等[2]。可以说，在经济危机期间，所有的街上都有饥饿的工人站着（由于他们的老板关闭了自己的工厂，不能给他们工作了），一个一个地或一群一群地乞讨。总而言之，周期性的经济危机加剧了失业者的窘迫和困苦，使得大批所谓“多余的人”饿死。

此外，无产阶级队伍中产业无产阶级之外的诸如矿业无产阶级、农业无产阶级的状况也是相似的，所受的灾难甚至更重更糟。恩格斯在对无产阶级部门中的其他无产阶级考察后深刻认识到，“农业区的贫困每年都在加剧。人们过着极端贫困的生活，整家整户的人每星期就靠六七个或七八个先令过活，有时候连这一点钱也没有”[3]。矿业无产阶级也是如此，恩格斯深刻指出，“就是在那些剥削工人最残酷的工厂里，我们也没有看到过这样普遍和这样极度的筋疲力尽的情形”[4]。并且，没有一个劳动部门的工人的生命像矿业无产阶级这样经常面临危险，因为矿井中常常出现矿坑瓦斯，“这种瓦斯一碰到火就爆炸，就会把附近的

[1][2]《马克思恩格斯全集》第2卷，人民出版社1957年版，第369页。
[3]《马克思恩格斯全集》第2卷，人民出版社1957年版，第551页。
[4]《马克思恩格斯全集》第2卷，人民出版社1957年版，第534页。

人都炸死”[1]。

做一个简单的小结，可以说，资本主义制度既创造了资产阶级，也创造了无产阶级，但资本主义制度的内在逻辑就必然导致无产阶级承受深重苦难。无产阶级贫穷得没有什么财产，仅靠勉强糊口的工资来生活。尽管如此，每一个工人，即使是最好的工人，这种勉强糊口的工作也无法得到有效保证，随时都有可能失业，最后可能饿死。而且根据恩格斯的调查，事实上“确实也有许多人饿死了”[2]。此外，工人居住的状况也非常恶劣，拥挤、潮湿，也没有什么家具，对于健康非常有害，甚至还有很多人无家可归。并且，这样一种状况是普遍的，也就是资本主义制度下无产阶级是普遍贫穷的，不论哪一类工人，其命运都是相似的，没有谁可以逃脱这种悲惨的命运。

三、无产阶级从分散的反抗斗争到联合的政治斗争

可以说，资本主义制度下的竞争逻辑，创造了无产阶级[3]，也创造了资产阶级，更创造了一种社会战争。正如恩格斯所指出的，“社会战争，一切人反对一切人的战争已经在这里公开宣告开始”[4]。这里的战争包括资产阶级与无产阶级之间、无产阶级内部以及资产阶级内部的战争。然而，在恩格斯看来，显然，在上述的战争之中，最糟糕、最坏的则是工人内部的，这也是“资

[1]《马克思恩格斯全集》第2卷，人民出版社1957年版，第538页。
[2]《马克思恩格斯全集》第2卷，人民出版社1957年版，第357页。
[3]《马克思恩格斯全集》第2卷，人民出版社1957年版，第359页。
[4]《马克思恩格斯全集》第2卷，人民出版社1957年版，第304页。

产阶级对付无产阶级的最有力的武器”[1]。恩格斯用大量的篇幅和实地考察的例子雄辩地说明了，这种资本主义制度下的竞争逻辑给无产阶级带来的深重苦难，不会让无产阶级有任何作为人的尊严和幸福，“处于这种境况，无论是个人或是整个阶级都不可能像人一样地思想、感觉和生活”。基于此，恩格斯指出，“工人必须设法摆脱这种非人的状况，必须争取良好的比较合乎人的身份的地位”，反之，如果他们不去和资产阶级的利益——剥削工人——作斗争，他们就不可能做到这一点[2]。但资产阶级是决不会允许工人轻易摆脱这种状况的，并积极利用他们所掌握的国家政权的机器来维护自己的利益。在这种情况下，恩格斯鲜明提出工人阶级只有积极反抗资产阶级的剥削、压迫和奴役“才能拯救自己的人的尊严”[3]。在恩格斯看来，工人除了为改善自己的整个生活状况而进行反抗，再也没有任何其他表现自己的人的尊严的余地。在这种情况下，无产阶级自然会进行反抗，并在这种反抗中“显示出自己最动人、最高贵、最合乎人性的特点”。基于这种认识，在“工人运动”一节，恩格斯详细考察了无产阶级对资产阶级的反抗的主要形式及其发展演变。

早期零碎分散的反抗形式。在恩格斯看来，无产阶级对资产阶级的反抗在大工业刚发展不久就已经开始。但最早的反抗形式就是犯罪，不过，这种反抗形式是最原始的，也是最没有效果的一种[4]。工人们的逻辑就是，自己为社会付出更多的劳动却过着贫穷困苦的生活，而那些懒虫们却比他们有钱、比他们过得

[1]《马克思恩格斯全集》第2卷，人民出版社1957年版，第360页。
[2][3]《马克思恩格斯选集》第1卷，人民出版社2012年版，第104页。
[4]《马克思恩格斯选集》第1卷，人民出版社2012年版，第105页。

好，于是贫困战胜了他们对私有财产的尊重，就开始偷窃了，而且犯罪的数量非常庞大。恩格斯作了一个很形象的对比，那就是犯罪的数量与“消耗的棉花的包数经常成正比”[1]。在恩格斯看来，这种形式是无效的，也可能是“最无教养、最不自觉的反抗形式”，并且这种犯罪从实际的对资产阶级的打击的效果来看，也是不理想的。因为这种形式不过是“单枪匹马地以他们的偷窃行为来反对现存的社会制度”，而这样的反抗很快就造成了对工人阶级的极为不利的后果，即资产阶级“以全部权力来袭击每一个人并以巨大的优势压倒他”[2]。无产阶级对资产阶级的第一次正式反抗，就是“工人用暴力来反对使用机器的时候”[3]，也就是说，工人们认为，他们的苦难的根源是机器，所以他们就把矛头指向了机器，在工业发展的初期，类似的捣毁工厂、砸碎机器的运动发生了许多。不过，这虽然比盗窃看起来“有教养”，但是，这种反抗的形式仍然是“零散的”，并且往往局限于一定的地区和针对现存关系的一个方面。这样，工人的反抗也是为了实现眼前的一些具体的利益诉求，一旦目的达到了，这种反抗就宣告结束了。而在这个时候，工人往往又会受到惩罚，因为“社会权力就以全部力量袭击这些再度变得手无寸铁的犯罪者”[4]，然后，工人们反抗的矛头所在即“机器”仍然继续被采用。这其实意味着，这种以捣毁机器为目的反抗形式，是一种无效的反抗形式。

罢工是工人阶级的军事学校。1824年英国的一项法令使得工人得到了以往只有贵族和资产阶级才享有的自由结社的权利，这成为工人们组织工会和开展罢工的法律依据。相对于以前个

[1][2][3][4]《马克思恩格斯选集》第1卷，人民出版社2012年版，第105—106页。

别地、零散地反抗资产阶级的形式，有了工会这种组织的支撑，工人阶级的反抗就能汇聚成集中的、有组织的反抗，因而，也是一种强有力的反抗。工会所采取的合法的反抗形式就是罢工。在恩格斯看来，尽管“大多数罢工都是以工人吃亏而告终”，但罢工仍然是必要的，“因为工人必须反对降低工资，甚至必须反抗这种降低的必要性本身”，否则，工人的沉默就意味着“承认资产阶级在商业繁荣时期有权剥削工人，而在萧条时期又有权让工人饿死”。而工人通过罢工来进行反抗，就能“把资产阶级的金钱欲限制在一定范围内”。在恩格斯看来，罢工更重要的作用就是“使工人对有产阶级的社会的和政治的万能权力的反抗活动保持生机”，可以在很大程度加深“工人对有产阶级的仇恨和愤怒”[1]。并且，罢工也是对工人的一次重要的教育，使工人意识到，罢工可能不是万能的，或者还是远远不够的，要粉碎资产阶级的统治，还需要采取超出罢工的其他的更多的行动[2]。不仅如此，罢工的重要意义还在于其是“工人消灭竞争的第一次尝试”[3]，而正是竞争，成为导致无产阶级分裂从而实现资产阶级对无产阶级的奴役和控制的有力武器。通过罢工，工人们学到很多，他们已经一天比一天更加意识到了竞争给他们带来的伤害，因而，他们也更懂得要消灭这种竞争的必要性。恩格斯还认为，不管是小的冲突还是能形成较大影响的罢工虽然决定不了什么，但是，它却揭示了无产阶级与资产阶级之间的对立并确凿地证明二者之间的“决战已经迫近”。正是从这个意义上说，恩格斯认为，“罢工是工人的军事学校，他们在这里为投入已经不可避免

[1]《马克思恩格斯选集》第1卷，人民出版社2012年版，第110、111页。

[2][3]《马克思恩格斯选集》第1卷，人民出版社2012年版，第110页。

的伟大斗争做好准备；罢工是各个劳动部门关于自己参加伟大的工人运动的宣言”[1]。对于英国工人采用的罢工形式对资产阶级的反抗，在恩格斯看来，并不是被“大陆人”所认为的那样即“都是懦夫”“不能干革命”，并不是只有法国人采用的那种随时都在准备暴动才是“勇敢的”，相反，恩格斯认为，“作为军事学校，罢工起着无与伦比的作用”，“英国工人在勇敢方面并不比任何国家差”，甚至可以说，“罢工也需要有勇气，甚至比暴动需要更大更多的勇气，需要更果敢和更坚定的决心”，因此，“英国工人显示出自身品格的最值得尊敬的一面”[2]。基于对英国工人的品质和勇气作出的判断，恩格斯坚定地认为，工人阶级“一定能够摧毁整个资产阶级的权势”[3]。

宪章运动是反抗资产阶级的强有力的形式。工人们深刻地认识到，所谓的法律只不过是“资产者本身的创造物”，是为了保护资产阶级的利益而颁布的，它是“资产者的社会地位的最强有力的支柱”。因此，这些所谓的法律，对于资产阶级来说，那自然就是“神圣的”，警察手中的棍子就是资产阶级心中的安全感，具有很大的“安抚力”。对于工人阶级则就完全不同了，工人阶级自身的丰富的体验让他深刻地认识到，资产阶级的法律就是“资产者给他准备的鞭子”，是约束和镇压工人的武器，所以，“不是万不得已工人是不会诉诸法律的”[4]。工人诉诸法律也不是机械地尊重和运用法律，而是“提出修改法律的建议”，也就是说废除

[1]《马克思恩格斯选集》第1卷，人民出版社2012年版，第116页。
[2]《马克思恩格斯选集》第1卷，人民出版社2012年版，第116—117页。
[3]《马克思恩格斯选集》第1卷，人民出版社2012年版，第117页。
[4]《马克思恩格斯选集》第1卷，人民出版社2012年版，第118—119页。

“资产阶级的法律”而代之以无产阶级的法律[1]。“宪章运动”就是无产阶级追求无产阶级法律的重要体现。在恩格斯看来，“宪章运动是反抗资产阶级的强有力的形式”。之所以说它是“强有力的形式”，就在于这种反抗已经超越了之前的诸如犯罪、捣毁机器、罢工等分散的个别工人或者个别部门的个别斗争，宪章运动则是工人阶级的自觉行动，是整个工人阶级对资产阶级整体的反抗，是“向资产阶级用来保护自己的法律围墙进攻”[2]。宪章运动最早是从1835年开始，开始的时候，工人阶级不仅没有和激进的小资产阶级划清界限，反而是携手共进的，在某种意义上说，他们结成同盟来表达相似的诉求，“看起来就好像是一个党”[3]。然而，1842年的起义，由于资产阶级想利用工人阶级并且在关键时刻“极端厚颜无耻地重新站到先前承认法律神圣的立场上去了”，结果导致工人阶级的宪章派“受到了法庭审判，并被判了罪”，然而，资产阶级却大获其益，不仅“没有遭到丝毫损失”，而且“获得了利益”。这个结果也直接导致了“无产阶级和资产阶级彻底决裂”[4]。以这个决裂为标志，从此，宪章运动就变成清除了资产阶级分子的纯粹工人的事业，在这个过程中，宪章派工人的主体地位日益凸显，“加倍积极地参加了无产阶级反对资产阶级的一切斗争”[5]。随着无产阶级作为一个整体的逐渐觉醒，无产阶级对资产阶级的反抗斗争也就越来越自觉，并越发能深刻意识到自己作为一个独立的阶级肩上所承担的历史使命了。

---

[1][2]《马克思恩格斯选集》第1卷，人民出版社2012年版，第119页。

[3]《马克思恩格斯选集》第1卷，人民出版社2012年版，第120—121页。

[4]《马克思恩格斯选集》第1卷，人民出版社2012年版，第125页。

[5]《马克思恩格斯选集》第1卷，人民出版社2012年版，第126页。

四、无产阶级的进步性与自我解放的历史使命

显然，在与资产阶级的持续斗争中，无产阶级逐步觉醒并开始意识到自身作为一个整体具有的强大力量，逐渐把自己锻炼成为代表人类社会进步方向的革命阶级[1]。而这种逐步转变的过程也保证了无产阶级能够完成自己的历史使命——推翻资本主义统治，实现社会主义和自己的解放。

无产阶级觉醒是完成历史使命的前提。随着大工业的发展和资本主义时代的到来，经济社会结构发生的最重要的变化就是把阶级关系简单化，这个简单化是指整个社会日趋化为两个阶级即无产阶级和资产阶级的对立。正如恩格斯所指出的，"新的工业能够获得重要意义……把居民的一切差别化为工人和资本家的对立"[2]。而这种特点在后来的《共产党宣言》中再次得以重申和强调，那就是资产阶级时代的到来塑造了一个简单化的阶级对立关系，整个社会日益分裂为两大敌对的阵营，分裂为两个相互直接对立的阶级：资产阶级和无产阶级[3]。阶级关系的变化成为无产阶级独立和觉醒的前提。在这个过程中，恩格斯描述道，对于工人来说，只有他们看出资产阶级的剥削本质并且主动疏远他们的时候，工人才开始有了独立地位和利益的觉醒，也正是在这个时候，才正式地"第一次出现了无产阶级和资产阶级利益的对立"[4]，工人们才会在各方面不再"像奴隶一样地跟着资产阶级

[1] 许征帆等：《马克思主义学说史》第1卷，吉林人民出版社1987年版，第193页。
[2]《马克思恩格斯选集》第1卷，人民出版社2012年版，第101页。
[3]《马克思恩格斯选集》第1卷，人民出版社2012年版，第401页。
[4]《马克思恩格斯全集》第2卷，人民出版社1957年版，第408页。

走"[1]。在恩格斯看来，这种对立程度越加深，无产阶级就觉醒得越深入，"工人中的无产阶级意识也就越发展，越明朗"[2]，工人们也就越发认识到自己是一个整体，是一个阶级，并且以"工人"这个头衔为傲，进而，他们也就构成了同一切有产阶级相对立的、有自己的利益、原则、有自己的世界观的独立的阶级[3]。这就表明，无产阶级已经开始逐步作为一支独立而强大的政治力量存在，开始在社会上和政治上发生影响和作用[4]。这种影响和作用就必然会造成这样的一种局面和结果，正如恩格斯所说的，"所有的工业工人都被卷入了反对资本和资产阶级的各种斗争"[5]。

无产阶级的进步性是承担和完成历史使命的保证。恩格斯通过无产阶级与资产阶级的对比论证无产阶级相对于资产阶级的进步性。在恩格斯看来，无产阶级与资产阶级是在思想观念、道德原则乃至宗教、政治等方面都不同的两类人，就好像他们是属于不同的民族一样。不过，虽然"在欧洲大陆上，到现在为止我们还只认得这两种人中的一种，即资产阶级"，但恩格斯却极富前瞻性地表示，"可是对英国的未来更加重要得多的，恰好是另一种人，即由无产者所组成的那一种人"[6]。**首先，无产阶级的仁慈**。恩格斯通过帮助穷人的例子充分证明了无产阶级在本质上是要比资产阶级仁慈得多的，"工人在帮助穷人方面无论如何比资产阶级做得多"[7]，在工人的眼里，"每一人都是人"，而资

[1]《马克思恩格斯全集》第2卷，人民出版社1957年版，第409页。
[2][3]《马克思恩格斯选集》第1卷，人民出版社2012年版，第132页。
[4]《马克思恩格斯全集》第2卷，人民出版社1957年版，第408页。
[5]《马克思恩格斯选集》第1卷，人民出版社2012年版，第132页。
[6][7]《马克思恩格斯全集》第2卷，人民出版社1957年版，第410页。

产阶级则完全相反，在他们那里，“工人却不完全是人”[1]。**其次，无产阶级的包容**。在恩格斯看来，资本主义社会其实就是一种把资本作为“主义”和“信仰”的社会，因此，在资产阶级的眼里，至高无上的追求就是“资本”或“金钱”，从而就“变成了卑鄙龌龊的‘财迷’”。但是，无产阶级却不同，他们超越资产阶级的那种金钱崇拜，因而，他们的视野就显得客观包容得多，往往就不会戴上自私和狭隘的眼镜来审视一切问题[2]。**三是无产阶级的博学**。恩格斯专门举了他观察到的案例说明这一点，他常常看到穷困潦倒、衣衫褴褛的工人阶级们谈论哲学、政治、诗歌、地质学、天文学等广泛的学科，彰显了“英国无产阶级在获得自主的教育方面已经取得多么大的成就”。与之相反，资产阶级无疑是封闭、保守和害怕进步的，他们是偏见的奴隶，“他惧怕、诅咒和排斥真正标志着进步的一切”[3]。这样，资产阶级必然会囿于自己的阶级偏见、保守和反动而变得“无可救药”，因此，“他在任何前进的运动中都是一具僵尸”。这样，当资产阶级已经不再站在历史发展的前头的时候，恩格斯断言，“工人将要起而代之，——最初只是理应如此，以后就会在实际上做到这一点”[4]。也即无产阶级顺应了历史发展的大势、代表了社会前进的方向，因而，他们最终一定能推翻和取代资产阶级的统治地位，实现自己的彻底解放。

无产阶级必须采用暴力手段推翻资产阶级的统治。恩格斯通过对英国无产阶级活动的各个部门予以详尽观察和研究，清晰

[1][2]《马克思恩格斯全集》第2卷，人民出版社1957年版，第411页。

[3]《马克思恩格斯选集》第1卷，人民出版社2012年版，第131页。

[4]《马克思恩格斯全集》第2卷，人民出版社1957年版，第412页。

看到无产阶级的贫穷、困苦和其他的各种非人的地位和境况，深刻认识到，“工人阶级处境悲惨的原因不应当到这些小的弊病中去寻找，而应当到资本主义制度本身中去寻找”[1]。他也深切感受到无产阶级反抗的不满情绪正在酝酿、积聚，而最后必定是大爆发。也就是说，无产阶级要改变受剥削和奴役的地位，必须消灭资本主义制度。要消灭资本主义制度，就要求无产阶级通过斗争特别是暴力革命的方式推翻资产阶级统治，进而获得个人解放。之所以要采用革命的方式，在于资产阶级的本性决定了它不会主动退出历史舞台，工人们如果不采用暴力革命的方式，就无法改变自己受压迫和奴役的地位。

一是资产阶级的自私自利。恩格斯通过观察深刻认识到，“资产阶级所关心的只是自己，只是自己的私利”[2]。相反，对于无产阶级所处的悲惨境况和承受的深重灾难，他们毫不在意，金钱是他们的至上追求，也是唯一的人生目标，“英国资产者对自己的工人是否挨饿，是毫不在乎的，只要他自己能赚钱就行”。也就是说，衡量一切的标准就是能否“赚钱”，能否有“利润”，“凡是不赚钱的都是蠢事”[3]。在《致大不列颠工人阶级》中，恩格斯向工人们深刻揭示了这样一个事实，资产阶级，无论他们口头说得有多么天花乱坠，但归根到底目的只有一个，“就靠你们的劳动发财，而一旦他们无法靠这种间接的人肉买卖赚钱了，就任凭你们饿死也不管”[4]。基于此，恩格斯深恶痛绝地指出，“我从来没有看到过一个阶级像英国资产阶级那样堕落，那样自私自

[1]《马克思恩格斯选集》第1卷，人民出版社2012年版，第67页。
[2]《马克思恩格斯全集》第2卷，人民出版社1957年版，第563页。
[3]《马克思恩格斯全集》第2卷，人民出版社1957年版，第565页。
[4]《马克思恩格斯选集》第1卷，人民出版社2012年版，第82页。

利到不可救药的地步，那样腐朽，那样无力再前进一步"[1]。

二是资产阶级的麻木不仁。基于资产阶级的自私自利的本性，恩格斯得出了这样一个结论，那就是奢求资产阶级主动放弃自己的剥削和奴役的地位是不可能的，也是不现实的，"我们研究了决定无产者的命运、希望和忧虑的根源，并且发现他们的状况没有任何改善的希望"[2]。之所以没有任何改善的希望，是因为资产阶级是麻木不仁的，他想不到也根本不会去想主动改变工人阶级被压迫和奴役的地位，即"保守、狭隘而自私的英国资产阶级尤其不会这样做"[3]。恩格斯以煤矿工人的反抗为例断言，虽然工人们的反抗已经对资产阶级的剥削和压迫发出了警告，但是，"资产阶级是不听警告的。煤矿工人的反抗只是使他们更加残酷；他们并不认为这应该使他们更加理智，不认为这是整个工人运动前进的一步，而认为这只是一个机会，可以用来对这些竟愚蠢到不同意继续忍受从前的待遇的人群发泄怒气"[4]。资产阶级的麻木不仁，也就意味着无产阶级除了暴力推翻资产阶级的统治、从根本上废除现有制度外，无法改变这种被剥削和奴役的地位，恩格斯直截了当地说，"当你看到有资产阶级这样疯狂的时候……你就不得不放弃和平解决英国社会问题的任何希望"[5]。

三是无产阶级斗争的威力。无产阶级具有强大的力量在于，一方面，无产阶级队伍在不断壮大，在恩格斯看来，"随着资本迅速向少数人的手里集中，无产阶级的人数将按照几何级数增加起

[1]《马克思恩格斯全集》第2卷，人民出版社1957年版，第564页。
[2]《马克思恩格斯全集》第2卷，人民出版社1957年版，第563页。
[3]《马克思恩格斯全集》第2卷，人民出版社1957年版，第586页。
[4][5]《马克思恩格斯全集》第2卷，人民出版社1957年版，第548页。

来……除少数百万富翁外，很快都成为无产阶级"[1]。随着无产阶级队伍的壮大，无产阶级也将深刻认识到，他们要推翻现存的社会秩序是多么容易，于是革命就跟着到来了[2]。于是，随着资产阶级剥削和奴役的加重，阶级的分化日益尖锐，反抗的精神日益深入工人的心中，愤怒在加剧……一个小小的推动力就足以掀起翻天覆地的浪涛[3]。另一方面，资产阶级顽固地坚持他们的这种统治地位而不愿意退出历史舞台，用两条规律即"把劳动力的价值限制在必要的生活资料的价格上"和"把劳动力的平均价格降低到这种生活资料的最低限度上"，从而"用它们的轮子碾压着工人"[4]。基于此，恩格斯指出，推翻资产阶级统治的"唯一可能的出路就是暴力革命，毫无疑问，这个革命是不会让人们长久等待的"[5]。恩格斯指出，这种战争和暴力革命势必从根本上动摇资产阶级统治的基础，资产阶级脚下的地基就这样逐渐动摇起来，总有一天，资产阶级的整个国家的和社会的建筑物将连同它的基础一同倾覆[6]。资产阶级丧失自己的统治地位，这是历史发展的必然和大势，也是"无可争辩的事实"[7]。

五、无产阶级的思想武器与对空想社会主义的超越

虽然恩格斯在写《英国工人阶级状况》的时候，科学社会主

[1][2]《马克思恩格斯全集》第2卷，人民出版社1957年版，第585页。

[3]《马克思恩格斯全集》第2卷，人民出版社1957年版，第587页。

[4]《马克思恩格斯选集》第1卷，人民出版社2012年版，第75页。

[5][6]《马克思恩格斯全集》第2卷，人民出版社1957年版，第548页。

[7]《马克思恩格斯全集》第2卷，人民出版社1957年版，第586页。

义还没有正式诞生，但恩格斯已经敏锐地看到了社会主义在无产阶级实现自己历史使命过程中的重要地位，社会主义是无产阶级强大有力的科学思想武器。在列宁看来，这也恰恰是恩格斯这部著作要表达的一个十分重要的思想，即无产阶级运动本身就是对工人阶级的教育，它使工人阶级深刻认识到，“除了社会主义，他们没有别的出路”，与此同时，只有用社会主义来武装无产阶级才能发挥其强大的思想武器的作用，即“社会主义只有成为工人阶级的政治斗争的目标时，才会成为一种力量”[1]。

恩格斯辩证而全面地评价了以欧文为代表的英国的社会主义者。在恩格斯看来，欧文的社会主义是有局限的，他的这种社会主义总体上体现出很强的保守的色彩。因为欧文本身的工厂主的地位决定了“他的社会主义虽然在实质上超越资产阶级和无产阶级的对立，但在形式上仍然以很宽容的态度对待资产阶级，以很不公平的态度对待无产阶级”，并且对于无产阶级和资产阶级之间的关系尤其是资产阶级对无产阶级的剥削和压榨，“他们还是承认这些关系有合理性”。不仅如此，这种社会主义者在某种意义上并没有充分看到无产阶级潜在的力量，因此，他们“还经常抱怨下层阶级颓废堕落，他们看不见社会制度的这种瓦解中含有进步成分，看不见唯利是图的伪善的有产阶级更严重的道德堕落”[2]。在实现社会主义的手段上，这种社会主义者也体现出很强的保守性，因为他们并不主张通过政治斗争来达到国家消亡的目的，而是主张用没有任何用处的“慈善与博爱”。基于此，恩格斯尖锐地批评这种社会主义“太学究气、太形而上学了”。恩

[1]《列宁选集》第1卷，人民出版社2012年版，第92页。
[2]《马克思恩格斯选集》第1卷，人民出版社2012年版，第128页。

格斯断言，这种社会主义者，“他们是不可能有所作为的”[1]。这种判断显然是具有前瞻性的，因为以欧文为代表的社会主义者，虽然也有其合理的主张和成分，但本质上是一种空想社会主义，对于从根本上解决无产阶级的压迫、受奴役的地位、解除无产阶级的深重灾难，是远远不够的。而后来马克思恩格斯创立的科学社会主义则是对空想社会主义的超越。

根据恩格斯的分析，社会主义的发展不应该是一种纯粹的理论设想，而应在实践中孕育和发展，在这个过程中，无产阶级的宪章运动对社会主义发展起到一定的助推作用。恩格斯客观分析了宪章运动中的社会主义。在恩格斯看来，这场社会主义运动还有很多局限，恩格斯辩证而客观地指出，宪章派和社会主义都是工人运动的重要组成部分，但这两者也存在重要的不同。这就在于，“宪章派还处于很落后的状态，发展水平还很低，但他们却是真正的活生生的无产者，是无产阶级的代表”，而主张“社会主义”的人却属于“资产阶级”。在恩格斯看来，社会主义者虽然往往看得比较远，甚至提出了消灭贫困的实际方法举措，但恰恰因为他们来自资产阶级，总是超越不了阶级的局限，而“不能和工人阶级融合在一起”[2]。后来恩格斯在《共产党宣言》的1888年英文版序言中也专门提到过这一点，即在大约19世纪40年代，主张社会主义的人某种意义上都是“站在工人阶级运动以外，宁愿向‘有教养的’阶级寻求支持”，因此，在当时，“社会主义，至少在大陆，是‘上流社会的’”，由于它总体上趋于空想或者野

---

[1]《马克思恩格斯选集》第1卷，人民出版社2012年版，第128页。
[2]《马克思恩格斯选集》第1卷，人民出版社2012年版，第129页。

心勃勃地主张消除一切社会弊病却“毫不危及资本和利润”[1]，因而，最后都逐渐走向灭亡。在恩格斯看来，大约从这个时代开始，归根到底是马克思主义的作用和功绩，使得社会主义从空想发展成科学[2]。虽然说“他们的社会主义还处在萌芽状态”，但恩格斯仍然敏锐地得出一个判断，那就是“宪章运动和社会主义接近是不可避免的，特别是在下一次危机到来的时候”[3]。

恩格斯进一步分析，基于当时社会主义思想主张的局限性，无产阶级显然不能也不应该让它“成为工人阶级的共同财富”，而只有在宪章运动的实践中，让社会主义与无产阶级更加接近、融合，从而“经过宪章运动的考验并清除了资产阶级成分的、真正的无产阶级社会主义”，才能成为适应无产阶级斗争需要，成为无产阶级的强大思想武器，进而才能“在英国人民的发展史上发挥重要的作用”[4]。而且尤为重要的是，恩格斯发现了这样的发展趋势，“社会主义和宪章运动的融合……而且已经部分地发生了”，恩格斯指出“只有实现了这一点，工人阶级才会真正成为英国的统治者；那时，政治和社会的发展也将向前推进”[5]。当恩格斯撰写1892年的序言时，这种判断再次得到有力的印证。在这个时候，工人阶级已经深刻意识到“他们在英国成为一种决定性的力量”，并且随着工人阶级政党的崛起，它也将结束资产阶级两个政党轮流“上台表演”的“跷跷板游戏”[6]。

---

[1]《马克思恩格斯选集》第1卷，人民出版社2012年版，第384—385页。
[2]《马克思恩格斯选集》第1卷，人民出版社2012年版，第69页。
[3]《马克思恩格斯选集》第1卷，人民出版社2012年版，第127页。
[4]《马克思恩格斯选集》第1卷，人民出版社2012年版，第129页。
[5]《马克思恩格斯选集》第1卷，人民出版社2012年版，第129—130页。
[6]《马克思恩格斯选集》第1卷，人民出版社2012年版，第80页。

另外，恩格斯还区分了当时社会思想中的社会主义与共产主义的不同，甚至已经认识到共产主义作为无产阶级思想武器的重要性。而这一点，恩格斯同样在后来的《共产党宣言》的1888年英文版序言中作了回应，即在当时，“社会主义是资产阶级的运动，而共产主义则是工人阶级的运动”[1]。在恩格斯看来，无产阶级有了这样的思想武器的武装，那么，其斗争的面貌就会不同，“无产阶级所接受的社会主义思想和共产主义思想愈多，革命中的流血、报复和残酷性将愈少”。恩格斯还详尽地分析了共产主义的本质和目标，“在原则上，共产主义是超乎资产阶级和无产阶级之间的敌对的；共产主义只承认这种敌对在目前的历史意义，但是否认它在将来还有存在的必要；共产主义正是以消除这种敌对为目的的”。从当时这个意义上说，共产主义着眼于从根本上推翻资产阶级的统治从而消除无产阶级和资产阶级的对立，那么这一主张其实已经与后来科学社会主义的主张高度一致了。在恩格斯看来，只要资产阶级对无产阶级的奴役和压迫继续存在，那么，就不可避免地存在无产阶级对资产阶级的愤怒和敌视，并且这种敌视和愤怒也是“工人运动的最重要的杠杆”和动力，但共产主义却不是止步于这种愤怒，而是要比这种愤怒更进一步，这就在于共产主义已经“不仅仅是工人的事业，而是全人类的事业”[2]。从这个意义上来说，共产主义是无产阶级的思想武器，也是无产阶级的奋斗目标。当然，在《英国工人阶级状况》1892年德文版序言中，恩格斯对这种认识和看法又作了调整。在他看来，当时强调共产主义已经超越了仅仅是工人阶级解放的

---

[1]《马克思恩格斯选集》第1卷，人民出版社2012年版，第385页。

[2]《马克思恩格斯全集》第2卷，人民出版社1957年版，第586页。

学说，从而最终把包括资产阶级在内的整个社会都解放出来；后来他指出，“只要有产阶级不但自己不感到有任何解放的需要，而且还全力反对工人阶级的自我解放，工人阶级就应当单独地准备和实现社会变革”[1]。即便在这个时候，恩格斯依旧强烈批评那种主张企图超越阶级的社会主义或共产主义的学说主张，认为那种“站在不偏不倚的高高在上的立场向工人鼓吹一种凌驾于一切阶级对立和阶级斗争之上的社会主义”，“是披着羊皮的豺狼”和无产阶级的最凶恶的敌人[2]。

知识链接：

1. 钱乘旦：《工业革命中的英国工人》，《经济社会史评论》2008 年第 1 辑。

2.《英国工业革命》（30 分钟），https://www.1905.com/vod/play/511072.shtml。

3. ［英］E. 罗伊斯顿 · 派克：《被遗忘的苦难》，蔡师雄等译，福建人民出版社 1983 年版，第二章。

4. 沈汉：《论英国宪章运动中工人阶级的政治独立性问题》，《世界历史》1986 年第 3 期。

5. ［澳］保罗 · 皮克林：《被遗忘的过去：英国宪章运动》，朱静怡译，《英国研究》2015 年上半年刊。

6. ［英］罗伯特 · 欧文：《欧文选集》（第二卷），柯象峰等译，商务印书馆 1981 年版，第二章。

---

［1］［2］《马克思恩格斯选集》第 1 卷，人民出版社 2012 年版，第 70 页。

《共产党宣言》导读

阅读导引

1847年，马克思29岁，但他由于深刻而有号召力的思想阐发，已经被工人们亲切地尊称为“马克思”老爹。当时的恩格斯才27岁。这年1月的一天，马克思在布鲁塞尔的家里接待了一位来自伦敦的客人——约瑟夫·莫尔——正义者同盟的领导人。莫尔代表同盟请求马克思恩格斯加入并帮助改组同盟。同年6月，同盟召开代表大会，并按照马克思、恩格斯的倡议更名为“共产主义者同盟”。大会批准了以无产阶级政党组织原则为基础的章程草案，用“全世界无产者联合起来”的战斗口号，取代了“人人皆兄弟”的旧口号。受大会委托，马克思、恩格斯着手为新同盟起草一个正式纲领。从《共产主义信条草案》到《共产主义原理》再到《共产党宣言》(简称《宣言》)。经过一轮轮广泛征求意见，特别是经过马克思恩格斯两人的反复商讨，这部人类历史上的划时代经典于1848年2月在伦敦以德文问世。

《宣言》的问世是人类思想史上的一个伟大事件，标志着马克思主义的诞生。这部经典第一次全面而深刻地阐述了马克思主义的科学世界观、马克思主义政党的先进品格、马克思主义政党的政治立场、马克思主义政党的崇高理想、马克思主义的革命纲领、马克思主义政党的国际主义精神，立起一座马克思主义精神丰碑，是全世界无产阶级的思想武器。

1848 年 3 月，《宣言》刚出版一个月，反动警察便以从事政治活动的罪名将马克思拘捕，他的妻子燕妮也因此受牵连，被送进市政厅监狱。随后，马克思一家人被驱逐出比利时。这正从一个侧面反映了一个事实——《宣言》一经问世就显示出其巨大威力。这种理论威力，不仅没有被反动阶级镇压下去，反而促进了这部经典的传播。比如，1851 年 10 月轰动欧洲的科隆共产党人案，普鲁士政府宣判共产主义者同盟成员的重要“罪证”就是他们存有《宣言》。为此，普鲁士当局编写《警察指南》列举一系列作为共产党人的“罪证”，其中就有《宣言》，结果却使《宣言》得到了公开的传播。如今，这一著作已经有 200 多种文字、2000 多个版本，传遍世界各地。可以说，《宣言》不仅是世界各地共产党人和进步人士必读的经典，而且成为全人类重要的精神财富。2013 年，《宣言》被联合国教科文组织列入《世界记忆名录》。

以《宣言》为代表的马克思主义，不仅深刻改变了世界，也深刻改变了中国。中国共产党是《宣言》精神的忠实传人。我们党的老一辈革命家不少是受《宣言》的影响而走上革命道路的。我们党的第一部党纲就是按照《宣言》精神制定的。

今天我们看到的《宣言》，由序言和正文两部分组成。序言共有七篇，都是在《宣言》发表后，根据不断变化的革命实践，对《宣言》进行补充、修改、完善、发展而形成的，一直被视为《宣言》整体的重要组成部分。其中“1872 年德文版序言”和“1882

年俄文版序言”由马克思、恩格斯合写，“1883年德文版序言”“1888年英文版序言”“1890年德文版序言”“1892年波兰文版序言”和“1893年意大利文版序言”则由恩格斯独自撰写。《宣言》正文首先是一段简短的引子，明确提出一个事实，即“一个幽灵，共产主义的幽灵，在欧洲游荡”，[1]宣告了共产主义已经成为整个欧洲所公认的政治力量，因而有必要向全世界公开说明共产党人的观点和意图。接下来分四章阐发：第一章“资产者和无产者”内容最多，主要论述了原始土地公有制解体以来的人类历史都是阶级斗争的历史，科学分析了资产阶级的产生过程及其发挥过的巨大历史作用，并通过揭示资本主义社会的内在矛盾证明了资产阶级的灭亡和无产阶级的胜利是不可避免的客观规律，伴随着资本主义的发展而逐渐壮大的无产阶级则充当了资本主义制度的掘墓人。第二章“无产者和共产党人”主要阐述了共产党人同全体无产者之间的关系，驳斥了资产阶级对共产主义的种种责难，论述了无产阶级革命的主要特征和无产阶级专政的基本思想，揭示了未来共产主义社会的本质。第三章“社会主义的和共产主义的文献”主要区分并批判了“反动的社会主义”（包括“封建的社会主义”“小资产阶级的社会主义”“德国的或‘真正的’社会主义”）、“保守的或资产阶级的社会主义”、“批判的空想社会主义和共产主义”等当时流行的各种伪社会主义。第四章“共产党人对各种反对党派的态度”主要阐述了共产党对其他党派的策略，指出共产党人要立足于现实，积极支持并参加当时的革命斗争，牢记无产阶级的革命原则和最终目标，并在最后向世界上所有的无产者发出联合起来共同战斗的号召。

[1]《马克思恩格斯选集》第1卷，人民出版社2012年版，第399页。

一、《宣言》序言的别样理论华章

不少经典，既留下了彪炳史册的正文，又留下了广泛流传的序言。《宣言》译成中文不到2万字，相比于这个体量，达7篇之多的序言可谓令人印象深刻。之所以有如此多的序言，来自理论和实践的双重需要。

首先，序言鲜明呈现了马克思主义不断创新发展的理论品格，对《宣言》的思想持续进行丰富和发展。当年写就《宣言》时，马克思、恩格斯都不到30岁，却思考和回答了“人类向何处去”这个高深的问题。为何170多年过去了，这部经典的思想和理论依然保持着巨大的穿透力、扩张力和生命力？原因在于马克思主义勇于革新、与时俱进的理论品格。在马克思恩格斯看来，《宣言》作为一个历史文献，不应随意加以修改。因此，对这部著作的补充和完善只能选择在再版时以写作序言的方式进行。在1872年为《宣言》合写的第一篇序言中，马克思、恩格斯就深刻指出：“这些原理的实际运用……随时随地都要以当时的历史条件为转移……如果是在今天……许多方面都会有不同的写法了。”[1] 正是这种勇于革新的自我批判精神，促使他们不断根据资本主义社会发展和无产阶级革命运动的实际状况，对《宣言》没有涉及的美国、俄国、波兰和意大利等国的具体情况进行具体分析，用以指导共产党人的科学实践。比如，在1890年德文版序言中，恩格斯坦陈，《宣言》的任务：“是宣告现代资产阶级所有制必然灭亡。但是在俄国，我们看见，除了狂热发展的资本主

[1]《马克思恩格斯选集》第1卷，人民出版社2012年版，第377页。

义制度和刚开始形成的资产阶级土地所有制外，大半土地仍归农民公共占有。那么试问：俄国农民公社，这一固然已经大遭破坏的原始土地公有制形式，是能直接过渡到高级的共产主义的土地所有制形式呢？或者，它还必须先经历西方的历史发展所经历的那个瓦解过程呢？对于这个问题，目前唯一可能的答复是：假如俄国革命将成为西方工人革命的信号而双方互相补充的话，那么现今的俄国公有制便能成为共产主义发展的起点。”[1]综观7篇序言，都是以时代课题为问题导向，以社会发展现实为基础和根据，对通往无产阶级革命之路所遇到的问题不断作出及时回答。因此，后人有一个普遍认识，《宣言》的7篇序言，与这部经典的正文一样重要，也是理论华章。它们历史地展现出，马克思主义不是教条，而是立足于具体现实、立足于“我们眼前的历史运动”的与时俱进的理论。这启示人们，决不能简单搬用《宣言》正文和序言的现成论断，而必须从具体情况出发，根据时代的要求和实际情况的变化不断丰富和发展马克思主义。

其次，《宣言》的序言概括了贯穿于正文的唯物史观基本思想，为后人学习理解这部经典著作提供了重要的遵循。在1883年德文版序言中，恩格斯明确指出，《宣言》的基本思想是：“每一历史时代的经济生产以及必然由此产生的社会结构，是该时代政治的和精神的历史的基础；因此（从原始土地公有制解体以来）全部历史都是阶级斗争的历史，即社会发展各个阶段上被剥削阶级和剥削阶级之间、被统治阶级和统治阶级之间斗争的历史；而这个斗争现在已经达到这样一个阶段，即被剥削被压迫的阶级（无产阶级），如果不同时使整个社会永远摆脱剥削、压迫和阶级斗争，

[1]《马克思恩格斯选集》第1卷，人民出版社2012年版，第389页。

就不再能使自己从剥削它压迫它的那个阶级（资产阶级）下解放出来。”[1]1888年英文版序言再次重申了这一思想。不难看出，这个概括包含三个递进的部分：其一，重申了历史唯物主义的基本原则，即经济生产方式以及由此必然产生的社会结构决定了一个时代的政治的和精神的历史，简单地说就是经济基础决定上层建筑。其二，运用这一原理来考察人类社会，就会发现阶级斗争贯穿于一切阶级社会，是阶级社会历史发展的直接动力，即从原始土地公有制解体以来的全部历史都是阶级斗争的历史；是否承认这一点构成马克思主义区别于其他各种社会主义流派、资产阶级民主主义派别的重要标志。其三，在资本主义社会，资产阶级的残酷剥削和压迫，引发了激烈的阶级对抗，整个社会日益分裂为两大敌对的阵营。资本主义私有制生产关系已经不适应生产力发展需求，必然走向灭亡。无产阶级代表了新的生产力，除了自己的劳动力之外没有任何私有财产，处于社会的最底层，代表了绝大多数人的利益。因而它只有使整个社会摆脱阶级划分，才能争得自身的解放。这就清楚地告诉人们，关于无产阶级历史使命的学说，是《宣言》的基本思想。正如列宁所说，关于无产阶级历史使命的学说是“马克思学说中的主要的一点”，《宣言》“已对这个学说作了完整的、系统的、至今仍然是最好的阐述”。[2]

再次，序言还动态阐明了《宣言》的写作和再版的历史背景，彰显了经典作家的坚定信念和对科学理论的坚决捍卫。在合作完成的第一篇序言（1872年德文版序言）中，马克思恩格斯就掷地有声地宣告：“不管最近25年来的情况发生了多大的变化，这

[1]《马克思恩格斯选集》第1卷，人民出版社2012年版，第380页。

[2]《列宁选集》第2卷，人民出版社2012年版，第305页。

个《宣言》中所阐述的一般原理整个说来直到现在还是完全正确的。”[1]在1882年俄文版序言中，他们指出，1847年12月写作《宣言》时，卷入无产阶级运动的地区多么狭小，从《宣言》最后一章《共产党人对各国各种反对党派的态度》中可以看得很清楚。这一章没有说到俄国和美国。那时，俄国是欧洲全部反动势力的最后一支庞大后备军；美国正通过移民吸收欧洲无产阶级的过剩力量。这两个国家，都向欧洲提供原料，同时又都是欧洲工业品的销售市场。所以，这两个国家无论如何当时都是欧洲现存秩序的支柱。但是，“今天，情况完全不同了”。[2]“假如俄国革命将成为西方无产阶级革命的信号而双方互相补充的话，那么现今的俄国土地公有制便能成为共产主义发展的起点。”[3]在1890年德文版序言中，恩格斯具体说明了为什么这部著作叫《共产党宣言》或者《共产主义宣言》，而不能叫作《社会主义宣言》。因为在1847年，所谓社会主义者主要有两个方面的所指：一方面是指英国的欧文派、法国的傅立叶派等各种空想社会主义体系的信徒，另一方面是指那些自称可以消除一切社会弊病而不危及资本和利润的各种改良派（恩格斯将他们称为社会庸医）。这两种人实际上都是站在工人阶级运动以外，宁愿向资产阶级寻求支持的。相比较而言，当时，只有工人阶级中公开表明必须根本改造全部社会的那一部分人，才把自己叫作共产主义者。恩格斯说，虽然他们的共产主义还很粗糙甚至纯粹出于本能，但已经接触到了最主要的东西。因此，马克思恩格斯以“共产主义”为这部著

---

[1]《马克思恩格斯选集》第1卷，人民出版社2012年版，第376页。
[2]《马克思恩格斯选集》第1卷，人民出版社2012年版，第378页。
[3]《马克思恩格斯选集》第1卷，人民出版社2012年版，第379页。

作命名。

二、一个“共产主义的幽灵”登上历史舞台

“一个幽灵，共产主义的幽灵，在欧洲游荡。为了对这个幽灵进行神圣的围剿，旧欧洲的一切势力，教皇和沙皇、梅特涅和基佐、法国的激进派和德国的警察，都联合起来了。”[1]《宣言》开篇就直截了当地摆出了一个客观事实——“共产主义幽灵”已经现实存在。

将共产主义比作幽灵并不是马克思恩格斯的首创，但他们的《宣言》却让这一论断更加著名了。在这篇战斗檄文中，马克思恩格斯是以“事实说话”的方式来论证的，所以不会开篇就拿来让许多人困惑的生僻概念，事实上，在当时的欧洲，这个比喻是一种流行的说法。比如，有学者就考证到，德国 1846 年出版的《国家百科词典》中的“共产主义”词条的解释：“近几年来，共产主义在德国成了人们议论的话题，而且已经成为具有威慑力的幽灵；在它面前，一些人感到恐慌，另一些人则借此制造恐慌……”[2]因此，在归根到底的意义上，马克思恩格斯是在以反讽的方式使用“幽灵”这个比喻，也就是借用了对立面的视角、用词和态度，把“共产主义”说成是“幽灵”，就是用敌我双方都能够听懂的字眼说话。这一点从“拿党自己的宣言来反驳关于共

[1] 《马克思恩格斯选集》第 1 卷，人民出版社 2012 年版，第 399 页。

[2] 徐洋：《马克思、恩格斯为什么称共产主义为“幽灵”？——〈共产党宣言〉首句中译文的演变》，《北京师范大学学报》2015 年第 1 期。

产主义幽灵的神话的时候了”，[1]可读出来。但正如一些学者分析的，马克思恩格斯也有意用“幽灵”来渲染和强化“共产主义”的影响力。也就是以“共产主义”看不见摸不着却又无处不在的一面，强调“共产主义”让当权者又怕又恨的一面。这是一种自信和气魄。你们说我们是“幽灵”，我们就愿意做这样的“幽灵”，一个预示着新社会的“幽灵”，用《宣言》结尾时的原话来表达就是，一个“不屑于隐瞒自己的观点和意图”的“幽灵”，一个“让统治阶级在共产主义革命面前发抖”的“幽灵”。[2]

在引言中，关于这个“幽灵”，马克思恩格斯用简明的文字突出了两点。

第一，因为有了这个也不能否认也不敢漠视的“幽灵”，本来互相敌对的各种旧的社会力量都联合起来了。比如，“教皇和沙皇”，在西方社会，“宗教力量和世俗政治力量”是一对天然的矛盾，因为共产主义这种新生的力量，它们都联合起来了；“梅特涅和基佐”分别代表了拿破仑的法兰西帝国战败后欧洲的两大势力，奥地利的梅特涅代表了战胜国的一方，法国的基佐代表了被瓜分的战败国一方；“法国的激进派和德国的警察”，法国的激进派，可以说是当时最进步的国家的极左的社会力量，德国的警察则是最保守国家的极右的社会力量。这些可谓水火不容的社会力量，因为共产主义都联合起来了。这证明了这个新生力量的强大。

第二，“有哪一个反对党不被它的当政的敌人骂为共产党呢？又有哪一个反对党不拿共产主义这个罪名去回敬更进步的

---

[1]《马克思恩格斯选集》第1卷，人民出版社2012年版，第399页。

[2]《马克思恩格斯选集》第1卷，人民出版社2012年版，第435页。

反对党人和自己的反动敌人呢？”[1]这是以反证的方式说明“共产党”“共产主义”这样的称号已经足够知名、强大，即到了大家都纷纷使用的程度，虽然这种使用本身是错误的、坏的，是泼脏水。

正是基于这样一个客观事实，马克思恩格斯合逻辑地得出结论：第一，“共产主义已经被欧洲的一切势力公认为一种势力”；第二，“现在是共产党人向全世界公开说明自己的时候了”。[2]

三、资产阶级既有历史进步性也有历史反动性

列宁曾指出，“马克思主义提供了一条指导性的线索，使我们能够在这种看来扑朔迷离、一团混乱的状态中发现规律性。这条线索就是阶级斗争的理论”。[3]《宣言》的第一章是紧紧围绕着“阶级斗争”这四个字展开的，这个阶级斗争就是资产阶级和无产阶级的斗争。

《宣言》发表的直接任务就是解析资本主义社会是怎样的，危机如何产生，如何解决。如果看不到资本主义作为人类社会历史发展中的一个环节，看不到它与前资本主义社会和后资本主义社会的必然联系和本质区别，那么，就不能彻底解决资本主义的危机。正是唯物史观，深刻把握生产力与生产关系之间的辩证关系，抓住了资本主义作为人类社会历史发展中的一个环节的历史性，不同于空想社会主义思想，只看到了资本主义社会的不合

[1][2]《马克思恩格斯选集》第1卷，人民出版社2012年版，第399页。
[3]《列宁选集》第2卷，人民出版社2012年版，第426页。

理而对资本主义进行无情谩骂，而是从资本主义发展的历史进程中看到它的合理性，看到它的巨大贡献；同时又不同于资本主义辩护士，只看到资本主义社会的合理性和巨大贡献，极力为其美化和赞颂，而是从资本主义所取得的巨大成就中进一步分析出自身不可克服的内在局限性，从而得出它必然灭亡的历史结论。所以，分析资本主义社会要把它放在整个人类社会历史中考察。

什么是人类社会？人与人交往形成社会。换句话说，人与人之间的物质联系形成社会。而人与人之间的物质联系，是指在一定条件下的共同活动方式。这种共同活动方式实际上就是分工和协作，不仅是劳动部门的分工，也不仅是某个劳动部门内不同劳动环节的分工，更重要的是精神劳动和物质劳动的分工。是谁规定着劳动过程、谁实施着劳动过程的分工？财富的种类和数量多寡不是划分阶级的标准，而是取决于在所有制关系中的地位。自由民和奴隶，贵族和贫民，领主和农奴，行会师傅和帮工，不管阶级对立具有什么样的形式，掌握生产资料的一方是劳动的规定者，而另一方是被规定者。正如列宁所说："所谓阶级，就是这样一些大的集团，这些集团在历史上一定的社会生产体系中所处的地位不同，对生产资料的关系（这种关系大部分是在法律上明文规定了的）不同，在社会劳动组织中所起的作用不同，因而取得归自己支配的那份社会财富的方式和多寡也不同。所谓阶级，就是这样一些集团，由于它们在一定社会经济结构中所处的地位不同，其中一个集团能够占有另一个集团的劳动。"[1]

《宣言》第一章的首句："至今一切社会的历史都是阶级斗争

[1]《列宁选集》第4卷，人民出版社2012年版，第11页。

的历史。”[1]这短短一句话就概括了有文字记载的全部人类社会历史。“自由民和奴隶,贵族和贫民,领主和农奴,行会师傅和帮工,一句话,压迫者和被压迫者,始终处于相互对立的地位,进行不断的、有时隐蔽有时公开的斗争,每一次斗争的结局都是整个社会受到革命改造或者斗争的各阶级同归于尽。”[2]从奴隶社会到封建社会,从封建社会到资本主义社会,从奴隶反抗奴隶主、农民反抗地主到工人反抗资本家,被压迫者无时无刻不在进行着斗争,而每一次社会的进步无不是斗争的结果。无论是“整个社会受到革命改造”,还是“斗争的各个阶级同归于尽”,都推动着历史的发展,要么旧的生产关系被迫改革,要么旧的生产关系被新的生产关系所取代。

当然,马克思恩格斯不是先验地运用历史唯物主义原理来分析资本主义社会的。相反,他们的理论建构,恰恰是从分析资本主义社会的历史发展进程中合逻辑地导出这一原理。《宣言》指出:“现代资产阶级本身是一个长期发展过程的产物,是生产方式和交换方式的一系列变革的产物。”[3]伴随着生产方式一个环节一个环节的变迁,封建行会,到工场手工业,再到机器大工业,直到世界市场的形成,生产力不断发展,生产组织形式不断变化,随之而来的权力结构也发生了变化。经济上的变化伴随着政治上的变化。在封建主统治下,资产阶级处于被压迫的地位“第三等级”;在工场手工业时期,他们逐渐成为国家财富的主要贡献者,有了政治上的诉求,要求反特权,要求平等;在机器大工业时期,他们在现代代议制国家中夺得独占的统治地位。这就是

[1][2]《马克思恩格斯选集》第1卷,人民出版社2012年版,第400页。
[3]《马克思恩格斯选集》第1卷,人民出版社2012年版,第402页。

生产关系不断适应生产力的发展而不断变革的过程，而变革了的生产关系由于适应生产力的需要，反过来又进一步促进了生产力的发展。

伴随着这一发展过程，尤其是在取代封建所有制关系的过程中，资产阶级曾经发挥积极的进步作用。“资产阶级揭示了，在中世纪深受反动派称许的那种人力的野蛮使用，是以极端怠惰作为相应补充的。它第一个证明了，人的活动能够取得什么样的成就。它创造了完全不同于埃及金字塔、罗马水道和哥特式教堂的奇迹；它完成了完全不同于民族大迁徙和十字军征讨的远征。”[1]这种资产阶级的作用和成就，主要可以概括为以下三个方面。

一是建立了全新的人与人之间的关系。它斩断了束缚在人们身上的形形色色的封建羁绊。没有之前的人身依附关系，资本家可以自由开办工厂，工人可以出卖自己的劳动力。这种以资本家和工人为代表的人与人之间以契约为前提、金钱为中介的新型的权力和支配关系，使得一切有形的无形的、物质的精神的东西都要由金钱来评定自身的真正价值。虽然是冷漠无情、唯利是图的，但相较于封建的、宗法的人身依附关系来说，这对于生产力发展无疑是巨大的进步，是具有革命性的。

二是开创了世界历史。生产工具以及交换手段不断变革的无限度和无边界，使资产阶级能够奔走于世界各地，到处建立联系，从原料到产品，从物质到精神，使一切自给自足的地方民族甚至最落后的民族融入世界市场，卷入了资本主义工业生产的大潮流中，也卷入了资本主义开创的文明中。“资产阶级，由于开拓

[1]《马克思恩格斯选集》第1卷，人民出版社2012年版，第403页。

了世界市场，使一切国家的生产和消费都成为世界性的了。”[1]资产阶级开创的全球化，带来了世界范围内国家与国家、民族与民族之间复杂的权力关系——规定与被规定、中心与边缘地带的剥削关系。而且全球化导致资本越来越集中在少数人手里，同时，伴随着资本的集中，为资本开道的社会秩序和政治秩序也会再建，“有统一的政府、统一的法律、统一的民族阶级利益和统一的关税的统一的民族”。[2]

三是带来了生产力的快速提升。全新的生产方式极富革命性、解放性，带来了生产力的极速提升。“资产阶级在它的不到一百年的阶级统治中所创造的生产力，比过去一切世代创造的全部生产力还要多，还要大。”[3]

可以看出，《宣言》对资产阶级的生产方式所带来的积极的、巨大变革的归纳是彻底的、充分的。同时，其也揭示出，资本主义既有相较于它所超越了的前一个历史环节的进步性和革命性，也有相较于超越它的下一个环节的不合理性和局限性，正是资产阶级所创造的伟大成就，“不仅锻造了置自身于死地的武器；它还产生了将要运用这种武器的人——现代的工人，即无产者”。[4]

四、无产阶级是资产阶级生产出来的掘墓人

历史车轮滚滚向前。对资本主义进行批判不是马克思恩格斯的首创。之前的空想社会主义者、小资产者等都对资本主义进

[1] 《马克思恩格斯选集》第1卷，人民出版社2012年版，第404页。
[2][3] 《马克思恩格斯选集》第1卷，人民出版社2012年版，第405页。
[4] 《马克思恩格斯选集》第1卷，人民出版社2012年版，第406页。

行过深刻批判。马克思恩格斯的不同在于，他们对资产阶级的历史贡献予以高度评价，充分肯定了资产阶级所取得的巨大历史成就。更重要的是，他们从根本上指出了资产阶级的局限性和不可调和的自我矛盾，深刻分析了资产阶级所制造的自身难以逾越的危机。

“资产阶级的生产关系和交换关系，资产阶级的所有制关系，这个曾经仿佛用法术创造了如此庞大的生产资料和交换手段的现代资产阶级社会，现在像一个魔法师一样不能再支配自己用法术呼唤出来的魔鬼了。”[1]马克思恩格斯用“魔法师”“法术”和“魔鬼”形象地描绘了资本主义生产力与生产关系之间的内在矛盾。这一矛盾无可避免地带来了资本主义的社会危机。资产阶级当然也想像那寓言中的渔夫一样，能把魔鬼重新装回瓶子中。为此，他们采取了各种办法来应对危机，甚至不惜采取消灭大量生产力的办法，夺取新的市场，或者更加彻底地利用旧的市场。但结果却是危机愈发猛烈的周期性的爆发。历史证明，资产阶级不可能把“魔鬼”装回瓶子，因为历史是向前发展的。让强大的生产力重新变得弱小是不可能的，也是资本所不允许的。这就是马克思恩格斯深刻揭示的资本主义生产力与生产关系之间的内在矛盾。

这一矛盾的根本解决，借用马克思恩格斯的比喻，必须依靠新的“魔法师”——历史地产生于资本主义社会的无产阶级，新的“法术”——在生产力历史性进步的基础上根本地变革生产关系。而这新“魔法师”的造就和新“法术”的达成，正是资产阶级本身推动的。资产者之所以成为资产者，最根本的是拥有资本。

[1]《马克思恩格斯选集》第1卷，人民出版社2012年版，第406页。

资本的条件是雇佣劳动，也就是以一无所有的工人的存在为基础的。而这种基础完全是建立在工人的自相竞争之上的——因为工人没有任何资产。恩格斯在《英国工人阶级的状况》曾描写道："资产阶级的统治正是建立在工人之间的竞争上，即建立在由于一些工人和另一些工人的对立而产生的无产阶级的分裂上。"[1]也就是说，如果工人像封建社会的农民那样一直是处于分散的竞争状态的话，那么作为资产阶级统治基础的雇佣劳动这一根基就不会变化。问题恰恰在于，资产阶级在其发展进程中不可避免地促使无产阶级逐渐地由"竞争"走向了"联合"。一方面，社会化大生产促进了工人的联合。现代大工业本身就要求工人之间必须分工协作才能完成生产，这一生产过程自然而然地使工人具有了整体性、联合性。另一方面，现代大工业在生产大量财富的同时，也生产了工人的贫困。工人的生活不但没有随着工业的进步而上升，反而是越来越降到本阶级的生存条件以下。为了维持生活，"工人开始成立反对资产者的同盟；他们联合起来保卫自己的工资"。[2]另外，这种联合还由于大工业所造成的日益发达的交通工具而不断得到发展，各地的工人彼此联系起来，使工人"越来越感觉到自己的力量"，进一步促使工人阶级觉醒和斗争！

尽管在马克思恩格斯时代，工人的多次起义都失败了，但其洞察到：工人斗争的意义不在于起义本身是不是成功，而在于它促进了工人通过不断地结社走向"越来越扩大的联合"。他们在《宣言》中明确指出，工人的联合"不是他们自己联合的结果，而

---

[1]《马克思恩格斯文集》第1卷，人民出版社2009年版，第454页。

[2]《马克思恩格斯文集》第1卷，人民出版社2012年版，第409页。

是资产阶级联合的结果”。[1]因为资产阶级处于不断的斗争中，他们最初反对贵族；后来又反对同工业进步有利害冲突的那部分资产阶级；同时，他们还要经常反对一切外国的资产阶级。在这一系列斗争中，资产阶级因为人数太少，而不得不联合无产阶级来反对自己的敌人，不得不把整个无产阶级发动起来。虽然在这些斗争中，无产阶级所取得的每一个胜利都是资产阶级的胜利，但无产阶级不可避免地被卷入政治运动，资产阶级在利用无产阶级达到自己政治目的的同时，造成了无产阶级事实上的联合。这一联合对资产阶级和无产阶级具有不同的意义：它动摇了资产阶级自身赖以生产和占有产品的基础，却促使无产阶级不断觉醒和壮大。由此我们发现，资产阶级不断地把自己置于两难境地，在制造巨大生产力的同时，也制造了“它自身的掘墓人”，动摇了资本主义的根基，导向了资产阶级的必然灭亡。

无产阶级是“真正革命的阶级”，他们没有自己的财产，就没有什么自己的东西必须加以保护，必须摧毁保护和保障私有财产的一切才能取得社会生产力，因此最具有革命的彻底性。再加上工人的生存状况日益陷入绝对贫困状态，工人再也生存不下去。这决定了工人只有推翻资产阶级的统治才能生存下去，也使得工人的革命联合不断由被动走向主动和自觉，进而形成了无产阶级的革命运动。这一运动不同于以往的一切历史运动，正如马克思恩格斯在《宣言》中所描述的，“无产阶级的运动是绝大多数人的、为绝大多数人谋利益的独立的运动”。[2]无产阶级作为资产阶级的掘墓人必须通过革命来推翻资产阶级而建立自己的统治，

[1]《马克思恩格斯选集》第1卷，人民出版社2012年版，第408页。

[2]《马克思恩格斯选集》第1卷，人民出版社2012年版，第411页。

从而成为新的“魔法师”。这样，就得出了著名的“两个必然”的结论，即“资产阶级的灭亡和无产阶级的胜利是同样不可避免的”。[1]这一结论的根据是资本主义自身矛盾的历史发展，“历史本身就是审判官，而无产阶级就是执刑者”。这深刻揭示了资本主义社会的发展规律。

五、共产党人应该是什么样

在深刻揭示资本主义的内在矛盾和历史趋势的基础上，《宣言》第二章从共产党人和无产阶级的关系出发，进一步论证了无产阶级的历史使命和共产主义的未来图景，阐述了无产阶级实现自身使命的具体条件和途径，为无产阶级政党开展革命运动提供了理论基础。

第一，阐明共产党代表无产阶级的共同利益，其最近目标是夺取政权，最终目标是消灭私有制。建立自己独立的以科学共产主义为指导的政党，是无产阶级实现自己历史使命的首要条件和组织保证。《宣言》强调了党的阶级性和先进性。共产党之所以能够领导无产阶级革命运动，首先，是因为共产党人代表了无产阶级的根本利益。“共产党人不是同其他工人政党相对立的特殊政党。”“他们没有任何同整个无产阶级的利益不同的利益。”“他们不提出任何特殊的原则，用以塑造无产阶级的运动。”[2]在无产阶级的不同阶层、不同民族之间，共产党人始终代表了无产阶级的共同利益；在无产阶级和资产阶级的斗争的各个发展阶段

[1][2]《马克思恩格斯选集》第1卷，人民出版社2012年版，第413页。

上，共产党人始终代表了整个运动的利益。其次，是因为共产党人在理论和实践上的先进性。在理论方面，共产党人胜过其余无产阶级群众的地方在于他们了解无产阶级运动的条件、进程和一般结果；在实践方面，共产党人能够成为各国工人政党中最坚决的、始终起推动作用的部分。

《宣言》指出，制定正确的行动目标和纲领，是无产阶级实现自己伟大历史使命的实践前提。只有将《宣言》的基本思想同不同民族、不同发展阶段的现实状况结合起来，才能制定既富远见又符合现实的行动目标，才能把最低纲领和最高纲领辩证地统一起来。《宣言》明确提出，共产党人最近的目标和其他一切无产阶级政党的最近目标一样，是使无产阶级形成阶级，推翻资产阶级的统治，由无产阶级夺取政权。而共产党人的最终目标则是消灭私有制，当然，并不是要废除一般的所有制，而是要废除资产阶级的所有制。因为，从历史上看，所有制关系随着生产力的发展而变更，“现代的资产阶级私有制是建立在阶级对立上面、建立在一些人对另一些人的剥削上面的产品生产和占有的最后而又最完备的表现”。[1]共产党人要消灭剥削、消灭阶级，最终实现共产主义社会，就必须彻底消灭资本主义的所有制。

可以说，《宣言》的第二章深刻阐明了马克思主义政党的先进品格、政治立场、崇高理想、革命纲领，秉持人民立场，充满革命精神，体现了无产阶级政党阶级性、批判性、革命性、实践性、先进性，为无产阶级认识世界、改造世界，为共产党人改造主观世界、进行自我革命，提供了强大思想武器。

---

[1]《马克思恩格斯选集》第1卷，人民出版社2012年版，第414页。

第二，驳斥资产阶级攻击共产党人的种种谬论，指出共产主义革命必须对维护私有制的各种传统观念予以驳斥。面对无产阶级革命浪潮的冲击，资产阶级为了维护私有制，抛出各种谬论歪曲、污蔑、攻击、诽谤共产主义与共产党人。《宣言》有针对性地进行了深刻的批判和驳斥。

资产阶级攻击共产党人要消灭通过个人劳动挣来的财产，要消灭构成个人的一切自由活动和人格独立的基础的财产。《宣言》指出，如果资产阶级所说的个人挣得的财产指的是小资产者或小农的财产，那它已经和正在被资产阶级所消灭；如果是指资产阶级的财产，那只不过是把资产阶级靠剥削掠夺占有的财富归还给社会，属于物归原主；如果是指广大工人微薄的生活资料，那么共产党人所要消灭的只是这种占有的可怜的性质，使工人生活得以改善。况且，雇佣劳动根本不可能给无产者创造出任何财产。在资本主义社会，资本具有独立性和个性，而工人却丧失了独立性和个性，因此谈不上消灭工人的个性和自由。在资产阶级生产关系的范围内，所谓的自由就是“自由贸易”“自由买卖”，充满了剥削和压迫。共产党人正是要消灭这种以私有制为基础的所谓个性、独立性和自由。“共产主义并不剥夺任何人占有社会产品的权力，它只剥夺利用这种占有去奴役他人劳动的权力。”[1]

资产阶级攻击共产党人消灭私有制会导致懒惰之风的兴起。《宣言》指出，正是因为私有制的存在，资本主义社会才出现了“劳者不获、获者不劳”的现象，资产阶级不劳而获才是真正的懒惰。只有彻底消灭私有制，才能消灭不合理的剥削现象，才能真正消灭懒惰。

---

［1］《马克思恩格斯选集》第1卷，人民出版社2012年版，第416页。

针对资产阶级攻击共产党人要消灭教育的谬论,《宣言》指出,共产主义不是要消灭一切教育,而是要消灭资产阶级的教育。"资产者唯恐失去的那种教育,对绝大多数人来说是把人训练成机器。"[1]从历史唯物主义的观点看,资产阶级关于自由、教育、法等等的观念,都是由其物质生活条件决定的。而资产阶级从其狭隘观念出发,可以把奴隶主所有制和封建主所有制看成在历史上暂时的东西,却把资产阶级的所有制及其观念当成是永远不变的。这种利己观念是资产阶级和一切灭亡了的统治阶级所共有的。

针对资产阶级诬蔑共产主义要消灭家庭的谬论,《宣言》明确指出,现代资产阶级的家庭建立在资本上面,建立在私人发财上面,只是在资产阶级那里才以充分发展的形式存在着,而无产者的被迫独居和公开卖淫则是它的补充,可以说是一种罪恶。只有消灭了私有制,资本主义制度造成的父母剥削子女的现象才会消失。可见,共产党人不是要消灭家庭,而是要消灭建立在金钱基础上的资产阶级家庭关系。资产阶级还攻击共产主义要用社会教育代替家庭教育,破坏人们的亲密关系。其实,共产党人并没有发明社会对教育的作用,仅仅是要改变这种作用的性质,要使教育摆脱统治阶级的影响。

资产阶级诬蔑共产党人要实行公妻制。《宣言》明确指出,共产党人主张生产资料公有制,并不意味着要实行公妻制。资产阶级之所以有这种荒谬的想法,是因为他们习惯于把自己的妻子看作单纯的生产工具,当听说生产工具将要公有化,自然就不能不想到妇女也会遭到同样的命运。实际上,资产阶级的婚姻

[1]《马克思恩格斯选集》第1卷,人民出版社2012年版,第417页。

关系才是公妻制。“不言而喻，随着现在的生产关系的消灭，从这种关系中产生的公妻制，即正式的和非正式的卖淫，也就消失了。”[1]

针对资产阶级攻击共产党人要取消祖国和民族的谬论，《宣言》用阶级分析和历史观点对祖国、民族进行了具体的考察。在资本主义社会，无产阶级受到资产阶级专政国家的压迫，工人并不能形成对于国家的真正认同，所以说工人没有祖国。因此，对于工人而言，决不能剥夺他们所没有的东西，谈不上取消祖国的问题。这实际上表明，在资本主义条件下，各国无产阶级的利益是一致的，解放的条件具有国际性。无产阶级的斗争首先在本国和本民族内进行，必须取得政治统治，上升为国家和民族的领导阶级。只有无产阶级获得统治地位，消灭剥削制度，消灭民族内部的阶级对立，民族之间的分隔和对立才能随之消灭。“人对人的剥削一消灭，民族对民族的剥削就会随之消灭。”“民族内部的阶级对立一消失，民族之间的敌对关系就会随之消失。”[2]

《宣言》通过批判资产阶级在意识形态方面对共产主义的攻击，阐明了社会意识具有阶级性，将随着阶级关系的变化而变化，并不存在永恒的意识形态。到了资本主义社会，才产生了信仰自由和宗教自由的思想，反映了自由竞争在信仰领域的统治地位。实际上，不仅宗教、道德、法律等社会意识形式的内容不是永恒的，这些意识形式本身也不是永恒的。不同时代阶级对立的不同形式决定了意识形式的不同内容，而历史上的阶级对立本身却决定了意识形式的产生与存在。随着阶级对立的消

---

[1][2]《马克思恩格斯选集》第1卷，人民出版社2012年版，第419页。

亡，相应的意识形式必然也随之消亡。“共产主义革命就是同传统的所有制关系实行最彻底的决裂；毫不奇怪，它在自己的发展进程中要同传统的观念实行最彻底的决裂。”[1]共产主义革命要彻底消灭私有制，就必须同维护私有制的各种传统观念实行最彻底的决裂，彻底批判由私有制而产生的一切旧思想、旧文化与旧观念。

第三，阐明无产阶级的历史使命是消灭阶级和阶级的统治，消除私有制，明确提出无产阶级伟大历史使命的完成，就是共产主义社会的实现。《宣言》阐述了无产阶级夺取政权后的基本任务，揭示了无产阶级实现自己伟大历史使命的根本途径和政治保证。夺取政权，是无产阶级解放的决定性前提，但并不是最终目的，这是为了利用自己的政治统治，一步一步地夺取资产阶级的全部资本，把一切生产工具集中在成为统治阶级的无产阶级手里，并且尽可能快地促进生产力的发展。这是马克思主义关于国家问题的重要思想，即发展生产，搞好建设是无产阶级夺取政权后的根本任务。

《宣言》明确提出，无产阶级要不间断地进行革命，直到把一切大大小小的有产阶级的统治全部消灭，直到无产阶级夺得国家政权，直到无产者的联合不仅在一个国家内，而且在世界一切举足轻重的国家内部发展到使这些国家的无产者之间的竞争停止，至少是发展到使那些有决定意义的生产工具集中到无产者手中。无产阶级进行这一切革命变革的实质，用马克思的话说，就是要消灭阶级、实现向无阶级社会的过渡。“如果说无产阶级在反对资产阶级的斗争中一定要联合为阶级，通过革命

[1]《马克思恩格斯选集》第1卷，人民出版社2012年版，第421页。

使自己成为统治阶级，并以统治阶级的资格用暴力消灭旧的生产关系，那么它在消灭这种生产关系的同时，也就消灭了阶级对立的存在条件，消灭了阶级本身的存在条件，从而消灭了它自己这个阶级的统治。”[1]

《宣言》用极为凝练的语言概括了共产主义社会的本质特征，“代替那存在着阶级和阶级对立的资产阶级旧社会的，将是这样一个联合体，在那里，每个人的自由发展是一切人的自由发展的条件”。[2]后来，马克思在《资本论》中将这一重要思想表述为“自由人的联合体”。这一论述表明人的自由发展是共产主义运动的崇高目标。当然，人的自由发展既是崇高目标，也是一个发展过程，其与生产力的发展状况和社会历史条件紧密联系在一起，是个逐步发展和完善的过程。

六、批判各种“伪”社会主义

共产主义者同盟成立之初，欧洲无产阶级内部存在着各种错误的思想。这些思潮虽然以“社会主义”的面目出现，却严重破坏了同盟的思想根基，腐蚀着无产阶级的革命意志。为了确保同盟沿着正确的方向不断前进，马克思恩格斯认为在驳斥资产阶级针对共产主义的种种歪曲和责难的同时，必须对当时各种错误的社会主义思潮进行批判。这就是《宣言》第三章的内容。

第一，批判“反动的社会主义”。首先，批判了“封建的社会主义”。19 世纪 30 年代，英法等国的封建贵族再也没有力量同

[1][2]《马克思恩格斯选集》第 1 卷，人民出版社 2012 年版，第 422 页。

资产阶级进行大规模的政治斗争，只能写一些抨击现代资产阶级社会的作品。封建贵族虽然打着社会主义的旗号，表面上关心无产阶级的利益，高喊声讨资本主义的口号，但实际上是想拉拢无产阶级，企图复辟封建统治，并在政治实践中，参与对工人阶级采取的一切暴力措施。同时，“僧侣的社会主义”总是和“封建的社会主义”携手同行，只不过是用来使贵族的怨愤神圣化。其次，批判了“小资产阶级的社会主义”。“中世纪的城关市民和小农等级是现代资产阶级的前身。在工商业不很发达的国家里，这个阶级还在新兴的资产阶级身旁勉强生存着。”[1]他们形成了一个新的小资产阶级，摇摆于无产阶级和资产阶级之间，并且作为资产阶级社会的补充部分不断地重新组成。在资本主义的发展过程中，小资产阶级不断分化破产。他们的代表人物为了维护其利益，用小生产的尺度抨击资本主义制度，于是产生了小资产阶级的社会主义。虽然对资本主义的生产方式和社会矛盾进行了较为深刻的揭露和批判，但他们的目的在于恢复封建社会的小农经济和行会手工业，实际代表的是落后的阶级利益，因而是反动的，也是空想的，只能逐步变成一种怯懦的悲叹。再次，批判了“德国的或‘真正的’社会主义”。当英法等国的资产阶级已经取得统治地位的时候，德国的资产阶级反对封建专制制度的斗争刚刚拉开序幕。德国的小资产阶级既害怕资本主义的发展，又畏惧无产阶级的兴起。于是，代表小资产阶级利益的德国思想家，就把法国抨击资本主义的社会主义文献搬过来，加入德国的唯心主义和抽象人性论，宣扬所谓的超阶级的“真正的”社会主义。当德国资产阶级反对封建统治的斗争越来越激烈的时候，“真正的

[1]《马克思恩格斯选集》第1卷，人民出版社2012年版，第425页。

社会主义”的反动本性就暴露出来，大肆攻击资产阶级与资本主义，破坏无产阶级参与的资产阶级民主革命。因此，“真正的社会主义”本质上是德国小资产阶级反动利益的代表，是德国封建政权用以对付资产阶级和工人的工具与手段。

第二，批判“保守的或资产阶级的社会主义”。19世纪上半叶，随着无产阶级力量的壮大和反对资产阶级斗争的加剧，资产阶级中的一部分人打着社会主义的旗号，企图消除资本主义社会的种种弊端，使资本主义制度长存。他们主张资本主义的私有制和雇佣劳动，而不要由这些条件必然产生的无产阶级反对资产阶级的斗争和经济危机；保守的社会主义维护现存的资本主义社会，而不要社会生产力和无产阶级的发展等等使社会变革甚至解体的因素；他们要资产阶级的剥削，而不要无产阶级的革命。资产阶级的社会主义还主张通过微不足道的改良使工人的物质生活得到一定的改善，力图使工人阶级厌弃一切革命运动。这种改良并不是要消灭资本主义私有制，而是以资本主义生产关系为基础，具有非常明显的保守性和虚伪性。

第三，批判“批判的空想的社会主义和共产主义”。早在资产阶级推翻封建制度时期，就已经出现一些反映无产阶级要求的文献，倡导普遍的禁欲主义和粗陋的平均主义。19世纪初，在资本主义经济关系还不稳定，无产阶级还不成熟，无产阶级反对资产阶级的斗争还没有充分展开的情况下，英法等国相继出现了以傅立叶、圣西门、欧文等人为代表的空想社会主义。虽然他们同情无产阶级，看到了无产阶级同资产阶级的对立，看到了资本主义私有制的罪恶，并对此进行了无情的揭露和批判，但是他们不了解资本主义产生、发展和灭亡的规律，看不到无产阶级伟大的历史作用，找不到社会变革的现实力量和正确途径，不可避免地陷入历史唯心主义，仅凭想象设计一些改造社会的原则，热衷于描述幻想中的未来社会。空想社会主义者根据超阶级的观点，呼吁改善包括资本家在内的一切社会成员的生活状况，反对阶级斗争和暴力革命，力图依靠宣传和示范，主要通过统治阶级，以和平的方式实现新社会。

《宣言》指出，“批判的空想的社会主义和共产主义”对未来社会的幻想的描绘，同无产阶级对社会普遍改造的最初的本能的渴望相适应。空想社会主义的著作抨击现存资本主义社会的全部基础，揭露和批判了资本主义社会的私有制与雇佣劳动等种种罪恶，提供了启发工人觉悟的宝贵材料。空想社会主义者对未来理想社会也提出了一些积极的主张，如消灭城乡对立、消灭私人营利、消灭雇佣劳动、提倡社会和谐等，在历史上具有一定积极意义。

但是，“批判的空想的社会主义和共产主义的意义，是同历史的发展成反比的。阶级斗争越发展和越具有确定的形式，这种超乎阶级斗争的幻想，这种反对阶级斗争的幻想，就越失去任何实践意义和任何理论根据。所以，虽然这些体系的创始人在许多方面是革命的，但是他们的信徒总是组成一些反动的宗派”。[1]随着无产阶级革命斗争的深入发展，空想社会主义日益脱离实际，其理论主张趋于反动。特别是在科学社会主义产生以后，空想社会主义者仍然固守错误观点，继续幻想通过和平方式建立新社会的样板，竭力反对工人的一切政治运动，破坏无产阶级的革命行动。可以说，随着历史的发展，空想社会主义者必然逐渐堕落为反动的或保守的社会主义者。

---

[1]《马克思恩格斯选集》第1卷，人民出版社2012年版，第433页。

七、全世界无产者，联合起来

“全世界无产者，联合起来！”这是马克思恩格斯在《宣言》最后发出的著名战斗口号，170多年来始终是引领国际共产主义运动的一条指导思想。但是，这个口号第一次出现并不是在《宣言》中，而是1847年6月9日在伦敦召开的共产主义者同盟第一次代表大会所通过的第一个党章中，其封面的右上角上印有这一口号。但该党章只作为内部文件在盟员们中秘密传阅，没有公开。1847年9月初，共产主义者同盟的机关刊物《共产主义杂志》在伦敦出版，这个口号作为题词出现，第一次在社会上与群众见面。但是，这个杂志只出版了唯一的一期试刊，后来由于经费困难就没有继续出版，因此，这个口号的影响范围也不大。此后，共产主义者同盟把德国流亡者在布鲁塞尔出版的《德意志—布鲁塞尔报》作为自己的机关报，再次印上这个战斗口号。1847年11月召开的第二次代表大会通过的第二个正式党章上也印有这个口号，并且公开发表了。真正让这一口号传遍世界五大洲一百多个国家的，主要还是因为《宣言》一书的发表、翻译和传播。[1]

这个鲜明、简洁、有力的口号，从根本上改变了正义者同盟以“人人皆兄弟”为口号的秘密结社特点，在政治上思想上组织上彻底将其改造为共产主义政党组织，有效激励了世界工人联合起来奋斗。

第一，这一口号体现了鲜明的阶级性，揭示了无产阶级历

[1] 高放：《“全世界无产者，联合起来！”口号论析——纪念〈宣言〉出版170周年》，《马克思列宁主义研究》2018年第7期。

史使命的原理。《宣言》指出，“共产党人为工人阶级的最近的目的和利益而斗争，但是他们在当前的运动中同时代表运动的未来”。[1]毫无疑问，共产党人的最终目标是消灭私有制，消灭一切剥削阶级和阶级差别，实现共产主义。但是，最终目标的实现必须以现实的革命斗争为基础。因此，共产党人必须根据实际情况，确定革命事业的出发点，积极参加当前一切有利于无产阶级的斗争，同时在任何时候都不能忘记最终目标，要把当前利益和长远利益联系起来，把最近目标作为实现最终目标的铺垫，不断推动革命事业的发展。无产阶级不仅是旧社会的掘墓人，更是新社会的创造者。彻底解放全人类并解放无产阶级，只有全世界无产者联合起来才能实现。

第二，这一口号体现了广泛的国际性，揭示了无产阶级国际主义的原理。《宣言》指出，无产阶级革命就其形式而言，首先表现为各个民族国家的行动，但是，近代机器大工业的全面发展和世界市场的普遍扩大，将各国的无产者联成一体，使无产阶级具有了广泛的国际联系，无产阶级的斗争不再只是一国范围内的孤立斗争，而是超越了国界的国际联合行动，这是无产阶级解放事业的国际性意义。无产阶级的解放事业具有共同的国际任务，就是要在全世界范围内推翻资本主义，实现共产主义。只有这样无产阶级和全人类才能得到最终解放；这就指明无产阶级的解放需要国际援助，需要各国无产者互相帮助，一国胜利或几国胜利不是最终胜利。《宣言》还具体分析了法国、瑞士、波兰和德国的反对党派的基本情况，以及应分别采取的具体策略，这充分体现出共产党人政治斗争的灵活性。

---

[1]《马克思恩格斯选集》第1卷，人民出版社2012年版，第434页。

第三，这一口号体现了强烈的战斗性，揭示了无产阶级政党和无产阶级革命的原理。《宣言》明确指出，在共产党人的所有政治运动中，必须始终强调所有制问题是运动的基本问题，而不管这个问题的发展程度如何。所有制问题是带有根本性的原则问题。生产资料所有制的形式决定生产关系的性质，只有改变旧的所有制，才能建立新的经济制度。共产党人必须通过民主革命消灭封建地主所有制，通过社会主义革命消灭资本主义所有制。共产主义是社会历史发展的必然趋势，也是共产党人的最终目的。“共产党人不屑于隐瞒自己的观点和意图。他们公开宣布：他们的目的只有用暴力推翻全部现存的社会制度才能达到。让统治阶级在共产主义革命面前发抖吧。无产者在这个革命中失去的只是锁链。他们获得的将是整个世界。”[1]全世界无产阶级只有团结起来不懈斗争，才能使自己乃至整个人类获得真正、全面、彻底的解放。

知识链接：

1. [德]弗·恩格斯:《关于共产主义者同盟的历史》，哔哩哔哩，https://www.bilibili.com/read/cv7179795。

2. 高峰:《世界资本主义经济的发展与演变》，中国社会科学网，http://www.cssn.cn/jjx/xk/jjx_lljjx/jjx_zzjjx/201310/t20131024 _515327.shtml。

3.《世界社会主义五百年》，学习出版社、党建读物出版社2014年版。

---

[1]《马克思恩格斯选集》第1卷，人民出版社2012年版，第435页。

《法兰西内战》导读

阅读导引

《法兰西内战》是国际工人协会总委员会委托马克思起草的一篇关于巴黎公社的宣言。

1870 年 9 月，在普法战争中，法国战败。消息传到巴黎，巴黎人民自发组织起来并加入国民自卫军，但法国新政府对工人手中拥有武器十分恐惧。1871 年 3 月 18 日，梯也尔政府派军队企图夺取国民自卫军的大炮，遭到国民自卫军以及巴黎人民的奋起反抗，法兰西内战爆发。工人通过革命夺取了政权，建立起自己的政府——巴黎公社。公社进行了 72 天反对凡尔赛反动武装的英勇战斗，最终被反动派扼杀在血泊之中。但公社这一推翻资产阶级、建立无产阶级专政的伟大尝试，开辟了无产阶级反对资产阶级及其国家斗争的新阶段，成为马克思主义理论的新的历史验证。5 月 30 日，即在公社失败两天后，马克思就在总委员会的会议上宣读了自己的著作——《法兰西内战》，并得到了总委员会的一致批准。该书于 1871 年 6 月 13 日首次在伦敦用英文发表。

1891 年，为迎接巴黎公社 20 周年而准备出版《法兰西内战》德文第三版（纪念版）时，恩格斯为之写了导言，对马克思写的关于普法战争的两篇宣言即《国际工人协会总委员会关于普法战争的第一篇宣言》《国际工人协会总委员会关于普法战争的第二篇宣言》以及《法兰西内战——国际工人协会总委员会宣言》（分别简称《第一篇宣言》《第二篇宣言》和《法兰西内战》）作了总的介绍和高度评价。恩格斯认为，虽然《第一篇宣言》《第二篇宣言》是马克思在写作《法兰西内战》之前起草的，但这两篇宣言与《法兰西内战》关系密切，而且马克思在写《法兰西内战》时也提到了《第二篇宣言》，所以，恩格斯在编辑《法兰西内战》单行本时收入了这两篇宣言。对《法兰西内战》一书的重要意义，恩格斯评价道："这一著作揭示了巴黎公社的历史意义，并且写得简洁有力而又那样尖锐鲜明，尤其是那样真实，是后来关于这个问题的全部浩繁文献都望尘莫及的。"[1]同时，恩格斯又对《法兰西内战》进行了一些补充和发挥。《法兰西内战》在中国出版时，一般还包括《法兰西内战》初稿和二稿的部分内容。

在这部伟大的著作中，马克思讴歌了公社的英勇斗争和光辉业绩，痛斥了反动派的暴行和对公社的各种污蔑，全面总结了巴黎公社革命的战斗历程和经验教训，深刻阐发了关于阶级、阶级斗争、国家以及无产阶级革命和无产阶级专政的理论，发展了科学社会主义原理，特别是马克思主义关于国家和革命的学说。这对于全世界无产阶级进行革命斗争、建立和巩固国家政权、实现自身使命具有重要的历史和现实意义。

《法兰西内战》在马克思著作中具有十分重要的地位。如果可以对他的这篇著作与他的其他著作加以对比的话，那么，这篇著作的重要性，它对于后人的影响，可能仅次于《共产党宣言》

［1］《马克思恩格斯选集》第3卷，人民出版社2012年版，第45页。

和《资本论》。[1]尤为重要的是，马克思通过总结巴黎公社的伟大实践提出来的民主政治理论，对于后来的社会主义实践，具有特别重要的意义。无论是列宁还是毛泽东，他们在进行社会主义理论和实践的探索中，都深受这篇著作的影响。列宁称之为"马克思主义在国家问题上的最高成就"。[2]1970年9月19日，毛泽东同志在提出领导干部要加强学习时，曾指出要使大家知道马列主义是怎么发展起来的，应该读《拿破仑第三政变记》《法兰西内战》。[3]

重温这一伟大著作，认真思考马克思的文字时，能够使我们更加清醒地认识到无产阶级专政及其国家治理的重大意义。巴黎公社是无产阶级夺取政权的第一次伟大尝试。历史证明，工人阶级在夺取政权之后不能简单地掌握现成的国家机器并运用它来达到自己的目的，必须打碎旧的国家机器，建立新的真正民主的国家政权。同时，巴黎公社还是人类历史上无产阶级政权进行国家治理的第一次伟大尝试，提出并践行了许多具有重要意义和价值的治理理念：如巴黎公社意识到以人民为主体是无产阶级新型国家治理的本质特征，公社不仅代表工人阶级的利益，而且代表农民和全体中等阶级的利益，因此是真正的国民政府；巴黎公社为了避免资产阶级"三权分立"体制的弊端，开创了"议行合一"的政府体制，真正实现了人民当家作主。当然，巴黎公社之所以失败，其自身的一些教训也令人深思，如没有深入发动农民，没有意识到加强工农联盟对于革命成功的重要性以及缺乏强

[1] 李惠斌：《马克思〈法兰西内战〉研究读本》，中共编译出版社2013年版，第1页。

[2] 《列宁专题文集·论马克思主义》，人民出版社2009年版，第246页。

[3] 《毛泽东年谱（1949—1976）》第6卷，中央文献出版社2013年版，第338页。

有力的马克思主义政党的坚强统一领导，等等。总之，今天认真学习和研读《法兰西内战》，解读其蕴含的无产阶级专政学说，依然具有重大的意义。

一、梯也尔是资产阶级反动派的最完备的代表

马克思在《法兰西内战》中科学总结巴黎公社经验教训和历史意义的同时，还对资产阶级代表人物——镇压巴黎公社的刽子手梯也尔进行了集中揭露和深刻批判。马克思一针见血地指出，他是这个资产阶级的阶级腐败的最完备的思想代表。

梯也尔具有极强的说谎能力和玩弄权术的本领。马克思指出，“还在他成为国家要人以前，他作为一个历史学家就已经显露出说谎才能了”。[1]由此可见，说谎已经成为梯也尔的本性，他可以为了权力卖身变节、投机钻营。在1830年之前，他是一个资产阶级共和党人，但当他看到共和派势力弱小就投奔了首相拉菲特，靠拉菲特的推荐保举跟国王菲利浦挂上了钩，在国王面前说拉菲特的坏话而谋得了首相的位置。当1870年9月4日巴黎工人宣告成立共和国时，靠着钻营，他拿着业已失效的巴黎议员证书，来证明他僭取的法兰西统治者头衔的合法性。在大权在握的情况下，他推行对外投降卖国、对内镇压革命的反动政策。当巴黎工人通过改组国民自卫军，成立巴黎的革命武装时，梯也尔反动政府认为“武装巴黎无异是武装革命”，于是千方百计想解除它。但是由于巴黎工人的武装是合法存在的，一时难以对巴

[1]《马克思恩格斯选集》第3卷，人民出版社2012年版，第79页。

黎开战。于是，他就采用厚颜无耻的撒谎手段，说国民自卫军的大炮是国家的财产，企图欺骗工人自动交出武器。而实际上这些武器是由国民自卫军自己筹款置备的。[1]梯也尔的欺骗手段被巴黎工人识破后，他就撕下假面，公然挑起内战。3月18日凌晨，梯也尔政府发动了企图用武力夺取国民自卫军大炮的军事行动，结果被巴黎人民和国民自卫军打败。当看到巴黎公社武装的强大而自己又没有足够的力量对抗时，他就大耍两面派的骗术，假装要同巴黎公社议和，为自己逃离赢得时间，他多次假惺惺地表示："不管发生什么情况，我决不派军队到巴黎去。""我发现共和国已是既成事实，我坚决维护它。"后来，为了分化瓦解国民自卫军的力量，他又多次提到以后的报复对象仅限于"那一小撮与杀害勒孔特和克莱芒·托马有关的罪犯"。[2]但是，他的准备一旦充分之后，就露出真实的嘴脸，对巴黎公社进行惨绝人寰的大屠杀。

梯也尔对无产阶级的镇压是极端残暴和没有人性的。巴黎公社的出现是资本主义社会阶级矛盾发生的必然结果，敲响了资本主义的丧钟，开启了无产阶级革命的新时代。面对这个伟大的社会变革，梯也尔政府极为害怕。因为梯也尔这个"把头脑的全部活力都用来耍嘴皮的人"是个极端墨守成规者[3]，对巴黎公社更是极端仇视。他诅咒巴黎公社"不过是一小撮罪犯"，发誓"把巴黎从可憎的暴君压迫下解放出来"[4]，要维持社会"秩序"，恢复所

---

[1] 在1月28日的投降书中，梯也尔政府正式承认这些武器是国民自卫军自有的财产，因而没有计入应该交给胜利者的属于政府的武器总数之内。

[2]《马克思恩格斯选集》第3卷，人民出版社2012年版，第114页。

[3]《马克思恩格斯选集》第3卷，人民出版社2012年版，第82页。

[4]《马克思恩格斯选集》第3卷，人民出版社2012年版，第111页。

谓的“体面社会”。梯也尔政府在1871年4月又发动了对巴黎的进攻，在巴黎西线夺取了讷伊近旁的塞纳河渡口，接着又向南线进攻，但这一次伤亡惨重，他们已经不管是否“亵渎圣地”[1]，疯狂地向巴黎炮击。在这些战斗中被俘的巴黎战士遭到了令人发指的残酷虐待。“被俘的战斗团士兵都被冷酷地屠杀。”[2]“杜瓦尔将军没有经过任何审讯就被枪决了。”[3]而执行屠杀的维努瓦却被梯也尔授予荣誉军团大十字勋章。还有救护站的中立权也被剥夺。当公社声明“以眼还眼，以牙还牙”时，梯也尔政府并没有停止对被俘者的野蛮虐待，只是枪杀俘虏暂停了一下，当发现公社的报复法令只是空洞的威胁时，又立刻开始大批枪杀俘虏，而且更加有恃无恐。他们纵火焚烧了躲藏有国民自卫军的房屋，把投降的骑兵开枪打倒，用刺刀杀死了睡梦中的公社战士，在克拉马对公社战士进行了集体枪杀……这些暴行无法一一列举，面对这一切惨象，梯也尔十分得意。当梯也尔政府做足了对公社血洗的准备后，便开始完全露出其狰狞的面孔，他对国民议会说：“我将毫不留情！”[4]“工人们的平静的巴黎，公社的巴黎，突然被那帮‘秩序’恶狗变成了地狱。”“为公社慷慨赴死的巴黎人，数目之多超过历史上的任何战斗。”[5]巴黎公社虽然被绞杀在血泊之中，但是最终谁将取得胜利？马克思十分明确地指出：“是少数占有者还是绝大多数劳动者——那是非常清楚的。”[6]

[1] 梯也尔政府曾经指责普军炮击巴黎为亵渎圣地。
[2] 《马克思恩格斯选集》第3卷，人民出版社2012年版，第92页。
[3] 《马克思恩格斯选集》第3卷，人民出版社2012年版，第93页。
[4] 《马克思恩格斯选集》第3卷，人民出版社2012年版，第118页。
[5] 《马克思恩格斯选集》第3卷，人民出版社2012年版，第120页。
[6] 《马克思恩格斯选集》第3卷，人民出版社2012年版，第125页。

梯也尔在对无产阶级镇压时毫不犹豫地把自己变成了卖国政府的代表。面对武装起来的巴黎，梯也尔政府极力想做的事就是推翻它，但是仅靠他们自己，又无法实现。其在面对“民族义务和阶级利益之间的这一冲突中，没有片刻的犹豫便把自己变成了卖国政府”。[1]他们明确知道只有向普鲁士议和，普鲁士才会帮助他们消灭巴黎国民自卫军。一方面，普鲁士出于自身的考虑，因为法国的战争赔款“只有用暴力推翻共和国，财富占有者才有希望把他们自己所发动的战争的费用转嫁到财富生产者的肩上”。[2]而巴黎公社掌握政权，则不会承担任何战争赔偿，因为普鲁士和巴黎公社之间没有发生过战争，且公社接受了初步和约，普鲁士也宣布了中立；另一方面，普鲁士支持梯也尔政府还可以换得5亿行凶酬金，而这对普鲁士而言几乎没有什么损失，无非是把法国的战俘还回去用以镇压公社。在有着诸多好处而无一坏处的情况下，普鲁士怎么做就无需思考了。当然这些好处只是从表面上可见，普鲁士充当杀手的角色，更应当从其阶级本性去理解，因为“欧洲各国政府在巴黎面前显示了阶级统治的国际性”[3]。巴黎公社虽然在国内外反动力量联合绞杀下失败了，但并不是正在崛起的新社会被彻底毁灭了，“而是证明资产阶级旧社会已经完全腐朽了”[4]。因为现代社会本身就是产生新社会的土壤，只要土壤还在，无论屠杀多少人，都不能抑制无产阶级革命的再次发生，而且无产阶级革命最终会取得胜利。

在正文的最后，马克思指出“工人的巴黎及其公社将永远作

---

[1]《马克思恩格斯选集》第3卷，人民出版社2012年版，第76页。

[2]《马克思恩格斯选集》第3卷，人民出版社2012年版，第85页。

[3]《马克思恩格斯选集》第3卷，人民出版社2012年版，第125页。

[4]《马克思恩格斯选集》第3卷，人民出版社2012年版，第124页。

为新社会的光辉先驱而为人所称颂"。[1]面对梯也尔政府的屠杀行为和残暴统治，马克思愤怒地指出："那些扼杀它的刽子手们已经被历史永远钉在耻辱柱上，不论他们的教士们怎样祷告也不能把他们解脱。"[2]

二、工人阶级不能简单地掌握现成的国家机器并运用它来达到自己的目的

在《法兰西内战》中，马克思通过总结巴黎公社的经验，提出了一条包含着马克思主义国家与革命学说的至理名言："工人阶级不能简单地掌握现成的国家机器，并运用它来达到自己的目的。"[3]其实早在1852年，在《路易·波拿巴的雾月十八日》中，马克思就阐明了无产阶级不能像历史上的统治阶级及其争权夺利的各个党派一样，接受和利用旧的军事官僚机器，而是应该将它打碎。1871年4月12日，在巴黎公社成立不久，马克思在致库格曼的信中说，巴黎公社革命实践了他在《路易·波拿巴的雾月十八日》中提出的打碎旧国家机器的论断。他说："我认为法国革命的下一次尝试不应该再像以前那样把官僚军事机器从一些人的手里转到另一些人的手里，而应该把它打碎。"[4]巴黎公社的这条实践经验，后来被写入1872年《共产党宣言》的德文版序言中，作为对这部纲领性文献的修改和补充。

---

[1][2]《马克思恩格斯选集》第3卷，人民出版社2012年版，第126页。

[3]《马克思恩格斯选集》第3卷，人民出版社2012年版，第163页。

[4]《马克思恩格斯选集》第4卷，人民出版社2012年版，第493页。

无产阶级要打碎的是什么样的国家机器？以及为什么要打碎这些国家机器？首先，无产阶级革命所要打碎的是剥削阶级国家的最后和最完备的形式，剥削阶级国家的最后和最完备的形式就是资产阶级国家。巴黎工人阶级使用暴力“所必须打倒的就是国家政权的这种最后和最淫贱的形式，它的最高级的也是最低劣的现实，而且也只有这个阶级能够使社会摆脱它”。[1]马克思说：“掌握政权的第一个条件是改造传统的国家工作机器，把它作为阶级统治的工具加以摧毁。”[2]其次，无产阶级之所以要打碎旧的国家机器，是因为“奴役他们的政治工具不能当成解放他们的政治工具来使用”。[3]资产阶级国家是镇压劳动人民的工具，是剥削工人阶级的工具，是实行资产阶级统治和专制的工具。所以，无产阶级革命胜利后，就不能利用原有的统治工具，而必须将之彻底打碎。纯粹压迫机关指的是军事官僚机器，包括一切物质的和精神的压迫力量，如军队、警察、法庭、监狱、官吏、僧侣、法官等，这些纯粹压迫机关必须彻底摧毁。最后，铲除旧国家的纯粹压迫机关，而把它的某些合理职能夺取过来交给社会的公仆。资本主义国家建立后，政治统治职能和社会管理职能两者的发展是不平衡的。从趋势上看，政治统治职能不断加强，而社会管理职能不断削弱。旧政权的合理职能，指的是社会管理职能，如邮政、交通等，对于这些方面的职能，可以由无产阶级着手进行改造和利用，为新生的公社政权服务。

无产阶级要在打碎旧国家机器的基础上建立自己新的国家政权。打碎资产阶级国家机器绝不是不要任何国家机器，而是

[1]《马克思恩格斯选集》第3卷，人民出版社2012年版，第166页。

[2][3]《马克思恩格斯选集》第3卷，人民出版社2012年版，第163页。

要建立起自己的国家政权即无产阶级专政。这是马克思主义与无政府主义的一个根本区别。至于无产阶级专政的具体内容和形式，在巴黎公社之前，马克思恩格斯虽然曾经提出过民主、专政的设想和“民主共和国”“社会共和国”一类的政体形式，但并没有具体的论述。巴黎公社第一次提供了这方面的经验，正是根据这些经验，马克思进一步丰富了无产阶级专政的理论。马克思指出，巴黎公社革命的新特点不仅在于人民拥有武装，而且“在于人民组成了公社，从而把他们这次革命的真正领导权握在自己手中，同时找到了在革命胜利时把这一权力保持在人民自己手中的办法，即用他们自己的政府机器去代替统治阶级的国家机器、政府机器”[1]。马克思高度重视用武装的人民来代替资产阶级的常备军，认为巴黎公社的这个伟大创举是建立新型国家机器的一个重要标志。马克思认为，只有加强人民的武装，才能镇压敌人的暴动和抵御外来的侵略。马克思指出，“在实行这种改变以前，必须先建立无产阶级专政，其首要条件就是无产阶级的大军”，并且指出无产阶级“必须在战场赢得自身解放的权利”[2]。

总之，无产阶级打碎旧的国家机器并代之以自己的国家政权，在于不能“运用它来达到自己的目的”[3]。马克思指出，无产阶级建立自己的政治统治还不是目的，而是凭借它使劳动在经济上获得彻底解放。如果这种政治统治起不到这样的作用，那它在实际上就不是无产阶级解放的工具，而是一个骗局。所以，他强调指

[1]《马克思恩格斯选集》第3卷，人民出版社2012年版，第152页。

[2]《马克思恩格斯选集》第3卷，人民出版社2012年版，第1006页。

[3]《马克思恩格斯选集》第3卷，人民出版社2012年版，第95页。

出，无产阶级的政治统治决不能与他们在社会中所处的奴隶地位的永久不变状态同时并存。而巴黎公社正是通过打碎旧的国家机器，建立新的真正民主的国家政权，把压迫奴役工人的国家机器变成实现社会解放和劳动解放的政治形式，真正实现了人民主权。

三、巴黎公社本质上是工人阶级的政府

对于巴黎公社的本质，马克思在《法兰西内战》中给出了明确的答案，“公社的真正秘密就在于：它实质上是工人阶级的政府”[1]。恩格斯则富有激情地赞美道：“你们想知道无产阶级专政是什么样子吗？请看巴黎公社。这就是无产阶级专政。”[2]被马恩肯定的工人阶级政府或者实行无产阶级专政的巴黎公社具有以下几个突出表现：

巴黎公社是劳动在经济上获得解放的政治形式。马克思指出，“公社要成为铲除阶级赖以存在、因而也是阶级统治赖以存在的经济基础的杠杆”，“是终于发现的可以使劳动在经济上获得解放的政治形式”[3]。为了实现劳动者在经济上的解放，就必须消灭生产资料私有制，消灭劳动者受奴役的经济条件。马克思指出，这一经济基础是通过“剥夺剥夺者”、建立生产资料公有制来实现的。[4]通过实行公有制经济，消灭了资产阶级存在的经济基础，无产阶级就从被剥削、被压迫的状况下解放出来，成为国家的主人，从而能够参与到国家的治理活动中去。在公有制下进

[1][3][4]《马克思恩格斯选集》第3卷，人民出版社2012年版，第102页。
[2]《马克思恩格斯选集》第3卷，人民出版社2012年版，第56页。

行的生产劳动是有计划的，这样就可以避免在资本主义条件下由于生产资料的资本主义私人占有与社会化大生产之间的矛盾而导致的周期性经济危机。避免这种状况的出现对于人类社会来说，就是避免了一场灾难。可见，所有制的改革和实行有计划的生产，有利于调动劳动者的积极性，有利于保护和促进生产力的发展。对此，马克思写道："这不是共产主义，'可能的'共产主义，又是什么呢？"[1]

巴黎公社是真正民主的政府。恩格斯指出，巴黎公社是"新的真正民主的国家政权"[2]。而旧国家政权是"集权化的、组织起来的、窃据社会主人地位而不是为社会做公仆的政府权力"[3]。为了防止政府和公职人员由社会公仆变为社会主人，公社实行人民当家作主的制度。公社规定，政府公职人员包括公社委员、法官和军队、企业的领导人一律由普选产生。1871 年 3 月 21 日，国民自卫军中央委员会发布的《选举公告》指出："只有从你们中间选出来的与你们同甘共苦的人，才能最好地为你们服务。"《公告》要求选民知人善任，挑选那些"坚定""积极""正派""有正义感""谦逊礼让""真心实意"的人。同时还提醒选民"要提防野心家和向上爬的人"和"言而不行的空谈家"。对选出来的公职人员要实行监督制和罢免制，以防他们利用职权谋取私利或发生渎职行为。为此，公社又规定，对行政人员实行考核，公社委员定期回到自己的选区汇报工作，听取群众意见，还成立了群众性的监察委员会，认真对待和处理人民的来信和来访，并发挥报刊和

---

[1]《马克思恩格斯选集》第 3 卷，人民出版社 2012 年版，第 103 页。

[2]《马克思恩格斯选集》第 3 卷，人民出版社 2012 年版，第 55 页。

[3]《马克思恩格斯选集》第 3 卷，人民出版社 2012 年版，第 139 页。

群众团体的监督作用，等等。公社对公职人员中玩忽职守、犯有严重错误或混入公社的坏人，则及时罢免以至给予法律制裁。公社彻底废除了等级制，用随时可以罢免的勤务员来代替骑在人民头上作威作福的老爷们，以真正的负责制来代替虚伪的负责制，因为这些勤务员是要在公众监督之下进行工作的。

巴黎公社是真正的国民政府。在巴黎公社革命中，工人阶级成为领导阶级，而且工人阶级的能力得到了社会上绝大多数人的承认。“这是使工人阶级作为唯一具有社会首创能力的阶级得到公开承认的第一次革命；甚至巴黎中等阶级的大多数，即店主、手工业者和商人——唯富有的资本家除外——也都承认工人阶级是这样一个阶级。”[1]对中等阶级而言，从经济上说，无产阶级为他们解除了资产阶级通过借贷对他们的剥削；从政治上说，这使他们摆脱了资产阶级对他们的压迫；从教育上说，这为他们子女提供了良好的受教育环境。所以，中等阶级拥护工人阶级。而对于农民来说，无产阶级政权减轻了农民的税务负担，免除了资产阶级政府强加在他们头上的战争赔款的重赋，并且给他们提供了一个真正的廉价政府。由此可见，无产阶级政权不仅仅代表工人阶级的利益，也代表农民和全体中等阶级的利益，因此是真正的国民政府。

四、公社真正实现了廉价政府的主张

资产阶级革命也曾提出过“廉价政府”的口号，但当资产阶

[1]《马克思恩格斯选集》第3卷，人民出版社2012年版，第104页。

级掌握政权以后，特权就成为攫取财富最直接最便捷的方式和手段，无论是工人还是农民甚或中等阶级，都成为他们剥削和压榨的对象，成为他们财富的来源。因此，“廉价政府”在资产阶级掌权时只是一句空话，而只有公社才能够真正实现廉价政府的主张。“廉价政府”主要是从政府的投入—产出上来说的，通过低廉的政府成本投入产出优良的政府治理绩效，即实现政府的精干、廉洁和高效。

从投入上看，巴黎公社与之前的资产阶级政府相比，政府成本极大降低。马克思指出巴黎公社之所以能够实现廉价政府，“因为它取消了两个最大的开支项目，即常备军和国家官吏”。[1]而这两个方面的巨大开支被马克思称为资本主义社会发展的“寄生赘瘤”。例如，拿破仑三世执政期间他的年薪高达300万法郎，其他官吏的薪水也非常高，国会议员3万法郎，政府部长5万法郎，枢密院委员10万法郎。梯也尔上台后，仍然给自己规定了300万法郎的年薪。马克思对此讽刺道：“这就是他在1869年在他的巴黎选民面前当做前景描绘出的那个‘节俭共和国’的全部内容。”[2]除了旧官吏高昂的薪俸支出，频繁爆发的战争也使得军队支出成为一笔巨额开支。而巴黎公社成立以后，常备军被工人武装起来的国民自卫军所代替。国民自卫军从其性质上来说，并不是一种职业，加入国民自卫军也不是一种谋生的方式，而是作为公民参与国家政治生活的责任，因此，国民自卫军不再是社会的寄生物。再来看巴黎公社的公职人员，公社对政府机构进行了大刀阔斧的裁减，改革后的公职人员只有1500人，而且他们

[1]《马克思恩格斯选集》第3卷，人民出版社2012年版，第101页。

[2]《马克思恩格斯选集》第3卷，人民出版社2012年版，第83页。

无论何种职务，都实行低薪制，即工资都和普通工人相同，包括公社委员在内的任何公职人员的年薪不得超过6000法郎（相当于巴黎当时普通熟练工人的工资）。此外，公社还进一步下移社会管理权限，通过中心城镇的代表大会和农村公社承担了大量治理活动，进一步降低了行政成本。这些举措的共同作用，使得政府开支得到极大削减。

从权力可能导致的腐败上来看，巴黎公社有效地防止了公职人员因掌握权力而可能产生的腐化蜕变。一方面，巴黎公社公职人员通过普选产生，使得权力得到有效监督和罢免。资产阶级统治时期，普选权只是议会用于批准国家政权的工具，是资产阶级欺骗人民的障眼法。巴黎公社的普选排除了财产资格、国籍以及受教育程度的限制，能够把真正代表人民利益的代表选出。而事实的确如此，公社的委员都是由巴黎各区经过普选选出的市政委员组成，其中大多数委员都是由工人或者被公认为工人阶级的代表组成，他们由人民选举产生，对人民和社会负责，并随时可以被人民罢免；另一方面，巴黎公社取缔了过去公职人员享受的种种特权。之前的资产阶级政府的公职人员，以人民主人自居，除了享受高薪之外，还具有许多特权。巴黎公社成立后，颁布一系法令，取缔了过去公职人员所享有的一切特权和优待，如禁止公务员坐公车办私事、取消市政厅使用豪华轿式马车、禁止利用职权无偿居住高等房间等，从制度上扫除了腐败产生的土壤。这两个方面是相互联系、相互作用的，普选产生出的公职人员受到严密监督，保证了公职人员手中的权力为人民服务、对人民负责，一旦发现其有腐败行为，也能够被及时罢免并问责，再加上公职人员特权被取消，又使得公职人员能够与人民打成一片，成为人民公仆。

从政府的产出来看，巴黎公社成为高效政府的表率。一是巴黎公社把主要精力集中于切实解决关乎人民群众切身利益的问题上，作出了许多有利于人民的实事。如人民关注的住房和教育问题。为了让穷人有房子租，公社颁布了房租法令，减少或免除各个季节的房租，还颁布了免除或延期缴纳房租的法令，把逃亡资本家的房屋给劳动者居住。在教育方面，公社大力推进教育改革，颁布了教会与国家分离的法令，将教会从学校中脱离了出来，用世俗教育代之，让儿童免费入学，关注学生道德发展。二是进一步简化国家职能，让人民选出的勤务员能够真正为人民服务。公社将国家的管理职能变得极其简便，简化为计算、登记、检查等这样简单的手续，只要识字的人就可以胜任。职能的简化消除了过去行政管理带来的神秘错觉，从而也消除了公共职务给人的一种高不可攀的印象，而变成普通工人皆可承担的职务。过去习惯于对人民颐指气使的官老爷不复存在，取而代之的是人民选举出来的勤务员。三是管理方式民主化有利于及时纠错和问责。巴黎公社是工人阶级的政权，人民是国家的主人，公社代表只是代表人民管理国家。因此，公社委员要经常到选区向选民报告工作，听取选民意见，回答选民提出的问题。人民群众可以通过向报纸写信，对公社活动进行评价，提出批评建议，进行监督，使得公职人员“在众目睽睽之下进行活动，没有文牍主义的敷衍拖拉的作风”[1]。这样就在一定程度上使得国家管理能够始终保持高效有序的运转。

巴黎公社是无产阶级夺取政权的初步尝试，其短暂的时间内

---

[1] [苏]凯尔任策夫：《巴黎公社史》，中国人民大学编译室译，生活·读书·新知三联书店 1961 年版，第 630 页。

采取的一系列施政措施，如公职人员选举产生，禁止公职人员享有特权等，又如关切民生，让穷人有房住、免费教育等，这些在今天，对我们党和国家建设仍有借鉴意义。

五、公社既是行政机关同时也是立法机关

“议行合一”的原则和体制为巴黎公社首创，马克思指出：“公社是一个实干的而不是议会式的机构，它既是行政机关，同时也是立法机关。”[1]这就是说，“议行合一”是指立法权和行政权由国家权力机构统一行使。作为原则，主要是指国家权力机关具有全权性，能够统一行使立法权和行政权。作为一种体制，主要是指按照“议行合一”的原则来设置一整套国家权力机构和行政机构，以保证立法机关的法令、法规等得到及时有效的执行。“议行合一”作为科学社会主义的国家学说，成为此后社会主义国家机构的组织原则和体制。

巴黎公社是“议行合一”体制的实践。之所以采取这种体制，是为了避免资产阶级体制的弊端。马克思指出，权力分立不是“阶级统治的行政权形式和议会形式之间所进行的无谓的斗争”，“议会形式只是行政权用以骗人的附属物而已”[2]。在资本主义国家中，议会所掌握的立法权与政府所掌握的行政权之间不断地互相扯皮掣肘，导致了治理效率的低下，马克思称其为“清淡馆”。而巴黎公社实行“议行合一”，一方面有利于克服资本主

[1]《马克思恩格斯选集》第3卷，人民出版社2012年版，第98页。

[2]《马克思恩格斯选集》第3卷，人民出版社2012年版，第139页。

义国家权力分配导致的低效,另一方面,巴黎公社作为无产阶级政权,其本身是为人民服务的。国家权力与人民利益的一致性,决定了权力分配时不再以互相牵制为目的,而是以治理效能为目的,使国家权力能够在立法权与行使立法权的各个环节保持顺畅。同时,民选的机构对一切国家权力享有全部权力,也有利于真正实现人民当家作主。

"议行合一"体制的特点主要体现在:一是普选制是其实行的前提,公社委员由选举产生。1871 年 3 月 26 日,按普遍、平等的原则由巴黎 20 个区的选民直接投票,3 月 27 日,公社公布了选举结果,共选出 86 名代表。3 月 28 日,巴黎公社举行隆重的成立大会。会上宣读了当选委员名单,委员组成的公社委员会,是最高权力机关。对这些选举出的委员,公社要求委员对选民负责,而且可以随时罢免。二是公社的立法权高于行政权。在公社,法律是人民意志的体现,由人民选举出来的委员享有立法权。立法权作为最高国家权力,高于行政权和其他权力。而行政权是服从于立法权的。行政权是管理职权,是立法权内容的具体执行。三是公社的立法权与行政权统一由公社委员行使。公社委员会作为议会组织,它的职能是负责制定公社的法律法令和方针政策。公社委员会于 3 月 29 日成立了 10 个委员会,负责公共行政管理工作。这 10 个委员会分别为:执行、财政、军事、司法、公安、粮食、劳动与交换、对外关系、社会服务、教育委员会,职能为领导各行政部门。各委员会均由 5 至 8 人组成。每一个委员一身二任,既是一名公社委员,也是 10 个委员会中的一名委员,公社制定的各种法令,各行政部门必须执行。巴黎各区选出的公社委员还领导该区的区政府,直接执行各项法令,并监督执行的情况。巴黎公社这三个方面的特点是紧密联系、不可分割的，其中，普选制是“议行合一”体制运转的前提条件，而在“议”和“行”的关系中既要摆好两者的位置，又要理顺两者的关系。

“议行合一”的原则和体制并没有随巴黎公社失败而被历史淹没，相反，此后的社会主义国家如苏联和中国都遵循了“议行合一”的原则，分别建立了苏维埃制度和人民代表大会制度。但由于巴黎公社的“议行合一”体制是在战争状况下出现的，且存在时间较短，因此，制度实践中可能遇到的问题还没有完全发现。而后来诞生的社会主义国家则需要根据各国国情进一步发展和完善这一体制，所以，从表现形式上看，与巴黎公社时期的“议行合一”体制有诸多不一样的地方。如巴黎公社实行直接选举制，而苏维埃和人民代表大会都实行代表制，即由选民先选出人民代表，然后由代表参加代表大会；苏维埃和人民代表大会都不再实行兼职制度，每一个领导人除了有必要被选举为人民代表外，在国家权力机关、政府机关、法院、检察院中，只能有一项职务[1]；苏联的最高苏维埃和中国的全国人民代表大会的机构设置都比巴黎公社委员会更加完善、职能更加丰富。正因为如此，有学者并不认同苏联和中国实行的是“议行合一”原则和体制。但也有学者认为，对“议行合一”的理解，我们不能拘泥于巴黎公社这一组织形式的表面特征，应当从马克思主义创始人关于国家机构的总体思想来看“议行合一”的基本精神。就是在承认国家机构间职能分工的基础上，强调把一切国家权力集中于人民代议机关之手。与权力分立相对而言，“议行合一”的含义在于强调代议机关和行政机关权力关系的同一与权力作用的单向性及代

[1] 许耀桐：《“议行合一”的创立和发展》，《公共管理与政策评论》2021年第4期。

议机关地位的至高性。[1]从这个角度来看,我国的人民代表大会制度就是"议行合一"体制在中国的发展与创新。

六、马克思关于在无产阶级革命中要加强工农联盟的思想

马克思在《法兰西内战》中对巴黎公社失败的原因进行了多方面的总结,其中一个非常重要的原因就是公社没有能够解决好工农联盟问题。这不是说公社没有关注到农民的利益,而是一方面对农民的关注度还不够,另一方面客观因素也阻碍了工人与农民的联系,因此,法国农民没有能够成为工人阶级的同盟军。在面对强大的资产阶级力量镇压时,从法国当时的国情来看,单靠工人阶级的力量无法取得革命的胜利。

在巴黎公社革命发生时的法国,农业经济在国家经济中占有重要地位,农村人口在全国总人口的比重占60%以上。在这样一个国家中,任何阶级的革命行动都应当获得农民阶级的参与和支持。如果能够获得广大农民的积极支持与参与,革命就更容易成功,特别是当工人阶级的对手力量比较强大,而仅仅依靠工人阶级又很难完成革命目标时,就更应当尽其所能争取更多的力量结成同盟。从当时法国农民的情况来看,是不是有可能成为工人阶级同盟军呢?是有可能的。因为当时的法国农民也深受资产阶级的剥削和压迫。马克思一针见血地指出:"1848年,资产者们对农民的那块土地加上了每法郎45生丁的附加税,而那时候他们还是

[1] 龙太江:《关于"议行合一"几个问题的辨析》,《云南行政学院学报》2000年第5期。

以革命的名义这样做的；现在他们则挑起了反对革命的国内战争，借以把他们约定要付给普鲁士人的50亿赔款的主要重担转嫁到农民身上。”[1]法国大部分地区都发生过农民起义，农民在起义的过程中也遭到了反动政府的血腥镇压，大量农民被逮捕、被流放，在一定程度上使力量遭到削弱。马克思和恩格斯曾设想在1871年3月至4月间把法国南部农民发动起来，以支持和声援公社革命，但并没有实现，因为当时梯也尔反动政府也担心法国农民与工人结成同盟，制造了种种障碍，阻断了工人与农民之间的联系。对此，马克思指出，“如果公社治理下的巴黎同外省自由交往起来，那么不出三个月就会引起一场农民大起义”。[2]

巴黎公社采取了一系列维护农民利益的举措。从经济上看，公社最初发布的公告里就宣布农民可以免除对战争债务的偿付，同时公社要给农民一个廉价的政府，使农民摆脱旧警察、律师、法庭等官僚的负担以及教士的薪俸；从政治上看，公社要免除乡警、宪兵和省长对他们的残酷压迫，用他们自己选出并对他们负责的公社勤务人员来进行服务，或者开展乡村自治；从文化教育上看，派学校教师去传授知识，替代那些麻痹他们头脑的教士。马克思对此评价道：“这些都是公社的统治——也只有这种统治——使法国农民马上就能得到的巨大好处。”[3]此后，在1871年4月，梯也尔政府围攻巴黎时，公社的领导人也及时公布并散发了《巴黎公社社员告农村劳动农民书》。虽然不是巴黎公社的正式文件，但是发表在了《公报》上，同时公社组织人员将这份纲领性文件借助气球等工具向巴黎周边地区散发。该文件分析

[1][3]《马克思恩格斯选集》第3卷，人民出版社2012年版，第105页。
[2]《马克思恩格斯选集》第3卷，人民出版社2012年版，第106页。

了工人阶级和农民阶级面临的共同困境，阐释了涉及广大农民的政治主张，最后呼吁农民要帮助巴黎打胜仗。这里虽然没有公开提出要与农民阶级结成同盟的建议，却处处体现了这一思想和期望。令人遗憾的是，由于敌人的封锁和破坏，这份重要的纲领性文件很少能够到农民手中，因此也就难以发挥出应有的作用。

总之，巴黎公社没有获得广大农民的积极参与和支持，工人阶级和农民阶级也没有能够形成联盟。但是，是不是每一个国家在进行工人阶级革命时都要以农民为同盟军呢？这应当从每个国家的实际情况出发，具体问题具体对待。但无论如何，争取更多可以团结的力量，共同与反动阶级进行斗争，应当是有利于革命成功的。

七、无产阶级要取得革命胜利必须有马克思主义政党的领导

巴黎公社是无产阶级夺取政权的第一次伟大尝试，公社经过72天英勇顽强的抵抗，最终在强大的国内外反动势力的勾结和反扑下失败了。巴黎公社失败的原因是多方面的，但其根本原因可以归结为革命缺乏科学的理论指导，尤其是缺乏一个坚强的、团结的无产阶级革命政党的领导。对此，恩格斯在《法兰西内战》的导言中，对公社委员会布朗基派和蒲鲁东派的正确方面进行肯定的同时，对其错误思想和举措也进行了深刻的批评。

布朗基派维护无产阶级的利益，但缺乏系统的理论指导和改造社会的行动纲领。布朗基是19世纪法国著名的革命家和工人运动领袖，一生多次参加革命和起义并因此被捕入狱。正

是畏于布朗基在工人阶级中强大的影响力，梯也尔政府在巴黎公社革命爆发的前一天将其逮捕。这也造成了公社在整个执政过程中都未能有自己真正的核心，没能树立起统一的权威，从而导致两派在产生矛盾时各不相让，公社的实际领导集体不可避免地产生分裂，从而影响了公社措施的落实。公社委员中不少都是布朗基的追随者，布朗基派也是公社中的多数派。布朗基派不是真正的马克思主义者，也缺少系统的革命理论，对无产阶级革命的理解较为肤浅。恩格斯曾评价道："布朗基主要是一个政治革命家；他只是在感情上，即在同情人民的痛苦这一点上，才是一个社会主义者，但是他既没有社会主义的理论，也没有改造社会的确定的实际的建议。"[1]布朗基派对无产阶级政权建设的长期性、艰巨性缺乏科学认识，认为武装暴动可以朝夕之间推翻旧政权、建立新政权。布朗基派习惯于少数人的密谋起义，不善于在运动中组织群众，这也是布朗基派不能对人民武装加强集中统一领导的重要原因。具体体现为在革命早期既没有乘胜追击和彻底摧毁凡尔赛的反革命政府，革命后期又未能作出正确的军事部署和军事指挥。同时，在负责公社的政治方面，也没有一个明确的执政纲领，导致其在治理过程中无的放矢，被反动政府牵着鼻子走，只能疲于应付日常琐事，无法充分发挥无产阶级政权的优势。

与布朗基一样，蒲鲁东也是19世纪欧洲工人运动中具有重要影响的人物。恩格斯曾说过："蒲鲁东在欧洲工人运动史上曾经起过很大的作用，以致不能立即就被忘掉。"[2]虽然蒲鲁东因

[1]《马克思恩格斯选集》第3卷，人民出版社2012年版，第293页。

[2]《马克思恩格斯选集》第3卷，人民出版社2012年版，第182页。

去世较早并未能参加巴黎革命，但蒲鲁东主义和蒲鲁东派在公社中的地位却对巴黎公社的治理措施有着直接的影响。蒲鲁东派作为小生产者的社会主义，在公社中主要负责经济事务。他们不主张把大型企业收归国有，也没有触动银行，特别是没有控制住法兰西银行向凡尔赛政府提供大量的援助资金。对此，恩格斯批评道，“这也是一个严重的政治错误”。[1]蒲鲁东派还极力宣传“不要政党、不要权力”的无政府主义思想，反对公社进行权力的集中。由于缺乏必要的集中，公社没有常任主席，也没有常务委员，每次开会临时选出，只起到主持会议作用，起不到领导作用，更谈不上权威，因此，常使问题议而不决，无法执行。当这个问题严重到影响公社运转时，才在多数派的坚持下通过改组公社机构的提案，将行政权交给新执行委员会，但问题只是有所缓解，并没有彻底解决。此外，蒲鲁东派十分厌恶和坚决反对联合，然而当时巴黎的现实却需要工人之间的联合劳动与革命，这必然要导向共产主义，而这与蒲鲁东派的学说则完全对立。

总之，巴黎公社的实践证明，没有一个马克思主义理论武装的无产阶级政党的领导，没有一个坚强的领导核心，在很多方面都会出现严重的问题，最终导致革命失败。对此，马克思明确指出，“只有把自身组织成为与有产阶级建立的一切旧政党不同的、相对立的政党，才能作为一个阶级来行动”，[2]才能“保证社会革命获得胜利和实现革命的最高目标——消灭阶级”[3]。

---

[1]《马克思恩格斯选集》第3卷，人民出版社2012年版，第52页。

[2]《马克思恩格斯选集》第3卷，人民出版社2012年版，第173页。

[3]《马克思恩格斯选集》第3卷，人民出版社2012年版，第173—174页。

知识链接：

1. 陈之骅：《巴黎公社与马克思的〈法兰西内战〉——纪念巴黎公社革命150周年》，《世界社会主义研究》2021年第10期。

2.《正道沧桑——社会主义500年》第十集《巴黎公社》，http://jishi.cctv.com/2013/05/18/VIDE1368811817023553.shtml。

3. 陈明凡：《马克思社会公仆思想及其现实意义——读〈法兰西内战〉之体会》，《马克思主义研究》2016年第6期。

《哥达纲领批判》导读

阅读导引

《哥达纲领批判》是马克思晚年写的又一部关于科学社会主义理论的代表性著作，于 1875 年 4 至 5 月完成，它在马克思主义发展史上占据了重要地位，可以说具有里程碑意义，也是其理论日臻成熟的重要代表作。马克思在《哥达纲领批判》中系统批判了拉萨尔机会主义的错误路线，为德国工人运动成长壮大指出了正确途径和斗争策略，成为马克思主义不朽的著作。该著作重点阐述了公平分配理论、过渡时期无产阶级专政理论，并将通往共产主义社会的道路划为“第一阶段”和“高级阶段”两个阶段，为科学社会主义的发展作出了重要理论贡献。

因为德国工人运动在 1875 年出现了新的变化，这种变化更多体现为德国社会民主工党（爱森纳赫派）和全德工人联合会（拉萨尔派）在哥达召开会议并达成合并的协议。在随后商讨制定新党纲的时候，爱森纳赫派领导人不顾本党派其他人的反对作出了许多无原则的妥协，将一些拉萨尔主义的错误观点写进纲领草案中。这些都是拉萨尔从马克思与别人的著作中抄袭并伪装成自己的观点写进著作的。拉萨尔的宣传鼓动，给广大工人群众以及社会民主工党内部带来了极大的思想混乱。与此同时，在拉萨尔极具欺骗性的宣传下，拉萨尔的思想受到了德国工人群众的广泛关注，并赢得了许多德国工人的崇拜。马克思对拉萨尔的一系列投机行为和做法深恶痛绝，但是为了顾全大局，还是采取了忍耐的做法。拉萨尔去世后，拉萨尔的继承人继续坚持拉萨尔主义，同时由于爱森纳赫派领导人的妥协，在爱森纳赫派和拉萨尔派合并大会上通过的《德国工人党纲领》（也称《哥达纲领》）中依然保留了许多拉萨尔的错误理论。

《哥达纲领批判》成稿于 1875 年，但是当时并没有发表，而是在 15 年后的 1891 年才由恩格斯单独予以发表的。为什么？历史的原因极为复杂。一方面，以李卜克内西为首的爱森纳赫派的领导人对这篇批判极为抵触，害怕广大工人群众听到马克思和恩格斯的意见，因此千方百计地加以封锁和阻挠。另一方面，一个极为重要的原因在于，尽管《哥达纲领》存在着严重错误，但两派合并以后，在马克思恩格斯的领导和帮助下，德国工人运动仍然得到进一步发展。在实践中，不仅德国工人阶级把它作为战斗的旗帜，而且它的敌人也未能发现《哥达纲领》中存在的问题，反而把它当作真正的共产主义纲领来对待。因此，马克思和恩格斯才对这个纲领“保持沉默”，而且没有公开发表声明不同意。然而，从无产阶级政党内部来看，马克思恩格斯就《哥达纲领》中存在的问题进行了深刻揭批，对爱森纳赫派的领导者提出了严肃批评。这反映出马克思恩格斯在处理这件事上既讲原则又能够依据形势灵活变通。

到了 1891 年，德国工人运动的形势发生重大变化。新的形势迫使恩格斯不得不将其公布于世，否则，“那我就要犯隐匿罪了”。[1]为帮助德国社会民主党科学制定行动纲领，他不顾某些德国社会民主党领导人的反对，于1891年在德国党内理论刊物《新时代》上将这一著作公开发表，并为此写了一篇序言予以说明。另外，与这一著作直接相关的马克思在1875年5月5日写给威·白拉克的信也在同一时间予以发表。

可见，《哥达纲领批判》的问世与传播是历经了一段波折的。1875年5月，德国社会民主工党通过新党纲，马克思认为里面有许多错误观点，可能影响无产阶级运动的健康发展，因此，给该党的主要领导人威廉·白拉克写了一封书信，在里面附上了马克思对《哥达纲领草案》所作的批注。考虑到当时复杂的斗争形势，而且一般工人群众也暂时发现不了里面的错误，因为拉萨尔主义很有迷惑性，受影响的机会和概率相对比较小，以及为了加强团结的需要，这份批注没有公开发表。直到1891年，斗争形势发生了新变化，俾斯麦的《反社会党人非常法》废除不久后，恩格斯考虑再三，才决定在爱森纳赫代表大会筹备期间在卡尔·考茨基任编辑的《新时代》上公开发表该篇批注，当时他用的标题是《哥达纲领批注》。恩格斯认为，选择在此次德国社会民主党爱森纳赫代表大会召开期间发表马克思的《哥达纲领批注》，对整个国际工人运动来说意义重大。

众所周知，《哥达纲领批判》是一部国际共产主义运动中关于科学社会主义的纲领性文献。该文献在学术界有狭义和广义之分，在狭义上是仅指马克思于1875年4至5月写的《德国工人党纲领批注》。而广义上包含这样三份文献：一是马克思写的《德国工人党纲领批注》，二是1875年5月5日马克思写给德国

---

[1]《马克思恩格斯文集》第3卷，人民出版社2009年版，第423页。

社会民主工党领导者威廉·白拉克的信，三是恩格斯写的1891年版序言。当然，也有学者将马克思的《德国工人党纲领批注》和给威廉·白拉克的信一起称为马克思的《哥达纲领批判》。我们在研究时主要以广义为主，因为这样也能体现恩格斯与该文献的关系。马克思在《德国工人党纲领批注》中全面批判了拉萨尔主义在《哥达纲领》中的错误观点，进一步阐述了发展阶段、所有制形式、国家制度以及分配制度等共产主义基本原理，进一步丰富和发展了科学社会主义理论。这部著作在勾勒共产主义图景的同时，比较详细地论述了共产主义社会的主要特征，明确指出未来人类将进入共产主义社会。那是一个人们孜孜以求的美好社会，但实现共产主义则将是一段相当曲折而漫长的历史进程。

从形式上看，《德国工人党纲领批注》是对当时刚刚通过的《哥达纲领》提出的意见和批评，所以采取了论战的形式，逐条进行批驳。其四章正文着重在理论上，尤其是在经济理论上批判拉萨尔从错误的理论发展到为资本主义制度、为资产阶级对工人阶级的剥削进行辩护的地步，不仅划清了同拉萨尔机会主义的政治和理论界限，而且阐明了无产阶级的革命路线和科学社会主义的基本原理。

《哥达纲领批判》尖锐地批判了纲领中抄袭的拉萨尔机会主义的错误观点，全篇贯穿着马克思的经济理论、价值理论和剩余价值理论。首次比较系统地阐释了社会总产品和个人消费品分配的原则，首次比较明确地提出了共产主义社会分为两个阶段的理论，全面发展了马克思主义政治经济学与科学社会主义。马克思以历史唯物主义的方法分析了社会生产力与生产关系，认为作为共产主义第一阶段的社会主义社会应该具有公有制、按劳分配、计划经济、阶级消灭和国家消亡五个重要特征；进一步阐述了过渡时期与共产主义社会发展的两阶段原理，阐明了国家与民主问题，闪耀着马克思主义的科学性和革命性的光辉。

重视和学习马克思主义经典著作，是中国共产党的优良传统。这当然也包括对《哥达纲领批判》的学习。学深悟透《哥达纲领批判》，对于我们解决在社会主义建设过程中遇到的各类矛盾问题，具有重要意义。

学好《哥达纲领批判》需要准确把握三个问题：一是要把握好马克思恩格斯对《共产党宣言》《哥达纲领批判》和《1891 年社会民主党纲领草案》这三篇文献的不同态度和原因；二是把握好此文献的重点和方法论，重点是共产主义社会的发展阶段、无产阶级专政、按劳分配等理论，方法论是马克思在《哥达纲领批判》中体现出来的鲜明的无产阶级立场和方法；三是要联系其他重要经典著作进行学习，比如结合恩格斯关于《哥达纲领批判》的论述以及列宁的《国家与革命》等来理解这部著作的深刻含义。

《哥达纲领批判》写作和发表距今已有一百余年。在这风云变幻的历史长河里，它作为马克思思想成熟的代表作，一直在国际工人运动与社会主义国家中激励人们为理想而奋斗，同时，对各国社会主义运动的实践产生了巨大而深远的影响。

党的纲领是马克思主义政党的根本标志，意义重大。它可以在全世界面前树立起衡量党的运动水平的里程碑[1]。什么是社会主义？怎样建设社会主义？这是在社会主义前进道路上必须回答的基本问题。为了回答这些问题，《哥达纲领批判》成为继《社

[1]《马克思恩格斯文集》第 3 卷，人民出版社 2009 年版，第 426 页。

会主义从空想到科学的发展》之后，共产党人探索社会主义未来道路上新的里程碑，对于认识和把握深层次理论问题具有重要意义。在这部著作中我们不仅可以深入领会马克思主义把严谨的科学性同高度的革命性紧密结合的基本特征，还可以从中学习马克思主义对待和处理错误思潮的党性原则和科学方法。这对于我们看清新自由主义、民主社会主义、历史虚无主义等错误思潮的本质具有重要的启示和指导意义。重温《哥达纲领批判》，有助于运用唯物主义辩证法深刻理解和掌握马克思主义的科学体系，有助于进一步加深对科学社会主义原理的理解，有助于科学把握社会主义建设的复杂性和长期性。

一、第一次集中阐述了共产主义社会的发展阶段和重要特征

唯物史观认为，人类社会的发展是一步一步分阶段地向前，一个较长的历史阶段通常可以分为若干小阶段。社会主义发展阶段的划分，看似简单，实际上是一个极其重要的理论问题，是一直以来国际共产主义运动中遇到的重大难题之一。要顺利推进社会主义建设，就必须结合国际与国内两个方面的历史经验，在实践中正确地认识和划分社会主义不同的发展阶段，一个阶段一个阶段向前迈进，一个目标接着一个目标地实现，不断向更高阶段推进。

《哥达纲领批判》重要的理论成就在于充分利用了《德意志意识形态》《资本论》等著作中已经建立起来的辩证唯物主义和历史唯物主义的理论体系，在充分总结巴黎公社实践经验的基础上，把唯物史观运用到了对社会现实过程的分析中，第一次集中

阐述了未来社会的发展阶段问题，提出了共产主义社会的发展阶段理论。这部著作在理论上进一步丰富与发展了唯物史观和科学社会主义基本原理，使马克思主义发展到一个新阶段；它标志着马克思主义在理论上对未来社会形态的把握，首次以精准的理论话语将其明确表达出来。这就是：将从资本主义社会向共产主义社会的革命变革时期称为过渡时期，随后进入“共产主义第一阶段”，最后到达“共产主义高级阶段”。

具体来说，未来社会发展可划分为三个大的阶段：

第一阶段，“过渡时期”，即资本主义社会向共产主义社会的革命变革时期。在《哥达纲领批判》中，马克思指出：“资本主义社会和共产主义社会之间，有一个从前者变为后者的革命转变时期。同这个时期相适应的也有一个政治上的过渡时期。”[1]这是马克思对拉萨尔妄图借助“生产合作社”的资产阶级国家实现社会主义的驳斥。马克思恩格斯早在《1848 年至 1850 年的法兰西阶级斗争》《流亡者文献》等著作中，就以各种形式论述过相应的“过渡时期”问题，但直到《哥达纲领批判》，马克思才从理论的高度阐述了资本主义社会必将被更高级的共产主义社会所取代的全过程，并从中得出两者之间将经历一个“过渡时期”的科学结论。为什么“过渡时期”是在两个社会形态之间？主要是因为无论是消灭三大差别、消灭阶级，还是消灭国家，这些目标的实现均要有一个较长的历史转变过程。马克思在这里首次明确提出两者之间要经历一个革命转变时期，而不是直接实现共产主义。这是因为，用生产资料公有制代替生产资料私有制的无产阶级革命，本质上是同旧的所有制关系进行彻底的决裂，所以需要

[1]《马克思恩格斯文集》第 3 卷，人民出版社 2009 年版，第 445 页。

消灭阶级，消除一切剥削和压迫。生产资料公有的所有制形式不会在旧社会中自发产生，只有在无产阶级取得政权后，运用国家政权力量进行无产阶级专政时，将资本主义经济和个体经济进行社会主义改造，才能建立起社会主义公有制的经济基础。这种做法必然会遭到资产阶级和一切守旧势力的疯狂反抗。因而，在这个革命转变时期无产阶级还必须同旧的意识形态、传统的观念进行彻底决裂，建立与社会主义经济基础相适应的上层建筑。因此，在这个过渡时期，国家只能而且必须是无产阶级专政。

第二阶段，共产主义社会“第一阶段”。在《哥达纲领批判》中，马克思强调，这一阶段是在“过渡时期”结束后，而“不是在它自身基础上已经发展了的，恰好相反，是刚刚从资本主义社会中产生出来的，因此它在各方面，在经济、道德和精神方面都还带着它脱胎出来的那个旧社会的痕迹”[1]。从中可以看到，共产主义社会的第一阶段和资本主义社会之间的联系在于：两者间存在一个所有制转变与政治上的过渡时期。在这一时期，经济上会实行资产阶级法权意义上的等价交换和按劳分配原则，精神文化上具有资本主义制度的痕迹，政治上还难以摆脱正在走向消亡的国家，等等。这些弊病的存在说明：经济、政治、精神道德的不完善在发展不够充分的共产主义社会第一阶段会难以避免地存在，因此，还需要继续发展这一阶段的共产主义。这一阶段，经济、社会、道德和精神等领域还没有得到充分发展，仍然需要采取按劳分配的方式。

马克思认为，各方面的不完善是共产主义社会第一阶段的重要特征。这种新社会的不完善在于它是刚刚从资本主义社会过

[1]《马克思恩格斯文集》第3卷，人民出版社2009年版，第434页。

渡而来,而不是在它自身的基础上发展起来的。也就是说,无产阶级是通过暴力革命的手段,推翻了资本主义制度,但是由于社会发展的连续性和继承性,新生的共产主义社会不可避免地还带有资本主义时代的气息。这种客观条件决定了旧有的社会分工与差异在很短的时间内难以消除,共产主义第一阶段(社会主义)的生产力水平还不是很高。这些条件都直接影响到共产主义第一阶段(社会主义)的生产和分配。同时在精神和道德上,资本主义时代的影响也将长期存在和延续,劳动对绝大多数人来说,还不是生活的第一需要和自己内在本质的要求,而仅仅是谋生的手段。这些旧社会的痕迹只有在生产高度发展、生产资料社会化程度不断提高的基础上才能消除,到那时才会进入共产主义的“高级阶段”。

第三阶段,共产主义社会“高级阶段”。对于高级阶段的共产主义社会,马克思在《哥达纲领批判》中论述得并不多,正如列宁所说“关于这个未来,马克思并没有陷入空想,他只是较详细地确定了现在所能确定的东西,即共产主义社会低级阶段和高级阶段之间的差别”。[1]马克思对这个阶段的总体描述是,旧的强制性分工被废除,劳动成为生活的第一需要,个人得到全面发展,生产力极大丰富,才能实现“各尽所能,按需分配”。马克思指出共产主义社会的高级阶段是在它自身基础上发展了的、在一切领域都实行共产主义原则的社会,这是同第一阶段之间的重大差别。这表明实现共产主义必须遵循其发展的客观规律,在完成过渡阶段的任务之后,大力发展物质生产和科学文化,消灭分工,才能为最终实现这一社会形态的高级阶段准备好物质和精神条件。另外,

[1]《列宁选集》第3卷,人民出版社2012年版,第193页。

马克思十分清楚对未来社会的展望不能陷入空想，而应该立足于揭示未来社会的一般特征，不应作详尽的描述，因此，他并没有以真理发现者的姿态对未来共产主义社会进行细节的刻画。马克思认为，未来社会从物质形态上看，将会实现物质财富极大丰富，消费资料按需分配；从社会生活状态上看，将会实现人与人的高度和谐，人们的道德精神境界和遵守规则的意识大大提升；从人自身发展状况上看，每个人将实现自由而全面的发展，人类将实现从必然王国向自由王国的飞跃，正如《共产党宣言》里所描述的那样，未来社会“将是这样一个联合体，在那里，每个人的自由发展是一切人的自由发展的条件”。[1]当然，就共产主义社会形态的最终发展而言，马克思并没有将共产主义视为人类历史的终结，而是认为同样要经历一个螺旋式上升、不断发展完善的过程，因为那只能交给未来，交给时间来回答。

马克思在《哥达纲领批判》中关于划分共产主义阶段的理论，不仅给列宁在《国家与革命》中进一步科学划分共产主义不发达阶段即社会主义阶段和发达阶段理论提供了灵感，也是我们党科学提出社会主义初级阶段理论的重要思想来源，对于我们科学把握人类社会发展进程、深入认识社会主义初级阶段这一基本国情具有重要意义。马克思在《哥达纲领批判》中虽然只分析了两个阶段，但并没有断言共产主义社会只有“第一阶段”与“高级阶段”两个发展阶段，而是仅仅指出了未来社会走向共产主义的不同逻辑起点。至于共产主义社会发展进程中到底需要经历多少阶段，未来又要走向哪里，马克思十分清楚因为自己无法亲身经历共产主义社会的建设实践，因此不可能对这个问题作出具

[1] 《马克思恩格斯文集》第2卷，人民出版社2009年版，第53页。

体的论断。在发展科学社会主义的历史进程中，中国共产党人创造性地提出了社会主义初级阶段理论，这在理论和实践上都是一个重大贡献，它成功解决了马克思、恩格斯在近两百年前没有解决的两个重大问题：一是经济文化落后的国家进入社会主义后怎样建设社会主义，二是根据实践经验给社会主义建设再划分哪些具体的阶段。这些为后来我国走出中国特色社会主义建设道路奠定了理论基础并提供了思想来源。

二、过渡时期除了实行无产阶级专政外别无其他途径

无产阶级专政不仅是科学社会主义的基本概念，更是识别真假马克思主义的试金石。遗憾的是，《哥达纲领》避而不谈无产阶级的革命专政，却承袭了拉萨尔的机会主义国家观，空谈“现代社会”“现代国家”[1]。在争取“自由国家”的道路上，《哥达纲领》将德国工人运动引向歧途，使德国的无产阶级革命最终走向失败。在《哥达纲领批判》中马克思全面系统地批判了拉萨尔机会主义错误，同时还提出了过渡时期理论，深入阐述了无产阶级专政的基本原理。需要指出的是，马克思在这一著作中指出的“无产阶级的革命专政”，是指资本主义社会向社会主义社会过渡阶段的一系列革命措施。

在资本主义社会向社会主义社会过渡的这个时期，马克思指出，“只能是无产阶级的革命专政”。[2]两者是根本对立的社会

[1]《马克思恩格斯文集》第3卷，人民出版社2009年版，第444页。
[2]《马克思恩格斯文集》第3卷，人民出版社2009年版，第445页。

制度，许多问题都需要重新构建。这就说明在无产阶级夺取政权以后，经济、政治、思想文化等也不可能在社会主义制度框架中立刻确立起来，需要有一个夯实基础的过程。显然，打碎旧的生产关系，并在此基础上建成社会主义社会，必须经历相当长的一段特殊历史时期。无产阶级在打碎旧体制，建立新制度的时候，被推翻的资产阶级绝不会坐以待毙，必然会予以反抗。没有这段时间的艰苦斗争，旧社会不会被彻底摧毁，新社会也决不能建立起来。这就说明，这段历史时期除了建立公有制的经济基础之外，还需要在政治、思想、文化、道德等方面革新社会生活，并建立起社会新秩序，当然这将需要漫长的努力才能完成。而要实现这些目标，除了实行无产阶级专政别无其他途径。因此，经历一段相当长的过渡时期是不可避免的。

马克思在《哥达纲领批判》中提到的“无产阶级的革命专政”这一重要概念有其渊源。早在《共产党宣言》和《法兰西内战》这两部著作中，马克思恩格斯就初步提出了无产阶级专政思想。在1848年出版的《共产党宣言》中，马克思、恩格斯明确指出：“工人革命的第一步就是使无产阶级上升为统治阶级……无产阶级将利用自己的政治统治，一步一步地夺取资产阶级的全部资本，把一切生产工具集中在国家即组织成为统治阶级的无产阶级手里，并且尽可能快地增加生产力的总量。”[1]在1850年出版的《1848至1850年法兰西阶级斗争》一书中，马克思第一次提出无产阶级专政这个概念，并进一步指明社会主义就是宣布不断革命，就是无产阶级的阶级专政。[2]1852年，马克思在写给魏德迈的一封信

---

[1]《马克思恩格斯文集》第2卷，人民出版社2009年版，第52页。

[2]《马克思恩格斯文集》第2卷，人民出版社2009年版，第166页。

中指出:“阶级斗争必然要导致无产阶级专政。”[1]1871年,马克思在《法兰西内战》一书中再次强调,“工人阶级不能简单地掌握现成的国家机器,并运用它来达到自己的目的”[2],只有无产阶级专政才能替代旧有的国家机器。1891年,恩格斯在为《法兰西内战》一书撰写的导言中指出,马克思所强调的工人阶级的政府就是无产阶级专政。正是通过总结巴黎公社革命的经验和教训,并且经长期思考和论证后,马克思在《哥达纲领批判》中进一步指出,唯有建立无产阶级专政,并在此基础上经历一段过渡时期,才能实现资本主义到共产主义的革命转变。

当然,马克思与恩格斯的有生之年并没有经历过无产阶级专政的实践,讨论无产阶级专政只能处于理论阶段。而在马克思、恩格斯之后的列宁,则依据俄国的具体情况,进一步总结道:“从向着共产主义发展的资本主义社会过渡到共产主义社会,非经过一个‘政治上的过渡时期’不可,而这个时期的国家只能是无产阶级的革命专政。”[3]

过往的历史表明,关于无产阶级专政的问题,不仅要在过渡时期坚持下去,而且在完成过渡进入社会主义社会后,仍然要坚持无产阶级专政不动摇。

三、社会主义社会必然会从实现按劳分配到实现按需分配的转变

唯物史观认为,生产方式决定分配方式,这是科学社会主义

[1]《马克思恩格斯文集》第10卷,人民出版社2009年版,第106页。
[2]《马克思恩格斯文集》第3卷,人民出版社2009年版,第151页。
[3]《列宁选集》第3卷,人民出版社2012年版,第188页。

的一项基本原理。可在拉萨尔机会主义者的眼中，只专注于分配问题，并且认为在分配问题上取得胜利的话，无产阶级最终目的也能实现。为此，他们从分配决定论原则出发，提出了一系列分配方面的具体要求。因此，马克思在批判拉萨尔机会主义在分配问题上的错误观点的同时，进一步阐明了社会主义总产品分配原理和按劳分配原则。马克思认为，从资本主义到共产主义的第一阶段，再从共产主义第一阶段到高级阶段，这样的发展逻辑要求分配方式必然经历从按资分配到按劳分配，最后实现按需分配的转变。

马克思的公平分配思想不是凭空出现的，而是在对空想社会主义批判性继承的过程中逐步形成的。由于当时的唯物主义思想还没有经历实践检验，大多是在空想，而且只停留于表面。在《哥达纲领批判》中，马克思通过对拉萨尔主义分配思想进行揭露和批判，破除了种种谬论，并在此基础上为阐发马克思自己的公平分配思想建立了前提。

拉萨尔认为，资本主义制度本身是优越的，问题只是分配不够公平。因此，只需把分配制度向公平分配改良。这种观点的实质是维护资本主义的剥削制度，同样预示着拉萨尔主义的必然失败。与拉萨尔主义颠倒唯物主义基本规律、混淆生产与分配基本关系不同，马克思主义认为，经济基础决定上层建筑。而分配是一种经济关系，它是由生产资料所有制所决定的，属于经济基础范畴，这就是说“生产决定分配”。一定的生产关系总是产生出适合或有利于这种关系的分配原则，而不可能背离或相反。而《哥达纲领》草案所提出的所谓“公平”和“平等”分配的要求，已经超出生产关系的范围，是从外部为经济基础找依托，这一做法颠倒了经济基础与经济关系之间的因果关联。

在揭露拉萨尔“公平的分配”[1]的实质之后，马克思进一步阐述了生产决定分配的基本原理。马克思指出：“消费资料的任何一种分配，都不过是生产条件本身分配的结果；而生产条件的分配，则表现生产方式本身的性质。”[2]生产资料的所有制形式决定了生产资料掌握在哪个阶级手里，哪个阶级就拥有分配上的主动权。因此，要想改变阶级之间不合理的分配关系，必须从改变生产资料私有制问题入手，这就让资本主义生产资料的私人占有制度成为无产阶级必须推翻的制度。

“各尽所能、按劳分配”是共产主义第一阶段的基本分配原则。这一原则是《哥达纲领批判》集中阐释的一项重要内容。

按照个人劳动量领取劳动凭证，并据此凭证从集体领取消费资料。这是马克思设想的共产主义的第一阶段的一个基本原则。可见在马克思看来，这一时期将以按劳分配的原则对个人消费品进行分配。为什么在共产主义的第一阶段(社会主义)必须实行按劳分配原则？这是由当时当地的经济及道德和精神状况所决定的。面对着刚刚从资本主义脱胎出来的新生社会，分配产品的最好尺度自然就是劳动。按劳动来分配产品，不仅能够调动人们的劳动积极性，还可以用消费品的增加来促使人们更多劳动。这是在人们思想觉悟没有普遍到达某种高度前最好的激励手段。这里的劳动带有谋生的意义，因而也带有一定的强制性，这也是保证社会生产，推动社会发展的动力源泉。当然，必须指出的是，马克思在这里提出了一些按劳分配的具体形式，比如发放劳动券、消灭商品交换和货币等。其实，社会是不断发展变化的，

[1]《马克思恩格斯文集》第3卷，人民出版社2009年版，第432页。
[2]《马克思恩格斯文集》第3卷，人民出版社2009年版，第436页。

在具体的实践中也会碰到各种各样的具体问题。需要注意的是，马克思在这里申明的仅仅是一种原则，而具体的做法需要同当时当地的具体实践相结合。

马克思在赞扬按劳分配原则进步性的同时，也明确地指出了它的缺陷和不足。通常来说，按劳分配是一种对所有劳动者一视同仁的按等量劳动换取等量报酬的公平的分配方式。但马克思指出："在这里平等的权利按照原则仍然是资产阶级权利。"[1] 这里指出的资产阶级权利，本质上反映着资本主义经济关系的要求，反映着资产阶级的意志和利益。要从根本上摧毁资产阶级赖以生存的经济基础，必须从消灭资本家、消除生产资料的私人占有入手。但是，刚刚脱胎于资本主义社会的社会主义社会，无论在经济、政治或道德等方面都保留着资本主义的许多痕迹。从这个视角来看，虽说等量劳动获取等量报酬是社会主义阶段下取得的巨大进步，但是劳动对于不同的人来说，意义却大不相同。虽然都以劳动作为尺度，但是由于人们的先天条件不同，个人劳动的数量与质量也有很大的差异，即使先天条件一致，往往也会因为后天成长环境差异带来人的差异，造成分配上的不均，人们消费品分配事实上的不平等在这一阶段将无法消除。因此，要消灭分配领域事实上的不平等，实现公平公正，就必须大力发展生产力，并在此基础上把人类社会推向更高的发展阶段。

"各尽所能、按需分配"是共产主义社会高级阶段实行的基本原则。当社会进入共产主义高级阶段之后，"按劳分配"自然就会发展成"按需分配"。马克思认为从按劳分配转变为按需分配将是一个历史过程，即共产主义社会进入高级阶段，生产力高

[1]《马克思恩格斯文集》第3卷，人民出版社2009年版，第434页。

度发展,社会财富充分涌流,长期困扰着人类自由全面发展的劳动已不再是谋生手段,而是成了生活的第一需要,只有在那个时候,“社会才能在自己的旗帜上写上:各尽所能,按需分配”![1]

马克思的精彩论述表明,只有实行按需分配,才能消除权利平等掩盖下的事实上的不平等。而按需分配需要具备一定的客观条件,即社会产品极大丰富是实现按需分配的物质前提,而要实现这样的物质前提就必须实现人的全面而自由的发展,而要达到这个目标,就必须消灭旧式强制性的社会分工。只有这几方面条件同时具备之后,资产阶级权利的狭隘境界才会走向消亡,人类为之奋斗的共产主义才会走上人类历史的舞台。

虽然《哥达纲领批判》诞生已经一百多年,但其中所写的按劳分配原则对我们现阶段仍然具有现实意义的。社会主义生产关系建立的基本理论前提是按劳分配原则,该分配原则属于社会主义的基本原则。因此,在实践中我们党依据基本国情和发展实际,提出了坚持和完善以按劳分配为主体、多种分配方式并存的分配制度。因为在目前的发展阶段,只有允许并鼓励资本、技术、管理等生产要素参与收益分配,才能更好实现社会主义初级阶段的基本目标,并为下一个阶段的发展和跃升奠定坚实物质基础。

四、无产阶级革命斗争必须建立强大可靠的同盟军

马克思认为拉萨尔主义将“中间等级”同资产阶级和封建主

[1]《马克思恩格斯文集》第3卷,人民出版社2009年版,第436页。

一道看成“反动的一帮”，这在政治上是极其幼稚的。然而，《哥达纲领》草案却继续坚持和宣扬这一机会主义的错误观点。马克思认为，拉萨尔鼓吹狭隘的民族主义，无视农民和其他小资产阶级的革命性，将广大群众推向了工人阶级的对立面，这样显然是不利于团结群众，不利于革命斗争的。《共产党宣言》明确指出，工人阶级是最革命的阶级，农民和小资产阶级是工人阶级革命中可靠的同盟军。如果没有一支强大可靠的同盟军队伍，无产阶级革命在同当时的资产阶级斗争中是很难取胜的。

无产阶级革命首先要分清敌友。马克思在批判《哥达纲领》时尖锐地指出，《哥达纲领》所谓“其他一切阶级只是反动的一帮”[1]是极其错误的观点。其作为党的纲领，在分析社会各阶级性质的基础上，应当以团结最广大的群众来孤立和打击大家共同的敌人。《哥达纲领》却恰恰只反对资产阶级，不反对地主和贵族。这完全违背马克思主义的阶级斗争学说，无论从理论上或实践上来看都是十分有害的。马克思指出，“工人阶级的解放应该由工人阶级自己去争取”。[2]但《哥达纲领》却认为“劳动的解放应当是工人阶级的事情”。[3]这明显是从第一国际章程的导言中篡改移植而来，把工人阶级的解放歪曲成为劳动的解放。从本质上看，无产阶级要解放的不是劳动，而是从事劳动的工人阶级和劳动群众。只有无产阶级联合其他劳动阶级，通过暴力革命的手段实现无产阶级专政，才能在解放全人类的过程中最终解放自己。遗憾的是《哥达纲领》对这些原则问题闭口不谈，却大谈什么劳动的解放。

无产阶级革命必须建立强大的无产阶级革命同盟军。马克

[1][2][3]《马克思恩格斯文集》第3卷，人民出版社2009年版，第437页。

思指出农民和小资产阶级是无产阶级革命的同盟军。无产阶级应当把哪些阶级作为自己的同盟军?《哥达纲领》草案对资本主义社会的各个阶级不作科学的历史分析,笼统地宣称为“反动的一帮”。马克思对此进行了全面批判。在对资本主义社会各阶级的科学分析中,马克思指出,资产阶级在推翻封建制度时是革命阶级,不能把它归到“反动的一帮”的行列中。而无产阶级是在大工业基础上成长起来的,受资本家压迫和剥削最深最重,所以说无产阶级是真正革命的阶级,其最终目的是推翻资本主义制度建立自由人联合体,也就是资产阶级和资本主义的掘墓人。农民、手工业者、小工业家等中间等级,他们也受到资产阶级的剥削压迫。他们因日益加剧的贫困与破产,而最终加入无产阶级的队伍,参加反对资本主义制度的革命斗争,所以他们也是革命的。事实上,1874 年的帝国国会选举中,德国社会民主工党同小资产阶级政党就曾结成联盟,并且得到了广大农民和手工业者的支持,这使得该党在国会中的议席由 1 个增加到 6 个。马克思以此为例,说明了要实现无产阶级的历史使命,必须有一支强大可靠的同盟军队伍。

建立无产阶级革命可靠的同盟军,是马克思恩格斯向来重视的策略主张。早在《共产党宣言》发表时,他们在结尾处向全世界劳动人民发出了“全世界无产者,联合起来”的伟大号召,自此,无产阶级国际主义就成为世界各国无产阶级革命基本准则和共同遵循。但《哥达纲领》草案却接受了拉萨尔的错误观点,用狭隘的民族主义指导工人运动,提出只能把无产阶级革命斗争限制在“现代民族国家范围内”。

马克思始终确认,工人阶级的斗争首先应立足于本国,因为本国就是它最直接的斗争舞台。因此,无产阶级首先必须在本国内组成政党，推翻本国的资产阶级统治，在本国建立起无产阶级专政。但从内容上说，工人阶级的斗争从来就是国际的。这是因为资本主义经济不是闭关自守的，而是开放的，它形成了世界市场，资本主义已形成一个世界体系。无产阶级不仅要打败本国资产阶级，更要突破各国资产阶级的围攻。无产阶级只有在全世界消灭资产阶级才能获得彻底解放。因此各国无产阶级在革命斗争中必须互相支持，互相联合。工人阶级只有坚持无产阶级国际主义原则，联合更多支持或同情无产阶级革命的同盟者，才能取得革命的最终胜利。可是《哥达纲领》草案却说工人阶级的解放"首先是在现代民族国家的范围内"进行活动，而把自己的国际主义归结为从资产阶级的和平与自由同盟那里抄袭来的口号"各民族的国际的兄弟联合"。这一口号明显歪曲了无产阶级国际主义的原则。

在形式上，无产阶级的革命斗争是民族的，而在内容上却是国际的。随着资本主义世界市场的逐步形成，在对待各国的工人运动的时候，各国资产阶级早已在世界范围内联合起来。为了取得革命胜利，无产阶级必须使"全世界无产者，联合起来"。只有在全世界范围进行联合斗争，共同反对资本的世界统治，无产阶级才能消灭一切剥削制度，最终解放全人类。只有这样，无产阶级才能最后解放自己。但《哥达纲领》不提无产阶级的国际主义义务，把工人阶级的国际联合仅仅归结为意识到大家的共同意图。马克思对此讽刺道："实际上，这个纲领的国际信念，比自由贸易派的国际信念还差得难以估量。"[1]因为资产阶级自由贸易派不但这样说了，而且采取了一些促进国际贸易的举措，而《哥

[1]《马克思恩格斯文集》第3卷，人民出版社2009年版，第439页。

达纲领》草案却只字不提德国无产阶级的国际职责，其显然已经放弃国际主义原则。

五、变革并最终消灭资本主义生产资料私有制

所有制问题是马克思极为关心的重大问题，也是科学社会主义的核心问题，更是中国特色社会主义探索与实践中需要解决好的一个重大现实问题。改革开放的实践充分证明，能否调整好所有制结构，理顺各种所有制经济之间的关系，不仅关乎我国经济体制在改革中优化调整，而且与社会主义事业的兴衰成败密切相关。

无产阶级革命的根本任务是消灭资本主义生产资料私有制。拉萨尔所提出的“劳动是一切财富和一切文化的源泉”观点在马克思看来是极其错误的。因为自然界的物质也具有使用价值，因此劳动并不是一切财富的源泉。只有在一定前提下，劳动是一切财富的源泉这句话才能成立。那就是只有同生产资料相结合的劳动才能创造物质财富。当人们离开生产资料的时候，就无法进行劳动，更不用说创造物质财富。马克思尖锐地指出，一个人如果除自己的劳动力以外而没有任何其他财产，就不得不成为剥削者的奴隶。在资本主义社会里，工人别无选择，他们只能到资本家的工厂里工作，与资本家手中的生产资料相结合，受资本家的剥削，他除了自身的劳动力之外一无所有。《哥达纲领》草案避而不谈劳动要创造财富必须和生产资料相结合，实质上就是在有意回避生产资料所有制这个要害问题，而这正是资本家所欢迎的。资本主义社会生产关系的实质就是资产阶级占有生产资料，剥削

一无所有的工人，把工人创造的剩余价值据为己有。资产阶级为了掩盖这一事实，就把劳动说成是具有超自然的创造力，似乎没有生产资料，也能创造财富。资产阶级不谈生产资料的归属，只用劳动的好坏解释贫富产生的原因。这就掩盖了工人阶级受剥削的根源是资产阶级占有生产资料，放弃了无产阶级解放的根本途径即必须消灭资本主义生产资料私有制。

从认清资本主义劳动雇佣制度的本质出发，马克思极力批判了拉萨尔在理论上的遮遮掩掩的行为。工资并非劳动的价值，而是剩余价值。为了进一步揭露拉萨尔的谎言，马克思阐明了生产资料所有制与社会性质的关系问题，论述了生产资料所有制在生产关系中具有基础地位。因此，生产资料归资产阶级所有，决定了劳动雇佣制度是资产阶级剥削无产阶级的一种手段，废除不平等的制度就成为无产阶级解放的前提。马克思指出："随着阶级差别的消灭，一切由这些差别产生的社会的和政治的不平等也自行消失。"[1]

马克思把劳动和生产资料所有制联系起来，揭示了无产阶级和劳动人民在资本主义制度下贫困的根源是生产资料被资产阶级占有。因而随着资本主义经济的发展，社会必然出现两极分化，工人阶级和劳动人民的贫穷不断加剧，资产阶级占有的财富与文化日益增多。因而无产阶级和劳动人民要获得解放，必须消灭资本主义私有制，这也是无产阶级革命的根本任务。资本主义生产资料私有制为资产阶级本身创造出自己的对立面，残酷的剥削让自己的对立面越来越强大，以至于资产阶级及其私有制形式最终将因此而走向消亡。

[1]《马克思恩格斯文集》第3卷，人民出版社2009年版，第442页。

消灭一切剥削阶级和剥削制度，是无产阶级革命彻底性的根本表现。拉萨尔派一直主张依靠贵族地主阶级的总代表俾斯麦的国家政权的帮助，来实现他们鼓吹的“社会主义”，所以姑息迁就地主阶级成为拉萨尔主义的显著特征。马克思对这一错误做法进行了全面揭露，指出无产阶级革命的目标是消灭一切剥削阶级和剥削制度。过渡时期，阶级斗争空前尖锐激烈。《哥达纲领》草案指出，资产阶级对生产资料的垄断是一切无产阶级积贫积弱的源头。在资本主义社会，生产资料只归资产阶级占有，这种看法不符合欧洲的实际情况，也不符合德国的实际情况。英国是比较发达的资本主义国家，仍存在地主阶级，一些资本家的工厂所占的土地仍属于大土地所有者。德国当时存在严重的封建残余，贵族地主在政治上仍占据主要统治地位。对于《哥达纲领》草案的这些内容，马克思进行了坚决批判，指出除了资本家以外，劳动资料还被土地所有者所垄断。因此“仅仅攻击资本家阶级，而不攻击土地所有者”是错误的，也是远远不够的[1]。这就指明无产阶级革命与以往的一切革命都不同，相较于无产阶级，反动势力还拥有许多优势，它的彻底性表现为要消灭一切剥削阶级和剥削制度，彻底改造旧的生产关系。这也是马克思国家学说的实质。

建立社会主义社会所有制，是废除资产阶级所有制后的首要任务。《共产党宣言》指出，共产主义最终要废除的所有制是资产阶级所有制。那么废除和消灭资本主义生产资料私有制之后，未来的共产主义所有制又用什么来替代？后来马克思在《资本论》中则提出“重建个人所有制”。其实，这与《共产党宣言》阐述的

---

［1］《马克思恩格斯文集》第3卷，人民出版社2009年版，第431页。

内容并不矛盾。他所设想的社会主义所有制类似于人人都有份的劳动者个人共同所有制，认为至少在过渡时期存在多种经济成分，公有经济和私有经济并存。在此基础上，社会主义国家虽然要建立生产资料公有制，但是实现纯而又纯的公有制明显是不符合现阶段实际的主观主义谬误。因为在社会主义初级阶段，许多实行公有制的前置条件，如经济、政治和文化道德条件都是不具备的。因此，实行以公有制为主体、多种所有制经济并存的基本经济制度和以按劳分配为主体、多种分配方式并存的收入分配制度，社会主义建设才能更好进行下去。在《哥达纲领批判》中，马克思更加强调了社会主义应当坚持的是社会所有制，它的主要特征是公有制和集体经济，它的发展方向是“重新建立个人所有制”。但是在现实社会主义条件下如何建立一种公有制或者集体经济？它是一种以共同占有为主要特征的国有化经济体制吗？后来的历史实践告诉我们，答案并不是唯一的。马克思恩格斯由于所处历史方位的局限性，不可能预测未来尚未发生的事情。关于生产资料国有化的问题，东西方均有过丰富的历史实践。正如马克思恩格斯所关心的那样，最终的问题在于如何在以个人自由为前提的基础上，将生产资料交给社会掌握，让广大劳动群众成为自身的统治者而非资本的雇佣者。马克思的社会主义社会所有制理论对我国现阶段社会主义事业，尤其对深化社会主义所有制改革具有重要的指导意义。比如，如何坚持和发展好以公有制为主体，多种所有制经济共同发展的所有制形式，如何发展壮大国有经济，如何引导发展好社会主义初级阶段的非公有制经济，如何进一步推进收入分配改革，缩小贫富差距，最终实现共同富裕，这些都属于完善社会主义所有制、向更高目标迈进遇到的机遇和挑战。

知识链接：

1. 严书翰：《如何把握和理解〈哥达纲领批判〉》，井冈山市红色文化教育培训中心，https://www.jgswh.com/a/4704.html。

2. 王浩斌：《全面把握马克思思想理论的整体性》，人民论坛，http://www.rmlt.com.cn/2018/0503/517992.shtml。

3. 王南湜：《马克思的正义理论：一种可能的建构》，《哲学研究》2018年第5期。

4. 何中华：《"平等"问题的历史规定及其超越——重读马克思〈哥达纲领批判〉》，《山东科技大学学报（社会科学版）》2011年第5期。

《社会主义从空想到科学的发展》导读

阅读导引

《社会主义从空想到科学的发展》是恩格斯应法国工人党领导人拉法格的请求而写，是适应国际共产主义运动健康发展和指导无产阶级政党思想理论建设需要而写的一部科学社会主义的光辉著作。

没有马克思主义革命政党的领导和科学社会主义理论的武装是巴黎公社失败的重要原因。巴黎公社失败后，资本主义处于相对和平的发展时期。在各国创建无产阶级政党，积蓄力量，带领无产阶级开展新的斗争提上日程。1871 年 9 月，第一国际在伦敦召开会议，提出在各国建立无产阶级政党的任务。在欧美各国中最早建立的无产阶级政党是德国社会民主工党，该党成立于 1869 年，马克思恩格斯对它极为关注。可是该党深受拉萨尔机会主义和杜林机会主义的影响。为批判拉萨尔机会主义，并为马克思主义政党制定一个革命的、科学的纲领提供理论指导，马克思于 1875 年写作了《哥达纲领批判》；为肃清杜林机会主义对国际共产主义运动的影响，全面阐述马克思主义基本原理，恩格斯于 1876 年至 1878 年间写作了《反杜林论》。[1] 1879年10月，法国工人党在法国马赛成立。该党由于是在刚刚开始的工会活动基础上建立起来的，思想比较混乱。为了帮助法国工人党从思想上政治上建成一个马克思主义政党，马克思为法国工人党纲领草案口授了导言部分，恩格斯应法国工人党的领导人拉法格的请求，特意从《反杜林论》中抽出三章[2]（引论的第一章和第三编的第一、第二两章）改编成《社会主义从空想到科学的发展》一书，于1880年分期刊登在《社会主义评论》上，原名为《空想社会主义与科学社会主义》。1883年出版德文版时，改名为《社会主义从空想到科学的发展》。马克思在1880年法文版前言中指出，这本小册子是《反杜林论》一书的“理论部分中最重要的部分”，是“科学社会主义的入门”。[3] 恩格斯曾说过，这本小册子第三章（《反杜林论》第三编第二章《理论》）“是我所主张的观点的一个核心问题的表述”。[4]

《社会主义从空想到科学的发展》发表后，在国际共产主义运动中产生了巨大影响，在许多优秀的法国人的头脑中引起了真正的革命，推进了法国工人运动的开展。不仅如此，它的发表也在各国无产阶级中引起了普遍而巨大的反响，各国无产阶级及其政党争相学习，把它当作同机会主义斗争的强大思想武器。很快，它被译成德文、意大利文、俄文、丹麦文、西班牙文、荷兰文、英文、罗马尼亚文等十种文字，正如1892年英文版导言所

[1]《反杜林论》全面阐述了马克思主义哲学、政治经济学和科学社会主义理论，被称为马克思主义的百科全书。

[2] 这三章主要阐述空想社会主义、科学社会主义的理论基础和科学社会主义原理部分。

[3]《马克思恩格斯选集》第3卷，人民出版社2012年版，第743页。

[4]《马克思恩格斯选集》第3卷，人民出版社2012年版，第384页。

说："这本小书已经用10种文字流传开了。据我所知，其他任何社会主义著作，甚至我们的1848年出版的《共产主义宣言》[1]和马克思的《资本论》，也没有这么多的译本。"[2]它的广为流传，有力地促进了各国党的建设和国际共产主义运动的发展。

今天，我们学习和研究《社会主义从空想到科学的发展》，对于百年大党——中国共产党了解科学社会主义的历史、现状和未来，理解唯物史观和剩余价值学说对科学社会主义的巨大作用，加强理论武装和理论创新，把握历史时代特点及其发展，认清资本主义的矛盾、本质及其出现的新现象，掌握科学社会主义同空想社会主义的联系和区别，划清科学社会主义同非科学社会主义的界限，提高马克思主义执政党的理论水平，增强领导能力和执政能力，坚定共产主义理想信念等，都具有重要的理论和实践意义。

一、空想社会主义是科学社会主义的直接思想来源

科学社会主义的产生、发展有其客观规律。从物质根源上说，和任何新的学说一样，科学社会主义归根到底是一定的经济关系的反映。产生于19世纪40年代的科学社会主义，是西欧社会化大生产的产物，是对资本主义基本矛盾的科学反映，是对资本主义社会无产阶级和资产阶级之间的阶级对立，以及生产中的无政府状态进行考察的结果。这就是恩格斯说"它的根子深深扎在物

[1] 即《共产党宣言》。

[2] 《马克思恩格斯选集》第3卷，人民出版社2012年版，第751—752页。

质的经济的事实中”[1]的缘由。同时，它也是人类思想文化发展的结晶，是对已有的思想文化成果的批判继承。所以，就其思想来源来说，马克思、恩格斯从空想社会主义特别是从19世纪初三大空想社会主义者的思想材料出发，批判地吸收了其合理内容，创立了科学社会主义。这也是《社会主义从空想到科学的发展》中所说的“它必须首先从已有的思想材料出发”[2]的含义。

空想社会主义是社会主义的初级理论形态。在人类思想史上，空想社会主义是马克思主义诞生之前最先进的思想理论体系之一。它也是在前人优秀思想成果的基础上发展起来的无产阶级先驱者的思想理论体系，是社会主义最早的初级理论形态。从进步性上来说，它高于资产阶级启蒙学说，虽然三大空想社会主义者和18世纪法国启蒙学者一样，都想建立理性和永恒正义的王国，但他们的王国和启蒙学者的王国是有天壤之别的。他们的学说是启蒙学者理性原则的进一步的更彻底的发展，成为科学社会主义的直接思想来源。

空想社会主义为科学社会主义的诞生提供了宝贵的思想材料。空想社会主义形成了“私有制是万恶之源”而否定之，进而形成了否定整个旧制度旧社会的新思想、新理念，提出了要建立人人劳动、人人平等的美好社会的新观点新理论，特别是三大空想社会主义者作为空想社会主义发展的最高峰作出了历史性贡献，主要是：一是辛辣批判了旧社会旧制度，极大启发了工人阶级的觉悟。特别是他们对资本主义制度作了尖锐的揭露和批判，提供了启发工人觉悟的极为宝贵的材料。如傅立叶指出，资本主

[1]《马克思恩格斯选集》第3卷，人民出版社2012年版，第775页。
[2]《马克思恩格斯选集》第3卷，人民出版社2012年版，第391页。

义制度是在恶性循环中运动，贫困是由生产过剩产生的。二是出现了一些唯物辩证法的因素，给历史唯物主义的创立提供了一些素材。他们对人类社会发展规律进行了一些探索，出现了向历史唯物主义发展的某些合理因素。如圣西门已经有了经济状况是政治制度的基础的观点。他提出政治是关于生产的科学，并且表示政治将完全融入经济之中，主张对人的政治统治应当变成对物的管理和对生产过程的领导。他的这一思想，就是废除国家的思想。恩格斯特别赞赏圣西门的阶级斗争观点，他说："认识到法国革命是贵族、资产阶级和无财产者之间的阶级斗争，这在1802年是极为天才的发现。"[1]傅立叶"最了不起的地方表现在他对社会历史的看法上"，[2]他把到截至那个时代的全部历史分为四个发展阶段：蒙昧、宗法、野蛮和文明。最后一个阶段相当于现在所说的资产阶级社会。傅立叶说，"在文明时代，贫困是由过剩本身产生的"。恩格斯认为"傅立叶是和他的同时代人黑格尔一样熟练地掌握了辩证法的"，[3]他辩证地把人类社会历史看作是产生和灭亡并由低级到高级发展的过程。三是设想了未来的美好社会，提出了许多积极的主张，进行了一些天才的猜测。如圣西门在"实业制度"中提出了一切人都应当劳动的思想。傅立叶在"和谐制度"中提出了妇女解放的程度是衡量社会普遍解放的天然尺度的思想。欧文在"公社制度"中设计了一个没有私有制、没有阶级对立、人人平等和共同享受劳动成果的新社会。四是进行了改革试验，推动了工人运动的发展。欧文对工厂实行有

[1]《马克思恩格斯选集》第3卷，人民出版社2012年版，第646页。
[2]《马克思恩格斯选集》第3卷，人民出版社2012年版，第647页。
[3]《马克思恩格斯选集》第3卷，人民出版社2012年版，第648页。

利于工人的改革。1823年他提出了通过共产主义移民区消除爱尔兰贫困的办法。他在美洲进行共产主义试验，在英国组织了生产和消费合作社以及借助以劳动小时为单位的劳动券来交换劳动产品的劳动市场，向私有制、宗教和现存的婚姻形式发出进攻，他直接转向工人阶级，开展工人运动。对此恩格斯给予高度评价，指出："当时英国的有利于工人的一切社会运动、一切实际进步，都是和欧文的名字联在一起的。"[1]转向共产主义是欧文一生的转折点。空想社会主义的这些思想观点和实践经验，对于科学社会主义的诞生具有非常重要的意义，构成科学社会主义的直接思想来源。

恩格斯对空想社会主义特别是三大空想家给予了高度评价。他指出，使我们感到高兴的，是空想社会主义"处处突破幻想的外壳而显露出来的天才的思想萌芽和天才的思想"。[2]科学社会主义永远不会忘记，"它是站在圣西门、傅立叶和欧文这三个人的肩上的"。[3]正如他在1882年德文第一版序言中所说的，"我们德国社会主义者"以继承了圣西门、傅立叶和欧文而感到骄傲。[4]

二、空想社会主义是一种"不成熟的理论"

空想社会主义作为一种不成熟的理论，首先是由资本主义经济社会发展的不成熟决定的。空想社会主义产生于1516年。那

[1]《马克思恩格斯选集》第3卷，人民出版社2012年版，第651页。
[2]《马克思恩格斯选集》第3卷，人民出版社2012年版，第645页。
[3]《马克思恩格斯选集》第3卷，人民出版社2012年版，第37页。
[4]《马克思恩格斯选集》第3卷，人民出版社2012年版，第747页。

时，资本原始积累刚刚开始，虽然整个社会的生产力发展水平还比较落后，但资本来到世间的血腥、肮脏和罪恶，已让人民开展了长期的反抗和斗争。“作为现代无产阶级的发展程度不同的先驱者的那个阶级”的阶级诉求和向往的空想社会主义，便随之被提出，它是对无产阶级先驱者运动和诉求的理论反映。“伴随着一个还没有成熟的阶级的这些革命暴动，产生了相应的理论表现。”[1]经过18世纪的工业革命，到19世纪初，资产阶级革命和资本主义制度在英法等国已经完成和建立，资本主义社会化大生产开始形成，其基本矛盾也得以暴露。1825年的经济危机就是证明。所以，圣西门、傅立叶、欧文三大空想社会主义者学说的产生背景，是资本主义生产方式有了一定发展，其内部矛盾已经显露，但还未完全暴露；阶级斗争已经展开，但又很不充分。资本主义生产方式以及随之而来的资产阶级和无产阶级之间的对立还不尖锐。在英国刚刚兴起的大工业，在法国还不为人所知。只有大工业才能促进生产力的发展，才能促进无产阶级的壮大，才能为消除资本主义奠定必要的物质条件和阶级条件。而在16世纪至19世纪初，资本主义作为新的社会制度所产生的冲突还只是开始形成，解决这些冲突的手段就更是这样了。所以，“这种历史情况也决定了社会主义创始人的观点。不成熟的理论，是同不成熟的资本主义生产状况、不成熟的阶级状况相适应的。解决社会问题的办法还隐藏在不发达的经济关系中，所以只能从头脑中产生出来。社会所表现出来的只是弊病，消除这些弊病是思维着的理性的任务”。[2]恩格斯概述了18世纪末19世纪初英法

[1]《马克思恩格斯选集》第3卷，人民出版社2012年版，第393页。

[2]《马克思恩格斯选集》第3卷，人民出版社2012年版，第645页。

资产阶级革命后的社会矛盾状况：一方面，资本主义制度已经确立，资产阶级已经取得了政治上经济上思想上的统治地位；另一方面，按照18世纪启蒙学者所向往的“理性的社会”建立起来的新制度，不论它较之旧制度如何合理，却不是绝对合乎理性的。在这个制度下，阶级剥削与阶级压迫只是改变了形式，贫富对立日益加剧，掠夺和战争无休止地进行。理性的国家完全破产了。空想社会主义就是在“理性王国”已经破产，资本主义制度的恶果已开始暴露而又不充分的情况下产生的。恩格斯指出：“空想主义者之所以是空想主义者，正是因为在资本主义生产还很不发达的时代，他们只能是这样。他们不得不从头脑中构想出新社会的要素，因为这些要素在旧社会本身中还没有普遍地明显地表现出来；他们只能求助于理性来构想自己的新建筑的基本特征，因为他们还不能求助于同时代的历史。”[1]

空想社会主义作为一种“不成熟的理论”，也是由其明显的时代局限性和理论上的缺陷决定的。空想社会主义具有历史的局限性。首先，他们的历史观是唯心主义的。他们采用的是资产阶级理性论，谈论的是空洞的永恒的正义。他们无限夸大意识的作用，强调英雄史观。所以，他们虽然批判了资产阶级的“理性王国”，可仍然求助于理性，以资产阶级人性论作为理论基础；他们不理解工人阶级的历史作用，“看不到无产阶级方面的任何历史主动性，看不到它所特有的任何政治运动”，[2]因而找不到创造新社会的依靠力量。恩格斯指出：“真正的理性和正义至今还没有统治世界，这只是因为它们没有被人们正确地认识。所

[1]《马克思恩格斯选集》第3卷，人民出版社2012年版，第653页。

[2]《马克思恩格斯选集》第1卷，人民出版社2012年版，第431页。

缺少的只是个别的天才人物，现在这种人物已经出现而且已经认识了真理；至于天才人物是在现在出现，真理正是在现在被认识到，这并不是从历史发展的联系中必然产生的、不可避免的事情，而纯粹是一种侥幸的偶然现象。这种天才人物在500年前也同样可能诞生，这样他就能使人类免去500年的迷误、斗争和痛苦。”[1]其次，他们的阶级观是超阶级的。恩格斯指出：“这三个人有一个共同点：他们都不是作为当时已经历史地产生的无产阶级的利益的代表出现的。他们和启蒙学者一样，并不是想首先解放某一个阶级，而是想立即解放全人类。”[2]在圣西门的头脑里，第三等级和特权等级之间的对立就采取了“劳动者”和“游手好闲者”之间的对立的形式。他说的“劳动者”不仅是指雇佣工人，而且包括厂主、商人和银行家。三大空想社会主义的理论基础仍然是唯心史观，这决定了他们学说具有一系列的根本缺陷：一是不懂得资本主义社会的本质及其发展规律。二是找不到实现理想社会的依靠力量，他们只同情、怜悯无产阶级，不愿代表、依靠无产阶级。三是找不到推翻资本主义、实现社会主义的正确道路。他们不了解阶级斗争是阶级社会历史发展的直接动力。他们拒绝一切政治行动，特别是一切革命行动，只把希望寄托在某个首脑人物偶发善心来实现社会主义。最后，他们的具体观点有许多思想糟粕。如有小生产者、君主制的立场和平均主义、禁欲主义的观念，有未来社会还保留奴隶、特权、神秘的宗教等落后的东西。正因为如此，三大空想社会主义是不成熟的，是没有出路的。随着时代的发展，他们的学说越来越成为阻碍社会进步的

[1]《马克思恩格斯选集》第3卷，人民出版社2012年版，第393页。
[2]《马克思恩格斯选集》第3卷，人民出版社2012年版，第778页。

力量。对此，《共产党宣言》指出，三大家的空想社会主义的意义“是同历史的发展成反比的”。[1]

三、资本主义基本矛盾“包含着现代的一切冲突的萌芽”

恩格斯运用对资本主义社会的研究成果，科学地揭示了资本主义的基本矛盾，即生产的社会化和生产资料的私人占有之间的矛盾，分析了资本主义经济危机，并从中得出了革命结论，全面论证了“两个必然”的历史发展趋势。

恩格斯分析了资本主义社会的基本矛盾。他指出，资本家“是生产资料的所有者，当然就占有产品并把它们变为商品。生产已经成为社会的活动；而交换以及和它相伴随的占有，仍旧是个体的活动，单个人的活动：社会的产品被个别资本家所占有。这就是产生现代社会的一切矛盾的基本矛盾”[2]。恩格斯把这矛盾的特征概括为社会化生产和资本主义占有的不相容性。资本主义制度同以往一切剥削制度的不同之处，在于它是建立在社会化的大工业生产的基础之上的，其生产力是社会化的生产力，资本主义生产关系的核心是资本家占有生产资料和全部产品。生产的社会性与生产资料的资本家的私人占有相对立，资本主义的一切矛盾就从这里开始。所以，恩格斯说，资本主义的生产方式虽然已经消灭了这一占有形式的前提，但它仍然服从于这一占有形式。这个使新的生产方式具有资本主义性质的矛盾，已经包

[1]《马克思恩格斯选集》第1卷，人民出版社2012年版，第432页。
[2]《马克思恩格斯选集》第3卷，人民出版社2012年版，第816页。

含着现代的一切冲突的萌芽。

恩格斯揭示资本主义基本矛盾“包含着现代的一切冲突的萌芽”。[1]随着资本主义生产方式愈来愈加强其统治地位，“社会化生产和资本主义占有的不相容性，也必然越加鲜明地表现出来”。[2]第一个明显的表现是在阶级关系上，“社会化生产和资本主义占有之间的矛盾表现为无产阶级和资产阶级的对立”。[3]另一个明显的表现是“社会化生产和资本主义占有之间的矛盾表现为个别工厂中生产的组织性和整个社会中生产的无政府状态之间的对立”。[4]资本主义基本矛盾必然激化阶级矛盾，引发阶级斗争。资本主义基本矛盾必然加剧生产过剩，引发经济危机。恩格斯通过对资本主义基本矛盾的这两种形式运动、变化的分析，深刻地揭露了资本主义经济危机发生的不可避免性。他指出，资本主义生产方式造成了生产不断扩大的趋势和劳动人民、无产阶级的贫困化，因而购买力日益缩小，破坏了资本主义的国内市场。这种矛盾发展的结果是，“市场的扩张赶不上生产的扩张”。[5]这就不可避免地发生冲突，最终导致经济危机的爆发。恩格斯根据对1825—1877年在资本主义世界发生的六次危机历史的研究，阐明了经济危机的实质和特征，肯定了傅立叶关于经济危机是由于“生产过剩”的思想，揭示了资本主义经济危机表现为周期性、阶段性，差不多每隔十年就重复出现一次的规律性现象。经济危机之所以呈现周期性，这是由资本主义制度内部矛盾决定的。“因为它在把资本主义生产方式本身炸毁以前不能使

[1][2]《马克思恩格斯选集》第3卷，人民出版社2012年版，第658页。
[3]《马克思恩格斯选集》第3卷，人民出版社2012年版，第659页。
[4]《马克思恩格斯选集》第3卷，人民出版社2012年版，第804页。
[5]《马克思恩格斯选集》第3卷，人民出版社2012年版，第663页。

矛盾得到解决，所以它就成为周期性的了。”[1]恩格斯根据马克思《资本论》中的研究和自己的分析，指出了经济危机的周期时间将逐渐缩短。恩格斯从资本主义经济危机中得出了革命性的结论，指出“经济的冲突达到了顶点：生产方式起来反对交换方式，生产力起来反对已经被它超过的生产方式”。[2]资本主义的丧钟敲响了，共产主义就要实现了。

四、垄断并“没有消除生产力的资本属性”

在19世纪60年代，自由资本主义发展到了顶点，生产的集中和垄断开始产生。19世纪70年代以后，特别是经过1873年的经济危机，在一些发达资本主义国家，垄断组织逐渐发展起来，资本主义的自由竞争开始向资本主义的垄断转变。可以说，19世纪的最后三十多年，是自由资本主义时代向垄断资本主义即帝国主义时代过渡的时期。

经济危机表明了资本主义矛盾的激化，一方面猛烈增长的生产力要求承认它的社会本性，这充分表明资产阶级不能继续驾驭现代生产力；另一方面，正是这种生产力的高度集中和资本的集中过程，迫使资本家们结合起来组成“各种股份公司”“托拉斯”即“社会化形式”，越来越把生产力当作社会生产力看待，使生产进一步社会化。恩格斯认为，股份公司一开始规模就很大，排斥任何其他的资本主义经营形式。然而当矛盾继续激化时，在一

[1]《马克思恩格斯选集》第3卷，人民出版社2012年版，第663页。

[2]《马克思恩格斯选集》第3卷，人民出版社2012年版，第664页。

定的发展阶段上，这种形式也不够了，国内同一工业部门的大生产者联合为一个托拉斯。恩格斯认为，托拉斯就是一个以调节生产为目的的联盟，它们规定应该生产的总产量，在彼此间分配产量，并且强制实行预先规定的出售价格。可一遇到经济不景气也行不通了，于是它们就趋向于更集中的社会化，整个工业部门变为一个唯一的庞大的股份公司，实现国内的垄断。但这种情况遇到经济危机也会走向崩溃，最后，“资本主义社会的正式代表——国家终究不得不承担起对生产的管理”。[1]在此，恩格斯从逻辑上推演出了资本主义经济中出现的新趋向——垄断，甚至趋向于国家资本主义的现象。马克思在《资本论》中论述资本主义积累的一般规律时，就谈到了资本集中和垄断的发展问题。《资本论》第三卷指出，股份公司的出现，会在一定范围内产生垄断。“但是，这种向股份形式的转化本身，还是局限在资本主义界限之内；因此，这种转化并没有克服财富作为社会财富的性质和作为私人财富的性质之间的对立，而只是在新的形态上发展了这种对立。”[2]换言之，垄断组织的出现，只是资本主义生产形式上的变化，它并没有改变资本的本性，而只是“在资本关系内部可能的限度内”进一步释放社会生产力。在资本主义私有制没有根本改变的情况下，恩格斯强调，“无论向股份公司的转变，是向国家财产的转化，都没有消除生产力的资本属性”，[3]因而就没有改变资本主义所有制的性质。也没有改变资本主义国家的本质，因为“现代国家，不管它的形式如何，本质上都是资本主义的机

[1]《马克思恩格斯选集》第3卷，人民出版社2012年版，第809页。

[2]《马克思恩格斯选集》第2卷，人民出版社2012年版，第570—571页。

[3]《马克思恩格斯选集》第3卷，人民出版社2012年版，第666页。

器，资本家的国家，理想的总资本家。它越是把更多的生产力据为己有，就越是成为真正的总资本家，越是剥削更多的公民”。[1]也没有改变整个工人阶级的被剥削受压迫的社会地位，因为“工人仍然是雇佣劳动者，无产者”。[2]总之，垄断并不能消除生产力的资本属性，所以，资本和劳动的对立关系并没有被改变，反而被进一步激化，以致被推到了顶点，并在顶点上爆发无产阶级革命。恩格斯从资产阶级企图通过国有化来摆脱危机中，看到了它“包含着解决冲突的形式上的手段，解决冲突的线索”。[3]这就是垄断为无产阶级革命做好了物质准备，为新社会实行生产资料公有制创造了条件。在资本主义进入垄断阶段后，无产阶级革命废除生产资料私有制，消除生产力的资本属性，解决资本主义社会的基本矛盾，由全体人民占有生产资料，使社会的发展走向更高级的阶段，即进入社会主义，并逐步消灭阶级和阶级差别，实现共产主义。

五、产业后备军成为同资本做斗争的“绊脚石”

作为国际共产主义运动的革命导师，恩格斯不是从一般经济学的角度看待产业后备军现象，而是从政治经济学的立场和无产阶级联合起来团结斗争的战略来剖析产业后备军现象，因而得出了“产业后备军成为同资本做斗争的绊脚石”的科学结论。

第一，产业后备军概念的提出。产业后备军(Industrial

[1]《马克思恩格斯选集》第3卷，人民出版社2012年版，第810页。
[2]《马克思恩格斯选集》第3卷，人民出版社2012年版，第666页。
[3]《马克思恩格斯选集》第3卷，人民出版社2012年版，第810—811页。

Reserve Army）是与“现役劳动军”相对应的概念，是指资本主义社会中经常存在的大量失业和半失业的劳动人口，它是资本主义社会存在的相对过剩人口，是被排除在资本主义生产之外的“剩余物”。

1845年，恩格斯在《英国工人阶级状况》一书中使用了“工人后备军”一词。他在经济危机的语境下考察工人后备军，并指出：“繁荣之后是危机，危机之后是繁荣，然后又是新的危机。英国工业所处的这个永久的循环……通常是每五六年就重新开始一次。”由此可见，“英国工业在任何时候，除短促的最繁荣的时期外，都一定要有失业的工人后备军，以便在最活跃的几个月内有可能生产市场上所需要的大批商品。这种后备军的扩大或缩小，要看市场能使他们中间的小部分还是大部分得到工作而定”。[1]

马克思在1867年出版的《资本论》第一卷，首次提出了“产业后备军”这个概念。以是否直接参与资本主义生产过程为衡量标准，马克思将直接参与资本主义生产过程的工人称为“现役劳动军”，而把资本主义生产过程之外的人称为“产业后备军”。因此，我们所说的严格意义上的工人指的是“现役劳动军”，而不包括“产业后备军”。马克思又把这群人称为“相对过剩人口”。因此，相对过剩人口其实是被排斥在资本主义生产之外的。当我们把相对过剩人口定义为“产业后备军”时，实际上等于把这一群体纳入资本主义的生产关系之中，纳入资本主义社会的整体规训之中。[2]

第二，产业后备军的表现形式。一是产业后备军的流动的形

---

［1］《马克思恩格斯全集》第2卷，人民出版社1957年版，第369页。

［2］王庆丰、苗翠翠：《“产业后备军”的生命政治》，《国外理论动态》2019年第4期。

式。这一形式包含：资本主义生产过程中被机器排斥的失业或半失业工人、被妇女或儿童代替的失业或半失业工人，也包括被大规模生产吸引、追加的工人。二是产业后备军的潜在的形式。这一形式主要表现为被机器排斥的自耕农、独立手工业者等。三是产业后备军的停滞的形式。这一形式主要是指无业游民等就业极不规则、无保障的人口。19 世纪 40 年代，恩格斯所说的来自农业区、爱尔兰的人就属于这种形式。总之，被排斥的、被淘汰的、预备的失业或半失业工人，农民和手工业者，甚至无业游民和流浪汉等，对资本增殖的需要而言，他们都以不同的形态表现为产业后备军，表现为“相对过剩人口”。他们的形成“同工人人口的自然增长是没有关系的，它并不是人口自身发展和变化的规律。因为这种相对过剩人口，即使在人口自然增长率等于零，甚至出现负数的情况下，还是存在的”。[1]

第三，产业后备军产生的根源及原因。产业后备军是资本积累的必然产物。从根源上看，资本积累规律才是产业后备军形成的罪魁祸首。资本积累的规律就是贫富两极化的规律，也是阶级对立的规律。随着资本积累的进行，资本有机构成会不断提高，资本对劳动力的需求相对减少。与此同时，由于科学技术的进步，机器被广泛采用，生产逐步实现了机械化和自动化。这既排挤了部分在业工人，使他们沦为失业者，也促使许多女工、童工涌入劳动力市场。另外，在残酷的竞争下，许多中小资本家、小业主纷纷破产，加之破产的小农流入城市，最终都加入无产者的行列，因而，劳动力的供给在不断增加。这两个相反趋势发展下去的必然结果就是产业后备军的大量出现。

---

［1］ 苏润余：《相对过剩人口是资本主义的人口规律吗？》，《西北人口》1981年第3期。

产业后备军产生的原因。一是机器的广泛采用。《共产党宣言》指出，“机器的日益迅速的和继续不断的改良，使工人的整个生活地位越来越没有保障”。[1]工资被压低，一个人难以养家糊口，妻子、未成年的子女也被迫出来谋生。“由于推广机器和分工，无产者的劳动已经失去了任何独立的性质，因而对工人也失去了任何吸引力。工人变成了机器的单纯的附属品，要求他做的只是极其简单、极其单调和极容易学会的操作。”[2]因而劳动力的来源就日益宽广，相对剩余人口的出现就不可避免。恩格斯在《社会主义从空想到科学的发展》中指出：“机器的改进就造成人的劳动的过剩。如果说机器的采用和增加意味着成百万的手工劳动者为少数机器劳动者所排挤，那么，机器的改进就意味着越来越多的机器劳动者本身受到排挤，而归根到底就意味着造成一批超过资本雇工的平均需要的、可供支配的雇佣劳动者，一支真正的产业后备军（我早在 1845 年就这样称呼他们）。”[3]

二是世界市场的不断拓展。产业后备军是伴随资本原始积累和资本主义制度而出现的一种社会现象，也是一种世界现象，是资本关系、世界市场和殖民体系的产物。世界市场与殖民体系大大拓展了可供资本支配的后备军的范围。资本主义通过世界市场和殖民体系不断扩大产业后备军队伍，为自身的增殖提供源源不断的力量。世界市场的建立和殖民地或半殖民地国家的形成，为资本主义工业化生产提供了廉价的产业后备军队伍。

三是经济危机的频繁爆发。产业后备军是资本主义生产方

[1]《马克思恩格斯选集》第 1 卷，人民出版社 2012 年版，第 409 页。
[2]《马克思恩格斯选集》第 1 卷，人民出版社 2012 年版，第 407 页。
[3]《马克思恩格斯选集》第 3 卷，人民出版社 2012 年版，第 661—662 页。

式存在和发展的必要条件。产业后备军的存在可以随时调节和满足生产周期变动对劳动力的需求。例如，在危机期间，大量工人被解雇，被抛进失业大军；在生产走向高涨时，失业大军提供了所需的工人。产业后备军起到了劳动力“蓄水池”的作用。这个后备军，恩格斯在19世纪40年代的时候，称其为“多余的人”，他们构成英国的过剩人口，其在危机时期人数激增，在繁荣和危机之间的时期人数也相当多。“这种‘多余的人’在英格兰和威尔士平均有150万。”[1]恩格斯指出：“这支后备军在工业开足马力工作的时期可供随意支配，而由于随后必然到来的崩溃又被抛到街头。”[2]

第四，产业后备军存在的危害。一支庞大的产业后备军的存在，不仅加剧了无产阶级内部的矛盾，而且更重要的是转移和淡化了无产阶级与资产阶级之间的矛盾。

一是激化“以获取被剥削机会为核心矛盾”[3]所生成的产业后备军与现役劳动军之间的矛盾。现役劳动军不断为资本家创造剩余价值，剩余价值在资本主义扩大再生产的过程中再次转化为资本，伴随资本有机构成提高、可变资本投入比例减少，产业后备军比例不断增加。由于产业后备军的出现，现役劳动军将不断面临竞争危机，为了在竞争中生存，现役劳动军不得不加倍努力，甚至情愿获取与其所付出的劳动力更低的报酬为资本家服务，被资本家榨取更多。所以，恩格斯说，这支后备军“是把工资抑制在合乎资本家需要的低水平上的调节器”。这就不可避免

[1]《马克思恩格斯全集》第2卷，人民出版社1957年版，第371页。

[2]《马克思恩格斯选集》第3卷，人民出版社2012年版，第662页。

[3] 于天宇：《资本主义“自由竞争”的三重矛盾关系——从“发条人”隐喻谈起》，《哲学研究》2021年第7期。

地导致“工人阶级的一部分从事过度劳动迫使它的另一部分无事可做，反过来，它的一部分无事可做迫使它的另一部分从事过度劳动，这成了各个资本家致富的手段，同时又按照与社会积累的增进相适应的规模加速了产业后备军的生产”。[1]由此，产业后备军与现役劳动军之间的矛盾陷入恶性循环。

二是加剧以取得就业、工资为主要竞争所带来的产业后备军内部之间的矛盾。为了生存，产业后备军寄希望于被雇佣、从而获取微薄的工资。产业后备军不断为就业、工资激烈竞争，这加剧了两者之间的矛盾，甚至斗争，破坏了工人阶级的团结，使得整个无产阶级反对资产阶级的革命事业遭受损失。正如《共产党宣言》所指出的，在与资产阶级的斗争中，“工人有时也得到胜利，但这种胜利只是暂时的”，在实现无产阶级的伟大历史使命的进程中，“无产者组织成为阶级，从而组织成为政党这件事，不断地由于工人的自相竞争而受到破坏”。因为在资本主义社会“自由竞争”规则之下，劳动力市场遵循的同样是供求关系的自然调节，产业后备军成为资本家在劳动力市场上压低劳动者的工资的“调节器”。正如恩格斯所说，在生存斗争面前，这支后备军“是把工资抑制在合乎资本家需要的低水平上的调节器”。[2]早期，产业后备军“是分散在全国各地并为竞争所分裂的群众”，[3]这是不利于工人阶级的一面。另一面，“资产者彼此间日益加剧的竞争以及由此引起的商业危机，使工人的工资越来越不稳定；机器的日益迅速的和继续不断的改良，使工人的整个生活地位越

[1]《马克思恩格斯选集》第2卷，人民出版社2012年版，第286页。

[2]《马克思恩格斯选集》第3卷，人民出版社2012年版，第805页。

[3]《马克思恩格斯选集》第1卷，人民出版社2012年版，第408页。

来越没有保障”，[1]工人为提高工资、改善工作条件不断罢工，乃至进行武装起义，但由于产业后备军的存在，加之资产阶级运用两手（分化工人阶级和实行残酷镇压），使得“无产者组织成为阶级，从而组织成为政党这件事”，不断遭到破坏，尤其是“由于工人的自相竞争而受到破坏”。[2]

三是转移以榨取剩余价值为生产目的所造成的无产阶级与资产阶级之间的矛盾。在资本积累规律下，产业后备军既是资本积累的杠杆，又是资本主义生产方式存在的一个条件。在资本主义强大的长期的意识形态宣传下，工人被催眠，自身不团结，受到资本主义社会各种传统的约束，正如恩格斯在1892年英文版序言中所指出的，英国工人“还拘泥于各种传统”。比如资产者的传统，认为“工人阶级必须依靠并通过伟大的自由党来谋取自身的解放”，还有工人的传统，即“凡是没有经过正规学徒训练的工人都被许多旧工联关在门外；每一个采取这种做法的工会这样一来就等于为自己培养工贼”。[3]产业后备军的存在为资本主义生产提供了充足的劳动力资源，为资本家迫使工人提高劳动强度、接受较低的工资待遇，提高剥削程度提供了条件，有利于资产阶级离间工人关系、削弱工人力量，从而加强资产阶级的力量，使整个无产阶级的状况趋于恶化，成为资产阶级对付工人阶级最为有效的挟制工具。更为关键的是“资产阶级与无产阶级之间的对抗逐渐被遮蔽并转化为现役劳动军与产业后备军之间虚假的对抗性关系”。随着资本主义社会对当代产业后备军的新型统治，产业后备

[1]《马克思恩格斯选集》第1卷，人民出版社2012年版，第409页。
[2]《马克思恩格斯选集》第1卷，人民出版社2012年版，第409—410页。
[3]《马克思恩格斯选集》第3卷，人民出版社2012年版，第773页。

军逐渐被简化为“人才储备军”。剩余的产业后备军“最终沦落为彻底的赤裸生命”。资本主义社会的对抗性关系又被进一步转化为人才储备军与彻底的赤裸生命之间的对抗。资产阶级与无产阶级之间的对抗性关系是资本主义社会中最主要和最真实的对抗性关系，但这一最为真实的对抗性关系在资本主义社会的意识形态中却被遮蔽并转移为现役劳动军与产业后备军之间、人才储备军与赤裸生命之间的虚假的对抗性关系，从而达到维护资本主义社会统治的目的。“现代社会对整个人口的规训与管控最终得以形成。”[1]所以，恩格斯指出：“这支后备军任何时候都是工人阶级在自己同资本进行生存斗争中的绊脚石。”[2]

六、未来社会人类将从必然王国进入自由王国

《社会主义从空想到科学的发展》非常清晰地呈现了两条逻辑线索。一条是由资本主义基本矛盾带来的逻辑主线：资本主义基本矛盾—基本矛盾激化必然导致经济危机—进而引发社会危机—导致无产阶级革命—资本主义灭亡，共产主义胜利。一条是由垄断带来的逻辑辅线：资产阶级采取种种措施—特别是通过建立垄断性的生产组织对资本主义基本矛盾进行调控—但仍然不能改变“两个必然”的历史规律—共产主义一定会实现。这条辅线还可具体细化为：股份公司—庞大的股份公司—托拉斯—国家资本主义—为无产阶级革命准备好了条件和物质基础—无产阶

[1] 王庆丰、苗翠翠：《“产业后备军”的生命政治》，《国外理论动态》2019年第4期。
[2]《马克思恩格斯选集》第3卷，人民出版社2012年版，第662页。

级革命—共产主义社会建立。资本主义基本矛盾是“两个必然”的根本依据、客观依据，垄断是“两个必然”的直接依据、现实依据。这两条逻辑线索归根结底是“两个必然”的逻辑线索。而共产主义社会，由于“物”的高度发达和“人”的高度发展，人类将从必然王国进入自由王国。恩格斯概略地设想了未来社会的基本特征。

第一，生产资料归全社会所有。自从资本主义生产方式在历史上出现以来，由社会占有全部生产资料，就成为空想社会主义者的一种美好向往和积极主张。大多数空想社会主义者提出了生产资料公有制的设想。[1]但是，生产资料公有制只有在实现它的实际条件已经具备（生产力发展到一定阶段，具有较高的水平）的时候，才能成为可能，才能达成历史的必然性。而在共产主义社会，生产力的极大发展，必然要求在生产资料上实行公有制，也就是由全社会直接占有，在生活资料上由个人直接占有，这就是恩格斯所指出的：“一方面由社会直接占有，作为维持和扩大生产的资料；另一方面由个人直接占有，作为生活资料和享受资料。”[2]

第二，社会生产将有计划地进行。资本主义生产是生产资料私有制基础上的商品生产，受价值规律的支配，在竞争作用下整个社会的生产陷入无政府状态。共产主义社会是生产资料公有制基础上的产品生产，整个社会为了满足人们的需要而进行有计划的生产，不需要商品交换，不需要竞争，排除了价值规律。一旦社会占有了生产资料，商品生产就会被消除，而产品对生产者

［1］ 圣西门、傅立叶的资产阶级倾向比较明显，所以他们并不主张未来社会实行生产资料公有制。

［2］《马克思恩格斯选集》第3卷，人民出版社2012年版，第667页。

的统治也将随之消除。原先的社会生产内部的无政府状态，将被有计划的自觉的组织所代替，实现“按照社会总体和每个成员的需要对生产进行的社会的有计划的调节”。[1]

第三，社会生产的目的是满足人的需要。生产目的反映的是为什么人的物质利益而进行生产的最本质的关系，它不是由人们主观愿望来决定的，而是由生产资料所有制的性质决定的。在未来社会，劳动者同生产资料是以联合劳动、共同占有的形式直接结合的，占有生产资料的联合劳动者成了生产过程的主人，他们之间成了平等的互相合作的关系，按照满足共同需要有计划地组织生产劳动，因此，劳动者所创造的全部劳动产品自然是属于劳动者共同所有，为全体社会成员谋福利。因此，由于社会占有了生产资料，凭借社会生产，不仅可能保证一切社会成员有富足的和一天比一天充裕的物质生活，而且还可能保证他们的体力和智力获得充分的自由的发展和运用。

第四，消灭阶级和一切阶级差别，国家将自行消亡。只要生产力水平还不高，只要社会总劳动还不能提供丰富的产品，这个社会就必然划分为阶级，正如恩格斯所言：“社会分裂为剥削阶级和被剥削阶级、统治阶级和被压迫阶级，是以前生产不大发展的必然结果。只要社会总劳动所提供的产品除了满足社会全体成员最起码的生活需要以外只有少量剩余，就是说，只要劳动还占去社会大多数成员的全部或几乎全部时间，这个社会就必然划分为阶级。”[2]社会阶级的消灭是以生产高度发展为前提的。国家的消亡亦是如此。它要经历两个阶段，第一个阶段是无产阶

[1]《马克思恩格斯选集》第3卷，人民出版社2012年版，第811页。

[2]《马克思恩格斯选集》第3卷，人民出版社2012年版，第669页。

级通过暴力革命打碎旧国家机器，旧国家被消灭。无产阶级成为统治阶级，掌握了国家政权。第二个阶段是无产阶级国家，或称新国家、半国家、非政治国家，随着生产力的发展将自行消亡。恩格斯指出："当国家终于真正成为整个社会的代表时，它就使自己成为多余的了。""国家不是'被废除'的，它是自行消亡的。"[1]恩格斯在这里所说的国家就是新国家。

第五，人们自觉地创造自己的历史。"这是人类从必然王国进入自由王国的飞跃。"[2]无论是自然界还是人类社会，其客观规律还没有被人们发现和认识的时候，都是一个必然王国。所谓自由就是对必然的认识。而共产主义，在某种意义上说，也就是为实现人类从必然王国进入自由王国的飞跃提供物质和精神的条件。因为在共产主义社会里，实行了生产资料归社会占有的公有制，消灭了阶级和阶级差别，国家消亡了；生产力高度发达，人们有可能达到高度文明的物质生活和精神生活，生存斗争停止了；科学文化高度发展，人的认识能力、体力和智力得到充分的自由的发展，人们掌握自然规律和社会规律的能力大大提高，终于成为社会和自然界的主人。"只是从这时起，人们才完全自觉地自己创造自己的历史；只是从这时起，由人们使之起作用的社会原因才大部分并且越来越多地达到他们所预期的结果。这是人类从必然王国进入自由王国的飞跃。"[3]

知识链接：

1. 张源：《马克思恩格斯关于早期空想社会主义研究的当代

[1]《马克思恩格斯选集》第3卷，人民出版社2012年版，第668页。
[2][4]《马克思恩格斯选集》第3卷，人民出版社2012年版，第671页。

价值》,《中国井冈山干部学院学报》2020 年第 1 期。

2. 刘海涛:《论社会主义从空想到科学的发展》,《科学社会主义》2018 年第 3 期。

3. 梅荣政:《唯物史观、剩余价值理论和科学社会主义学说——读恩格斯的〈社会主义从空想到科学的发展〉(节选二、三部分)》,《思想理论教育导刊》2013 年第 2 期。

《家庭、私有制和国家的起源》导读

阅读导引

《家庭、私有制和国家的起源》(简称《起源》)，副标题为“就路易斯·亨·摩尔根的研究成果而作”，是恩格斯在马克思人类学笔记的基础上，充分吸收19世纪期间取得重大发展的人类学、民族学、考古学前沿研究成果而写就的。其写于1884年4月至5月之间，于同年10月以单行本的形式在苏黎世出版。《起源》将历史唯物主义理论与史前社会考证研究相结合，是马克思主义人类学、民族学领域最完备成熟的奠基之作，是马克思主义国家学说的经典文本。在《起源》中，恩格斯从唯物史观的视角出发，进一步深化了摩尔根提供的历史素材，阐释了史前社会发展脉络，论述了家庭形式的变迁路径和内在逻辑，揭示了原始社会解体、私有制诞生以及阶级社会出现的历程，从阶级对立出发分析了国家的历史前提与本质特征，进而阐明了国家的存在限度与必然消亡。

1919年7月11日，列宁在斯维尔德洛夫大学作了题为“论国家”的讲演，他在向大学师生推荐恩格斯这本书时说：“我希望你们在研究国家问题的时候看看恩格斯的著作《家庭、私有制和国家的起源》。这是现代社会主义的基本著作之一，其中每一句话都是可以相信的，每一句话都不是凭空说的，而是根据大量的史料和政治材料写成的。”[1]因此，《起源》具有坚实的立论基础，同时，恩格斯也绝非就现有成果进行纯粹的综述整理，正如其在 1884 年 4 月致卡尔·考茨基的信中所说，“如果只是‘客观地’叙述摩尔根的著作，对它不作批判的探讨，不利用新得出的成果，不同我们的观点和已经得出的结论联系起来阐述，那就没有意义了。那对我们的工人不会有什么帮助”。[2]《起源》中不仅补充了大量自主研究的素材，而且阐明了历史研究成果背后的深层机制，提供了理解历史的总体框架，并由此展开了通达未来的理论判断。正是这些理论特质赋予了《起源》在马克思主义思想史上的重要地位。

就写作目的来说，恩格斯创作《起源》主要出于三个考虑，最为直接的是要实现马克思的遗愿。恩格斯在整理马克思生前手稿时发现，1880 年至 1881 年间马克思集中研究了美国学者摩尔根的《古代社会，或人类从蒙昧时代经过野蛮时代到文明时代的发展过程的研究》（简称《古代社会》），作出详细的批注摘要，并且进一步阐发了诸多极具价值的论点。恩格斯在认真阅读这个摘要后认为，《古代社会》为确证他和马克思创立的唯物史观提供了长期空白的史前史素材，并且发现马克思曾经打算围绕摩尔根《古代社会》的研究成果，写一部从历史唯物主义出发阐释人类社会前文明时期发展阶段的专门著作。正如恩格斯在第一版序言中公开声明的那样，“我这本书，只能稍稍补偿我的亡友

[1]《列宁选集》第 4 卷，人民出版社 2012 年版，第 26—27 页。

[2]《马克思恩格斯文集》第 10 卷，人民出版社 2012 年版，第 516 页。

未能完成的工作”。[1]

第二个考虑是驳斥唯心主义历史观和各种关于国家的错误思想。19 世纪的最后三十年，经济危机集中爆发了四次，工人运动也进入一个发展高潮。面对此起彼伏的工人运动浪潮，各种资产阶级思想家宣扬超阶级的国家观、诋毁社会主义和共产主义、美化资产阶级私有制等，包括企图依靠普鲁士专制政府实现自由国家和社会主义社会的拉萨尔派、以伯恩施坦为首宣扬和平改良路线的苏黎世三人团，以及鼓吹阶级合作的英国费边社分子对私有制“天然神圣的合理性”大肆粉饰等。针对这些旨在宣扬私有制和国家在历史中的天然存在，而为资产阶级国家辩护等错误思想，将对国家和私有制起源的历史唯物主义分析推进至原始社会阶段，具有至关重要的现实意义。

第三个考虑是丰富完善唯物史观。当我们从整体上把握马克思主义理论的发展历程时，就可以发现，《起源》的问世是理论发展逻辑的必要环节，其拓展了关于史前史的知识和理论，充实了历史唯物主义的论证素材，使唯物史观更加完善。在《共产党宣言》中马克思恩格斯曾未加限制地认为“至今一切社会的历史都是阶级斗争的历史”[2]，直到 1883 年恩格斯在宣言的德文版序言中对此作出界定，作为阶级斗争的全部历史是“原始土地公有制解体以来”[3]的历史，这个界定在 1888 年英文版序言中进一步完善为“从土地公有的原始氏族社会解体以来”[4]。回顾理论发展过程可以知道，原始社会是不存在阶级斗争的。但马克思、恩格斯写作之初为什么这么写，这是因为在 1847 年，人们对古

[1] 《马克思恩格斯选集》第 4 卷，人民出版社 2012 年版，第 13 页。

[2] 《马克思恩格斯选集》第 1 卷，人民出版社 2012 年版，第 400 页。

[3][4] 《马克思恩格斯选集》第 1 卷，人民出版社 2012 年版，第 380、385 页。

代社会还一无所知，所了解的历史只是有文字记载的历史。随着一些关于史前史和古代社会的材料逐渐被发现和得到研究，人类对史前史的了解也不断增加，而且在研究“东方社会”的过程中，也需要更多的素材支撑，需要对不同历史文化背景、不同发展阶段的人类社会提供革命实践的理论支撑。为了弥补这一不足，恩格斯在马克思人类学笔记的基础上撰写了《起源》，他根据当时关于古代社会的研究材料探究了原始公社的解体和阶级社会的出现等问题，可以说，正是《起源》一书对古代社会的研究，为历史唯物主义拓展了立论的思想素材，把唯物史观的理论视野、适用范围延伸到史前史阶段，为超越西方社会历史背景指导世界共产主义运动提供了马克思主义人类学的理论支撑。又从“两种生产”理论出发，阐释了家庭、私有制、阶级的起源与国家产生的关系问题，为我们深刻把握人与自然关系、人与国家和社会关系提供了重要的理论指导。

一、“两种生产”：生活资料的生产和人自身的生产

“两种生产”理论是恩格斯在《起源》第一版序言中提出的历史唯物主义原理，更是把握《起源》主线脉络的关键所在，学术界长期以来对“两种生产”理论给予了很多讨论，是马克思主义理论研究的一个热点和焦点。

关于“两种生产”的内涵，恩格斯论述的基本内容和思想要旨可以从三个层面加以把握：

首先，“两种生产”统一于物质生产生活。“根据唯物主义观点，历史中的决定性因素，归根结底是直接生活的生产和再生

产。但是，生产本身又有两种。一方面是生活资料即食物、衣服、住房以及为此所必需的工具的生产，另一方面是人自身的生产，即种的繁衍。”[1]关于“两种生产”的正式表述是在《起源》中首次出现的，但相应的思想要素和基本理念却是马克思、恩格斯在更早的研究中逐渐生成的。在《德意志意识形态》关于费尔巴哈一章当中，马克思、恩格斯明确指出“一切人类生存的第一个前提”，即“人们为了能够‘创造历史’，必须能够生活”。[2]这种生活的存在和维系基于两个方面，一方面是物质的生产与再生产，另一个方面是“每日都在重新生产自己生命的人们开始生产另外一些人，即繁殖。这就是夫妻之间的关系，父母和子女之间的关系，也就是家庭”。[3]从这里就能明显看到，马克思、恩格斯的唯物史观是围绕生产物质生活这一实践活动展开对一切历史现象的理解和把握，而生产物质生活包含两个基本方面，一是从事生产活动的主体，即“有生命的个人”，二是物质生产活动的对象，即人的生活资料以及资料的生产工具。物质生产生活这一实践活动的展开与延续，既需要实践主体的生产与再生产，同时也基于生活资料的生产与再生产，于是种的繁衍与生活资料的生产一起构成物质生产生活的两个方面，而不能把它们看作人类历史中的两个独立因素。

其次，劳动生产力是社会形态发展的决定性要素。在任何时代背景下，社会形态的变迁都受到多种因素的交互影响，但是在本质性的维度上划定不同的时代，能够推动人类完全超越一个时

[1]《马克思恩格斯选集》第4卷，人民出版社2012年版，第13页。
[2]《马克思恩格斯选集》第1卷，人民出版社2012年版，第158页。
[3]《马克思恩格斯选集》第1卷，人民出版社2012年版，第159页。

代的根源在于劳动生产力的发展，“劳动越不发展，劳动产品的数量，从而社会的财富越受限制，社会制度就越在较大程度上受血族关系的支配”。[1]这个在血族关系支配下社会形态发生变迁的原始时代，本身是被劳动生产力发展的水平所划定的，在这个阶段内无论有多少因素发挥作用或带来改变，只有劳动生产力方面的突破能够带来根本性的突破。事实上正是如此，随着部落人口增长与技术进步带来的生产力提升，剩余产品较多地、经常地被生产出来，导致“私有制和交换、财产差别、使用他人劳动力的可能性，从而阶级对立的基础等等新的社会成分”[2]日益发展，最终人类走出了原始社会的历史阶段。

最后，开展“两种生产”的组织从统合到分离导致劳动生产力因素进一步凸显。恩格斯指出，从血族社会瓦解到国家诞生的跨越是由生产力要素所决定的，同时，这些导致质变的非血缘要素是在氏族家庭中早已存在并日益积累起来的。“两种生产”的要素同时存在并发挥作用。只不过这个阶段，生产生活是在血缘共同体内部被组织起来的，生育的组织——氏族家庭又是生产的组织，故而生育的逻辑主导着生产组织的形态变化。而随着“以血族团体为基础的旧社会，由于新形成的各社会阶级的冲突而被炸毁”，[3]以地区团体为基层单位的国家成为人类社会的全新组织形态。这时生产生活在家庭外部依靠非血缘的机制组织起来，家庭作为单元镶嵌在这个机制当中，并且受到生产机制发展的影响而变迁。这时生育的组织和生产的组织相互分离，但两个方面依然进行着外部的互动，在两者主次关系颠倒的同时，两者彼此影响导致变迁的交互关系并没有发生改变。

---

[1][2][3] 《马克思恩格斯选集》第4卷，人民出版社2012年版，第13页。

二、家庭的演变促进了社会组织形态的发展

人类社会的组织形态是围绕生产生活实践这一条主线发展变迁的，它表现为前后相继的两个阶段，即野蛮时代与文明时代，在生产力的因素凸显出来并主导社会发展之前，进化论视角下婚姻范围对家庭形式的筛选成为人类组织演化的主要机制，也正是在这个过程中，生产力的发展为私有制、阶级和国家的诞生不断积累着前提条件和基本要素。

恩格斯在充分借鉴摩尔根研究成果的基础上，以希腊、罗马、凯尔特与德意志的原始社会形式为案例，尤其是通过消失的家庭形式保存在亲属制度当中的痕迹[1]，在对资产阶级学者关于家庭的浅薄认知的澄清与批判中阐明了家庭结构的演进。其着重论述了家庭形式变迁过程中的四种基本形态：血缘家庭、普那路亚家庭、对偶制家庭、专偶制家庭，表明了国家起源的不同方式和阶段。

恩格斯分析了血缘家庭的特征，指出血缘家庭是家庭形式的第一个阶段，婚姻集团按照辈分划分，所有的同辈男女都互为夫妻。这种家庭形式，相对于无序的生育状况而言是一种进步，但它只排除了祖父母、父母和子女之间的跨代性关系，对同辈血亲

---

[1] 恩格斯以及他所借鉴的史前史学者，除了在资本主义全球化的边缘地带寻觅原始社会的残留以外，对家庭形式的考证不得不依托于一些间接的材料，其中最为突出的是亲属制度对家庭形式的延迟匹配，多案例分析表明，家庭形式的变迁是主动的，而亲属制度的变迁则是被动的，从而在时间尺度上表现出变迁的黏性与滞后性，所以亲属制度就成了研究家庭形式的化石，从易洛魁部落的亲属制度中可以看到更古老的、在夏威夷部落发现的家庭形式，而夏威夷部落的亲属制度则指向家庭形式更久远的过去。

之间的性关系没有任何限制。

普那路亚家庭是继血缘家庭后第二个进步的体系，它排除了亲兄妹之间的性关系。一个家庭公社中同辈的男男女女，将向外婚配至若干家庭公社的全部同辈（即同辈男性中排除了她们亲兄弟以外的部分），婚姻关系拓展至其他家庭公社，与此相对应的是，人们熟悉的侄儿、外甥等亲属称谓首次有了现实意义。在恩格斯看来，这一家庭形式的发展是人类文明史至关重要的进步，因为它直接引起了氏族的诞生。普那路亚家庭首先排除共母之下同胞儿女之间的婚姻，而后逐渐扩展至血亲关系较为疏远的若干兄弟姐妹，直至形成母系氏族家庭，因为亲兄妹之间的性关系一经排除，那就必然意味着“家庭共同体”不断内部分裂，导致新的家庭公社的建立。故而“氏族就是由这一进步直接引起的，而且远远超出了最初的目的，它构成地球上即使不是所有的也是大多数野蛮民族的社会制度的基础”。[1]

由此可见，原始社会的唯一社会关系起初只有血缘家庭，在此基础上发展出了氏族这一新的社会关系，而氏族出现之后，胞族、部落等新的社会组织由此萌发、生成，人类的社会关系日益复杂多样，社会组织形态越来越丰富。

在普那路亚家庭向氏族社会转变的过程中，对偶制的因素已经悄然发展出来，比较显著的在于抢亲或劫掠妇女，一名男子在同伴的帮助下劫得妇女，同伴可以轮流与该妇女发生性关系，但最终这名妇女主要被当作劫亲发起者的妻子。这种含有“主妻”意味的群体性关系，即为对偶制的端倪。

对偶制即成对配偶制，在这种家庭形式下，群体性的相互性

[1]《马克思恩格斯选集》第4卷，人民出版社2012年版，第46页。

关系依然存在。但在这个基础上,一名男子和一名女子互为主夫和主妻,成双成对的自由松散的同居开始出现。对偶制产生于蒙昧时代和野蛮时代交替时期,是野蛮时代的主要家庭形式。这种形态之所以出现,在于氏族社会在进化论机制下日渐发展,由于这个禁婚共同体所需要实现的目标越来越精细复杂,需要排除婚姻关系的对象越来越广泛,为了实现这种禁婚所实行的家庭组织形式愈发繁杂,相应的婚配机制与亲属制度日渐难以执行,最终使得群婚形式从历史中逐渐消失。对偶制的发展,使婚姻越来越排除血缘关系,而更多地建立在没有血缘关系的氏族之间,促进了部落之间的融合。

在对偶制发展后期,“家畜的驯养和畜群的繁殖,开发出前所未有的财富的来源,并创造了全新的社会关系”。[1]而对偶制明晰了丈夫的父亲身份,丈夫负责家庭的食物生产,并因此取得了相关劳动工具的所有权,男性在家庭中的地位日渐重要起来。丈夫权力地位的提升,带来的是父权制对母权制的替代,父系继承权的落实要求明晰确切的父子关系,这就导致了对偶制以及母权家系的衰落,从而走向专偶制家庭。

专偶制家庭是在野蛮时代中级阶段和高级阶段交替的时期内,从对偶制家庭中产生的,是以丈夫的统治权为基础的父权制社会。由于男子对劳动工具的占有和家庭地位的上升,子女的继承权成为父权制社会必须解决的问题,单个女性只属于特定男性就成了这种社会的必然要求。专偶制家庭不仅将家庭的中心由母亲转向父亲,而且由此建立起的子女财产继承关系,促进了财富向家庭的聚集。因此,恩格斯指出,“专偶制是不以自然条件

[1]《马克思恩格斯选集》第4卷,人民出版社2012年版,第62页。

为基础，而以经济条件为基础，即以私有制对原始的自然产生的公有制的胜利为基础的第一个家庭形式”。[1]以这种经济条件为基础的专偶制家庭形式，实现了财富的家庭聚集，家庭日益成为一种与氏族对立的力量。不断增强的家庭财富和家庭势力，使得原始的以共产制为基础的社会结构遭受侵蚀，氏族制度得以存在的经济基础遭到破坏，从而使财产和财富对社会制度的发展发挥重要作用，推动氏族社会结构开始解体。家庭开始成为社会的经济单位，推动社会组织形态从原始社会向奴隶社会过渡，也就是由无国家社会向有国家社会发展，推动了国家的产生。

三、三次大分工促进了私有制与阶级的产生和发展

从家庭形式发展变迁的历史中，可以认识到，无论私有制还是阶级，都并非天然的，而是人类社会发展到一定阶段的产物。在氏族社会（更不用说在这之前的历史阶段）中，人们共有土地与劳动工具，共同地消费他们共同劳作所获得的产物，并且在这种血缘亲族的共同体中，不存在任何它无法化解的持续冲突和对立，也不存在任何奴役和统治的基础条件。由于“分工和私有制是相等的表达方式，对同一件事情，一个是就活动而言，另一个是就活动的产品而言”，[2]因此私有制以及相伴而来的阶级，都是在生产力逐渐提高的过程中生成的，是在新的生产领域出现并带来分工的过程中不断发展的。

---

［1］《马克思恩格斯选集》第4卷，人民出版社2012年版，第75页。

［2］《马克思恩格斯选集》第1卷，人民出版社2012年版，第163页。

游牧部落与其余野蛮人群的分离，促进了剩余产品的增加和私有制的发展。第一次社会大分工源于畜牧业的出现，最初是畜牧业从采集业与狩猎当中独立出来。而由于分工并不是在各个部落中同时发生，这个过程就表现为游牧部落从其余的野蛮人群中分离出来。第一次分工意味着人类赖以为生的生活资料——果腹的食物和御寒的皮草——不再依靠自然的自发生成与充满偶然性的采猎活动了。这类基本生活资料的生产机制本身作为一种资源被人类掌握了，从而具备了通过积累生产资源、改进作用于资源的工具以提高产量的可能性。正是基于这一点，畜牧业代表着的第一次社会大分工，从根本上开启了提升生产力水平的全新历史阶段，并有效地推动了生产水平的提高，促进了社会关系的发展。

也正是在这个生产力不断发展的过程中，剩余产品终于能够被较多地、经常地生产出来，这带来几个方面的显著变化：

首先，剩余产品直接为私有制提供了物质基础。这里至关重要的首先不是牲畜所生产出的剩余产品（肉、奶、皮草），而是能够生产剩余产品的牲畜，其一经占有就能源源不断地产出，而且不像取水的湖泊、猎取动物的林区那样难以排除他人使用，排他性成本很低，充分显示了独占的价值，促进了财富积累和集中的速度。

其次，畜牧的发展带动了一系列生产领域的进步。畜牧业提供的剩余食品、皮毛，推动了纺织业以及金属冶炼加工的发展，虽然金属制品的水平还不足以完全排挤石器，但已经在穿戴和装饰中广泛出现。并且由于畜牧业的需要，以提供牧草和饲料为目的的种植业发展起来，这些作物在供给牲畜的同时，也逐渐成为人类食物的来源，进而推动了农业的进步。

第三，交换形式不断进步。在更早的阶段，只有偶然的交换；随着生产生活资料的增多，经常交换开始成为可能。起初交换主要在部落内部进行，在畜牧业发展起来后，交换开始在不同部落之间展开；当牲畜变成私有财产时，“个人交换便越来越占优势，终于成为交换的唯一形式”[1]。随着交换的发展，牲畜具有了货币的职能，商品（以交换为目的的产品）经济也出现了萌芽。

第四，阶级对立与奴隶制度一并出现。第一次社会分工推动了各个领域生产力的发展，当“人的劳动力能够生产出超过维持劳动力所必需的产品”[2]时，或者按照现代经济学的表述来说，人力投入的边际产出大于个体最低消耗时，战俘就从被杀死的命运转为被奴役的命运，奴隶制就这样诞生了。这时人类社会第一次出现了持续的、稳固的压迫性机制，社会被分裂为两个阶级：主人和奴隶、剥削者和被剥削者。

第五，父权制逐渐取代母权制。家庭内部最初基于性别进行分工，男性负责外部的食物猎取和资源采集，而女性主要负责家庭内部的工作，并且各自掌握相应的生产工具。大型牲畜既是男性在外活动时驯化的，也是从事家庭外部生产的工具。而原始社会最初的稳定剩余产品，正是由男性所掌握的牲畜带来的，于是私有制偶然地从男性的分工领域中产生，并逐渐转化为相应的权利与权力。这种权力要求自己的财产能够获得确切的继承关系，如此一来母系下的群婚制就逐渐向父权下的专偶制过渡了。这个过程中个体家庭日渐从氏族共同体中独立出来并与之形成对抗。这种对抗是基于家庭占据的非公有财产来进行的，同时又反过来推进了私有制的进一步发展。

---

[1][2]《马克思恩格斯选集》第4卷，人民出版社2012年版，第177页。

手工业和农业的分离加速了土地公有制的瓦解。在生产力经由第一次分工日渐发展，生产剩余逐步增长的过程中，金属冶炼的进步终于带来了铁器的成熟与普及。同时，农业的发展导致作物的丰富，原材料种类日渐繁多，加工不同原料实现不同功用的分工日趋精细化与专业化，手工业从业者的数量需求和专业性要求一并增长，这就导致了第二次社会大分工：手工业和农业的分离。

首先，与分工发展相适配的商业交换及货币机制开始出现。农业与手工业两大主要部门的划分一出现，就必然进一步推动交换行为的经常化和稳定化，由此“直接以交换为目的的生产，即商品生产”就出现了。贸易的形式也不断丰富起来，部落内部、部落之间甚至海外贸易都随之而来，贵金属成为普遍占优的货币商品。当然这时金属货币还没有超出自己的自然实物属性（重量），发展出铸造货币这种抽象的符号形式。其次，原有的阶级对立进一步深化，新的阶级对立逐渐发展起来。原本在生产活动中零星投入使用的奴隶“不再是简单的助手了；他们被成批地赶到田野和工场去劳动”[1]，奴隶制规模化为社会制度的根本组成部分。与此同时，随着分工的深入、剩余产品的增多和财富的聚集，在自由民内部穷人和富人的阶级对立出现了。最后，作为家族的个人之间的财富差别，瓦解了原始家庭公社中的土地公有制，公共土地从暂时的家庭所有逐渐转化为完全的、永久的私有财产。

专门从事产品交换的阶级的出现，造成了阶级对立的日益尖锐化。经过两次社会大分工，人类迈入了文明时代的门槛，生产力的发展与分工的精细化不断相互推动，连接各个生产部门的商业越发不可或缺，从而产生了第三次社会大分工，即商业从整个

[1]《马克思恩格斯选集》第4卷，人民出版社2012年版，第180页。

生产领域分离出来。这种分离把阶级对立推向了前所未有的程度。首先，阶级对立发展到全新的历史阶段。在之前的社会分工中，一切阶级对立都还只是生产者之间的分化与对立，但商人阶级的出现，意味着一个完全脱离生产的阶级来到世间，并且这个为了连接生产而出现的阶级反过来凌驾于一切生产部门和生产者之上。其从买入和卖出两个方向同时进行剥削。其次，私有财产的聚集速度前所未有地加快了。在商业的逐渐发展中，充当价值尺度的贵金属商品获得了更趋完备的货币形式——铸币，一种超出实物的抽象符号成为全部生产生活膜拜的偶像，将一切实物商品贬低为自己虚幻的投影。它首先通过统治自己的直接奴仆——商人，继而统治在商人支配之下的整个社会；与此同时，土地在归于个体家庭的小生产者后，这种私有权进一步发展为彻底的形态，即转让和出卖的权利，并催生出面向地权抵押的高利贷和越发庞大的无产者队伍。以土地为主的全部财富在货币那里的抽象化，极大加快了财富聚集的速度和可能的规模，阶级间的分化与对立被进一步扩大了。最后，阶级对立的不断加剧促进了国家的诞生。随着商业贸易的发展，贫富日益分化，阶级也不断分化，少数人因为掌握着大量财富而日益成为社会的统治阶级，大众则由于贫困变成劳动者阶级、被剥削的阶级。随着阶级的划分，“奴隶的强制性劳动构成了整个社会的上层建筑所赖以建立的基础”[1]。随着阶级的日益分化，氏族制度也开始变化。由于商业活动的发展，氏族的稳定生活状态遭到破坏；社会结构开始变化，新的需要和利益产生，新的社会机构也不断产生；氏族部落内部出现阶级对立、利益冲突，阶级斗争日趋激烈，阶级关系开始塑造社

[1]《马克思恩格斯选集》第4卷，人民出版社2012年版，第184页。

会结构，主导着社会的运转；为了防止社会的解体，第三种力量开始出现，它将阶级斗争限制在一定范围内，国家由此诞生。

四、国家是社会在一定发展阶段上的产物

私有制的产生导致了阶级分化和阶级对立的出现，导致了国家的产生。恩格斯根据唯物史观分析了家庭、私有制和国家产生的三种形式之后，对国家怎么来的、是什么、有什么用、走向何方等问题进行了集中阐述。

恩格斯在《起源》中对国家作了经典阐述，阐明了马克思主义关于国家理论的基本主张。“国家是社会在一定发展阶段上的产物；国家是承认：这个社会陷入了不可解决的自我矛盾，分裂为不可调和的对立面而又无力摆脱这些对立面。而为了使这些对立面，这些经济利益互相冲突的阶级，不致在无谓的斗争中把自己和社会消灭，就需要有一种表面上凌驾于社会之上的力量，这种力量应当缓和冲突，把冲突保持在‘秩序’的范围以内；这种从社会中产生但又自居于社会之上并且日益同社会相异化的力量，就是国家。”[1]我们可以从中把握国家的起源、国家的本质和国家的功能。

首先，国家不是从来就有的，是社会发展到阶级矛盾不可调和阶段的产物。人类社会在私有制产生之前，是没有国家的，当时社会的存在形式是以家庭为基础的无国家状态。但随着生产的发展，家庭结构形式的演进，人类社会的组织结构也发生了变

[1]《马克思恩格斯选集》第4卷，人民出版社2012年版，第186—187页。

化。特别是随着私有制的出现，产生了阶级分化和阶级对立，而阶级矛盾的不可调和性呼唤着一种新的力量来解决这一问题。“在经济发展到一定阶段而必然使社会分裂为阶级时，国家就由于这种分裂而成为必要了。”[1]为了避免各阶级之间斗争的零和乃至负和博弈，不至于出现“把自己和社会消灭”的情况，国家应运而生。我们看到，国家是为了维护统治阶级利益，继而也是为了维护社会的总体利益而产生的，因此国家在具有阶级性的同时又具有了一定的公共性。

其次，国家具有“缓和冲突”的重要功能。国家由阶级矛盾和阶级斗争而产生，虽然国家的产生并不意味着矛盾的解决，但它作为一种从社会中产生的力量，就要发挥调和“经济利益互相冲突的阶级”之间矛盾的作用，就要建构一个有秩序的社会。从这可以看出，国家的功能就是通过建构秩序来缓和冲突和矛盾，国家是驾驭阶级社会的力量。当然，我们可以继续思考，国家如何建构秩序？又何以能够建构秩序？这就涉及国家的本质问题。国家代表的是在“经济利益互相冲突”中居于主导地位进而居于统治地位的阶级的利益，按照人类社会发展演进的社会形态而言，就是代表奴隶主阶级、封建主阶级和资产阶级的利益，而不是被压迫者的利益。这里需要记住国家产生的前提，是私有制的出现，是阶级的分化与对立。恩格斯强调，国家“是最强大的、在经济上占统治地位的阶级的国家”，“这个阶级借助于国家而在政治上也成为占统治地位的阶级，因而获得了镇压和剥削被压迫阶级的新手段”。[2]由此国家获得了能够建构秩序的力量。所以，

---

[1]《马克思恩格斯选集》第4卷，人民出版社2012年版，第190页。

[2]《马克思恩格斯选集》第4卷，人民出版社2012年版，第188页。

国家是阶级统治的工具，是统治阶级借以统治被统治阶级的工具。另外，国家作为完全不同于其他社会组织的一种存在，是由暴力机器即军队、警察、监狱等暴力组织构成的，由此国家又获得了强制力的属性，使得它能够成为强迫一部分人服从另一部分人的强力工具。由此国家至少获得了两个方面的力量：即经济上居于主导地位的统治阶级的力量，以暴力组织为强制力构成的国家机器力量，由此国家成为一种表面上凌驾于社会之上的力量而具有重要的功能。

第三，国家具有相对自主性。国家一经产生就具有其相对自主性。国家“是从控制阶级对立的需要中产生的，由于它同时又是在这些阶级的冲突中产生的”，[1]所以国家不仅是阶级对立、阶级冲突的产物，而且是控制阶级对立、阶级冲突的产物。国家因此就成为从社会中产生，又与相互冲突的各阶级相区别的、站在各阶级之上的第三种力量，从而日益与社会相脱离相异化，呈现出自己的行动逻辑和发展规律。也就是说，认识和了解任何时代的任何国家，都要从它的社会基础入手进行分析，却无法完全还原为纯粹的社会结构和阶级状况分析。这是因为，国家一方面与自己的社会基础相分离，一方面也部分独立于经济上的统治阶级。首先，正如恩格斯在分析氏族制度解体的过程中，强调的氏族制度的机关逐渐脱离了自己赖以存在的社会基础，而日益“转化为自己的对立物：它从一个自由处理自己事务的部落组织转变为掠夺和压迫邻近部落的组织，而它的各机关也相应地从人民意志的工具转变为独立的、压迫和统治自己人民的机关了”。[2]正

[1] 《马克思恩格斯选集》第4卷，人民出版社2012年版，第188页。

[2] 《马克思恩格斯选集》第4卷，人民出版社2012年版，第181页。

是这种与“人民意志”的脱离、对立和异化，使国家与社会日益脱离并成为一个与社会相对立的力量的实质所在。[1]其次，政治与法作为统治阶级的合法外壳，需要具备专门知识和技能的专门人群履行职能，这个群体的自身利益从根本上依附于统治阶级，但两者并不总是完全一致，两相结合互利互惠中伴随着不间断的内部博弈。最后，阶级统治的合法性在于承担公共事务、履行公共职能，这种公共性的发挥程度决定了阶级统治稳固与否，如此这种公共职能的发挥和短期的、部分的统治阶级必然存在矛盾，由此显现出政治机构决策与阶级利益相悖的局部表象。

而正是这一实质，决定了国家只能是统治阶级的国家，是统治阶级借以压迫被统治阶级的工具。

总而言之，国家不是从来就有的，它是社会发展到一定阶段的产物。在社会分裂为阶级时，随着阶级斗争的发展，国家逐渐出现。恩格斯指出，现代国家已经发展到资本主义阶段，无产阶级和资产阶级之间的斗争日趋激烈，无产阶级革命将会消灭阶级和阶级斗争，国家也会随着阶级的消失而趋于消亡。随着国家退出历史舞台，人们将在自由平等的联合体的基础上组织社会，实现自由全面的发展。

五、国家从氏族社会中产生的三种不同形式

在《起源》中，恩格斯描述了国家产生的三种主要形式：雅典国家、罗马国家和德意志人国家，以此来探讨国家的起源和发

[1] 见王沪宁等：《政治的逻辑》，上海人民出版社2016年版，第194—198页。

展。通过剖析这三种国家形式,我们可以把握国家发展的历史脉络,明晰国家的起源与基本性质。

第一种国家产生形式:雅典国家的产生。恩格斯指出,要理解国家如何取代氏族制度的机关,公共权力如何代替氏族部落的武装组织,最好从古雅典入手加以研究。他指出,雅典是最纯粹、最典型的国家形式,它是从氏族社会内部的阶级对立中产生的。因此,我们要回溯古雅典的历史,分析它的生产发展、所有制形式和阶级斗争的历史,进而明晰国家是如何诞生并发展起来的。

在英雄时代,雅典的土地私有制已经出现,商品生产逐渐兴起,海上贸易日益繁盛,农业和手工业、商业和航海业不断发展。氏族成员开始杂居,移民现象出现,氏族制度机关的活动被打乱。为了便于管理,雅典设立了中央管理机关,由共同的议事会来处理共同的事务。各部落开始融合为单一的民族,民族法在雅典普遍适用,氏族制度开始瓦解。另外,全体人民被分为三个阶级:贵族、农民和手工业者。其中贵族独占公职权力。氏族社会开始被阶级国家代替,阶级对立和斗争也愈发凸显。

随着雅典政制的发展,巴赛勒斯一职逐步废除,贵族选举执政官充当国家首脑,贵族统治日益强化。公元前600年前后,货币经济日益发达,贵族掌握着大量财富,阶级对立日益尖锐,农村公社的以自然经济为基础的传统生活方式逐渐被破坏,氏族制度进一步瓦解。随着商品经济的发展,个人土地所有制逐渐出现,货币和普遍的商品交换日益兴起,各种生产部门之间的分工也充分发展起来,居民之间依据职业分工形成稳定的利益集团,奴隶制渐渐崛起,古老的氏族制度走到了尽头。

当氏族制度无法管理社会时,国家逐渐发展起来,它形成自己的军事力量，设立公共权力，按照地区来划分人民。梭伦的政治改革推动了雅典国家的形成和发展。恩格斯对此评论道："迄今的一切革命，都是为了保护一种所有制而反对另一种所有制的革命。"[1]

随着工商业的发展，"一方面形成了新阶级即从事工商业的富人对旧的贵族权力的胜利竞争，而另一方面，也使旧的氏族制度的残余失去了它的最后地盘"[2]。以自治为基础的地域化的新制度代替了原有的氏族部落。全阿提卡被划分成100个自治的区域，每个区域的公民选举产生自己的区长、司库和法官等，并由各个自治的区域组成更大的地区部落，再由地区部落选举代表组成雅典议事会。这就是雅典500人议事会，被用来管理雅典国家。雅典的人民大会拥有最后一级管理权，雅典公民可以参加人民大会并享有投票权；执政官和其他官员掌管各行政部门和司法事务。社会结构的分化已经按照地域具有了严格的层级。

恩格斯指出，"国家的本质特征，是和人民大众分离的公共权力"[3]。随着雅典政制的发展，奴隶和自由民之间的对立、被保护民和公民之间的对立日趋尖锐，雅典的公共权力最终被排斥自由公民劳动的奴隶制推向灭亡。

第二种国家产生形式：罗马国家的产生。在古罗马，最初的制度是由300个氏族酋长组成的元老负责处理公共事务，人民大会有立法权，讨论通过法律，决定宣战、判处死刑等。在王政时

[1]《马克思恩格斯选集》第4卷，人民出版社2012年版，第129页。
[2]《马克思恩格斯选集》第4卷，人民出版社2012年版，第131页。
[3]《马克思恩格斯选集》第4卷，人民出版社2012年版，第132页。

代，罗马以氏族、胞族和部落为基础，实行军事民主制。罗马通过不断征战，地区不断扩大，人口不断增加。新增人口主要是外来移民和拉丁人民，他们人身自由，可以拥有地产，需要纳税和服兵役，但不担任官职，无权参加库里亚大会，“构成被剥夺了一切公权的平民”[1]。

塞尔维乌斯·土利乌斯仿照梭伦改制，设立了新的人民大会；是否能参加人民大会，依是否服兵役而定。服兵役的男性按照财产分为六个阶级，前五个阶级是有产阶级，第六个阶级为无产者；公民按照军事连队方式编组，组成百人团，每个百人团拥有一票否决权；每个阶级都抽出不等数量的百人团，共同组成新的百人团大会，掌握以前库里亚大会的一切政治权利。另外，罗马设立四个地区部落，取代三个旧的血族部落，“一个新的、以地区划分和财产差别为基础的真正的国家制度”[2]最终取代了以个人血缘关系为基础的古代社会制度。在塔克文被驱逐之后，两个执政官取代一个执政官共同执政，百人团大会制度进一步发展，罗马共和国也不断演变。伴随着贵族和平民之间的斗争，罗马由共和国逐渐发展到帝国阶段。

第三种国家产生形式：德意志人国家的产生。在德意志人定居日耳曼尼亚之后，人口迅速增长，工业不断发展，商业贸易日益繁盛，地域版图不断扩大，罗马帝国日渐式微。随着罗马的衰落，帝国内部阶级斗争日趋激烈，剥削压迫空前绝后，工农业生产降至更低的水平，古典时代的奴隶制已经过时。德意志人占领了罗马人大部分土地，开始建立自己的国家。

[1]《马克思恩格斯选集》第4卷，人民出版社2012年版，第143页。
[2]《马克思恩格斯选集》第4卷，人民出版社2012年版，第145页。

土地所有制方面：土地分配按照氏族制度进行，一部分归全体人民占有，一部分归各个部落和氏族占有。氏族内部通过抽签的方式平均分配耕地和草地，森林和牧场则共同使用。氏族在村落里定居下来，德意志人和罗马人逐渐融合，地区联系取代亲属联系。

组织管理方面：德意志人成了罗马各行省的主人，他们建立新的国家以代替罗马国家，为此，氏族制度机关转化为国家机关，军事首长管理着被征服的地区，王权逐步建立。以法兰克国王为例，他从军事首长变成了君主，把人民财产变成了王室财产，赏赐给自己的扈从，靠牺牲人民为新贵族奠定基础。国王的固定亲信代替了氏族酋长议事会，下级军事首长和新贵的会议代替旧的人民大会，新贵的仆从组成军队并取代自由农民组建的卫国军。

阶级关系方面：自由农民因战争和掠夺而破产，被迫将土地所有权交给保护人，逐步丧失人身自由，最后沦落为农奴。农业和工业发展水平很低，城市无法统治农村。“这样一个总的状况，必然产生居于统治地位的大地主和依附的小农。”[1]

恩格斯指出，德意志人的野蛮状态和氏族制度为垂死的欧洲注入了新的生命力。他们的个人才能、勇敢、自由意识和民主本能，造就了新的国家；他们改革了专偶制的古代形式，减轻了男权统治下的性别压迫，提高了妇女的地位；他们以马尔克公社形式保存下来一部分氏族制度，并带到封建国家中；他们发展了比较温和的隶属形式，为被奴役者提供了一个使自己作为阶级而逐渐获得解放的手段，大大胜过了奴隶制。[2]总之，处在野蛮时代

[1] 《马克思恩格斯选集》第4卷，人民出版社2012年版，第171页。

[2] 《马克思恩格斯选集》第4卷，人民出版社2012年版，第173页。

高级阶段的德意志人，为罗马世界带来了新的生命力。

六、国家的本质是阶级专政

恩格斯在《起源》对国家的本质进行了多角度的分析，无论是国家的起源还是国家的功能，都反映和体现了国家的本质。

国家是建立在私有制的基础之上并为占有生产资料的阶级而服务的工具。原始社会末期，私有制导致了贫富差别，导致了对生产和生活资料占有的差别，进而演化为阶级的差别和对立，为了维护少数人对生产资料的占有，原始的氏族管理机构逐渐与自己植根其中的氏族、胞族和部落土壤相脱离，而逐渐演变为自己的对立物，成为一个关注氏族公共利益的机构，“转变为独立的、压迫和统治自己人民的机关了”。而在对外关系的处理上，氏族也从一个主要关注自己事务的部落组织，演化为一个“掠夺和压迫邻近部落的组织”。[1]特别是经历了三次社会大分工，人类社会生产力和生产关系发生了巨大变化，促使这种压迫和掠夺斗争日益尖锐化，进而使氏族制度因无法解决这些矛盾和冲突而走到了它的终点，随之而来的是国家的产生。所以，国家作为阶级矛盾不可调和的产物，其产生的这种阶级场域决定了其鲜明的阶级属性，而阶级的对立必然使经济上居于主导地位的阶级占有优势而上升为统治阶级。正如恩格斯所指出的，“它照例是最强大的、在经济上占统治地位的阶级的国家”。[2]因此，这就决定

［1］《马克思恩格斯选集》第4卷，人民出版社2012年版，第181页。
［2］《马克思恩格斯选集》第4卷，人民出版社2012年版，第188页。

了国家的本质首先是阶级统治的工具，是经济上居于统治地位的阶级维护其利益的工具。

阶级社会的国家是有产阶级用来压迫无产阶级的组织。恩格斯分析了奴隶主国家、封建国家以及现代资本主义国家的本质，认为只要存在阶级和阶级对立，国家就是统治阶级用来镇压、剥削被剥削阶级的机关。分析历史可以发现，无论是何种形式的国家，统治阶级掌握国家政权是普遍的规律，其"借助于国家而在政治上也成为占统治地位的阶级，因而获得了镇压和剥削被压迫阶级的新手段"。[1]对于资产阶级共和国，马克思、恩格斯都进行过分析，指出其是资本以雇佣劳动为基础剥削压迫无产阶级的最好外壳，是依靠官吏和国家的资本化以维护资本利益的方式。因此，马克思、恩格斯指出，"现代的国家政权不过是管理整个资产阶级的共同事务的委员会罢了"。[2]

国家是和人民大众分离的公共权力。从恩格斯对国家起源的分析，可以看到国家是为了维护各阶级和社会的共同需求而产生的，因此国家也就理所当然地具有了公共职能，国家权力也就成了公共权力。恩格斯分析国家起源时，一个重要的视角就是从公共权力的演化看国家的产生。他指出，在原始社会就存在公共利益和公共事务，但这些职能主要是由全体成员来共同承担的。这时公共权力的行使具有社会自治的性质，是非对抗性的、非强制的。但作为阶级矛盾不可调和的产物的国家，则是一种特殊的公共权力。国家作为特殊的公共权力是与个人利益和社会的普遍利益相违背的，它所维护的是有产阶级剥削无产者的权利，并

[1]《马克思恩格斯选集》第4卷，人民出版社2012年版，第188页。
[2]《马克思恩格斯选集》第1卷，人民出版社2012年版，第402页。

通过国家机关的完善使这种统治永久化，“而这样的机关也就出现了。国家被发明出来了”。[1]这种国家机关所具有的公共权力的性质，再也不是原始社会居民公共利益的体现，而是由武装的人和各种强制机关构成的暴力组织，国家通过发挥公共职能来合法地使用暴力、实施压迫、维护特权统治。国家产生以后，使一部分人服从另一部分人的手段就是暴力和强制，借以进行阶级统治的主要力量，就是国家的暴力机器。国家不仅包括武装的人，还包括物质的附属物，这就是说，不仅有军队、警察，还有监狱等强力设施。因而国家具有明显的欺骗性和虚伪性，其所标榜的公共性只不过是统治阶级借以维护自身利益的遮羞布，国家在本质上是与人民大众相分离的公共权力。[2]

但这种公共权力又具有一定的社会性，因为国家是从社会中产生的，这就使得公共权力从社会领域向国家领域的转变过程中，是以社会的面貌出现的。原始社会一直存在的公共事业和公共权力，是以居民的普遍利益为基础的公共管理活动，但随着私有制和社会分工的发展所带来的阶级分化和对立而不断异化，使之演变为经济上具有主导地位的阶级通过暴力机器统治经济上处于从属地位阶级的政治工具。这样，公共权力以经济上居于统治地位的阶级占有的方式最终实现了阶级和结构的建构，实现了从社会性向政治性的转变，最终使国家这一虚幻的共同体战胜了氏族公社，而成为公共权力的代表者。在这一过程中，所谓的公共利益是与原始社会的公共利益完全不同的，事实上是经济上占据主导地位的那个阶级的利益，只不过是以公共利益的虚假面目

[1]《马克思恩格斯选集》第4卷，人民出版社2012年版，第123页。
[2]《马克思恩格斯选集》第4卷，人民出版社2012年版，第132页。

出现的，而维护这种特殊利益的是“特殊公共权力”，也就是国家。因此，马克思恩格斯称国家是“虚幻的共同体形式”。

七、国家是从社会分化出来的管理机构

国家是社会发展到一定阶段的产物，除了从阶级的角度进行分析，还可以从社会分工的角度分析，这个阶段包含着社会分工的发展。也就是说，国家是社会分工的产物。从恩格斯在对国家的经典阐述中，我们看到，国家因避免社会被瓦解而出现，那么，为了这个无论真实还是虚伪的原则，国家承担着缓和矛盾、控制冲突、建构秩序的功能。因此，从国家功能的角度看，国家是从社会分化出来的维护公共利益、管理公共事务的机构，是公共权力的化身，承担着调和阶级矛盾和管理社会的公共职能。

随着社会公共利益的扩大和日益复杂化，以及社会分工的分化，对公共权力的需要日益突出。而这种公共权力的成长，为国家的产生提供了前提。恩格斯指出，“国家是以一种与全体固定成员相脱离的特殊的公共权力为前提的”。[1]大规模的社会分工，促进了各种新的公共利益的产生与公共权力的成长。恩格斯在分析雅典国家的产生时指出，由于社会分工的发展，促使“居民现在依其职业分成了相当稳定的集团；其中每个集团都有好多新的共同的利益，这种利益在氏族或胞族内是没有存在的余地的，因而就需要创设新的公职来处理这种利益”。[2]也就是说，新的

[1]《马克思恩格斯选集》第4卷，人民出版社2012年版，第107页。
[2]《马克思恩格斯选集》第4卷，人民出版社2012年版，第128页。

社会分工带来的新的共同利益，已经日益超出氏族制度的范围，需要一种与新的共同利益相一致的权力来加以处理，于是各种新的职位和机构开始设置起来，使得这些因社会分工而聚集在一起的人们不再是以血缘为基础而共同生活和居住，由此造成了越来越多的社会事务。对这些社会事务进行管理，就使国家履行社会职能成为可能。

专门从事公共事务管理的阶层随着社会分工的发展而产生。随着社会生产和社会分工的发展，社会利益日益复杂化和多元化，对新的职位和机构的要求越来越多，也就逐渐产生了专门从事公共事务管理的阶层，并出现专门的管理职位，促使在社会服务职位之上又产生了对它们进行管理的机构。于是，专门从事社会公共事务管理的活动，就从其他社会活动中独立出来，而成为一种以公共利益为表征的公共权力。但这种公共权力总是以具体的职位和从事管理的人的面目出现。在原始社会末期，这些公共权力职位往往由氏族中处于管理地位的人所占有，甚至成为氏族内部拥有财富和势力的家族的特权。由此，以各种不断产生的公共利益为服务对象的公共权力及其掌控者，超越了氏族的边界，逐步异化为特定集团的权力，逐步向国家过渡。特别是官吏掌握着公共权力和税收权力，是与社会相异化的力量代表，凭借法律享有“神圣”的统治地位。相较于氏族公社站在社会之中，国家官僚机构则居于社会之上。

可以说，专门从事管理的特殊阶层和特殊机构的形成，推动国家从可能走向现实，促进了作为公共权力象征的国家的产生。

在公共权力从社会领域向国家领域上升的过程中，城市的出现和发展具有重要意义。城市的出现，使生产、市场、人口等都聚集起来而形成规模效应，对公共权力的集中统一提出了新要求。"随着城市的出现，必然要有行政机关、警察、赋税等等，一句话，必然要有公共机构，从而也就必然要有一般政治。"[1]专门从事社会管理的公共机构的出现，意味着占据社会管理职位的人能够继续上升，从而以维护公共利益的公共机构的面貌出现。但必须看到，这种对公共职位和公共机构的占有过程，事实上是私有制产生之后，其被在财富占有和权力占有方面具有优势的人群所获得。即拥有社会财富和氏族权力的人，逐渐上升为统治阶级。也就是说，国家本质上是统治阶级的工具。在这一过程中，国家履行社会管理的职能本质上是为了维护经济上居于主导地位的统治阶级的利益，只不过它是以公共利益的虚假面目出现的，而维护这种特殊利益的是"特殊公共权力"，也就是国家。

所以，国家作为阶级矛盾不可调和的产物，其本质就是阶级统治的工具，但阶级统治功能的实现以执行社会管理职能为前提，因为国家是以公共利益、公共权力的面目出现的。当然，国家的本质决定了其进行社会管理也是为了更好地维护统治阶级的利益。因此，国家所具有的政治统治职能和社会管理职能是相辅相成的，在阶级社会中两者缺一不可。

通过简要的分析，我们发现，正是氏族中的共同利益和公共活动从社会自治服务的领域不断上升到国家领域之中，使国家有了"公共"的依托。但这一公共性因为私有制的存在而被异化为具有鲜明阶级性的政治统治，使国家成为剥削压迫被统治阶级的工具。但这一公共性并未因此而完全丧失，它以社会发展需要"秩序"的方式反射到国家之上，使国家承担起社会管理的职能来防止社会的失序。由此我们看到，从社会分化出来的国家就

[1]《马克思恩格斯选集》第1卷，人民出版社2012年版，第184页。

具有了阶级性与公共性的双重属性，但公共性作为国家产生的一个基础性属性，使得国家的政治统治必须以社会职能为基础。由此，恩格斯得出结论，政治统治只有在它执行了社会职能时才能继续存在下去。[1]

知识链接：

1. 王峰明：《物质生产、人口生产与历史发展——对恩格斯“两种生产”理论的互文性解读》，《马克思主义研究》2021 年第 10 期。

2. 侯猛、李浩源等：《家庭、私有制和国家的起源》导读讲座，哔哩哔哩，https://www.bilibili.com/video/BV1RY4y167bR?share_source=copy_web。

3. 谢长安、程恩富：《分工深化论：五次社会大分工与部门内分工探析》，《马克思主义研究》2016 年第 12 期。

[1]《马克思恩格斯选集》第 3 卷，人民出版社 2012 年版，第 560 页。

《国家与革命》导读

阅读导引

列宁的《国家与革命——马克思主义关于国家的学说与无产阶级在革命中的任务》写于1917年8月至9月，系统阐述和发挥马克思主义国家学说，进一步发展了无产阶级革命和无产阶级专政理论。

《国家与革命》是一篇未写完的著作。事实上，1916年下半年开始，列宁就撰写了题为《马克思主义论国家》的“蓝皮笔记”，收集了马克思、恩格斯关于国家问题的论述，还包括第二国际机会主义者伯恩施坦、考茨基等人的相关论述。国家学说被用来为统治阶级辩护，成为资产阶级国家维护其剥削奴役的外衣，而且由于第二国际机会主义等的影响，对国家问题的认识变得异常复杂而重要。在《马克思主义论国家》中，列宁指出，“国家问题是一个最复杂最难弄清的问题，也可说是一个被资产阶级的学者、作家和哲学家弄得最混乱的问题”。[1]《国家与革命》由两篇序言、一篇跋和六章正文组成。1917年7月，资产阶级临时政

[1]《列宁选集》第4卷，人民出版社2012年版，第24页。

府镇压无产阶级革命，列宁遭到追捕而被迫逃亡，他化装成割草工人隐匿于俄国与芬兰边界的芬兰拉兹里夫湖畔，从而有时间来研究国家问题。而为了躲避临时政府的书报检查，当时手稿第一页上的署名是"弗·弗·伊万诺夫斯基"。随着十月革命形势的到来，列宁原来的写作提纲中的第七章《1905年和1917年俄国革命的经验》没来得及写，只留下一个详细提纲。后来，列宁在跋中专门提到未完成的第七章，"做出'革命的经验'是会比论述'革命的经验'更愉快、更有益的"。[1]1918年5月这本书以单行本在彼得格勒正式出版，当然这时已经不需要署笔名了，而且十月革命已经做出"革命的经验"。

列宁撰写《国家与革命》，正是在十月革命爆发前的两三个月。那么，列宁为什么在这样一个重要时刻专门研究国家问题？研究这个问题对于十月革命有什么重要意义？研究国家问题之所以必要，在于革命形势的发展，使得对国家问题的澄清成为十分必要的工作。列宁指出，由于马克思主义国家学说被各种错误思潮所歪曲，只有澄清在国家问题上的各种混乱思想，同机会主义和无政府主义者对马克思主义的阉割和歪曲作斗争，才能继续无产阶级革命斗争，推动俄国革命发展。也就是说，在国家问题上存在的各种模糊认识，对国家政权的态度问题等，已经深刻地影响了俄国革命的发展。

当时，"国际无产阶级革命正显著发展"。19世纪末20世纪初，资本主义发展到帝国主义阶段，国家垄断资本主义的固有矛盾更加尖锐。第一次世界大战的爆发，不仅大大激化了垄断资本主义国家之间的矛盾，还给全世界人民带来空前的灾难。各国无

[1]《列宁专题文集·马克思主义》，人民出版社2009年版，第291页。

产阶级因为战争军费开支的增加遭受越来越严重的剥削和压迫，同时还要承受军事苦役的折磨和战争破坏带来的灾难。各交战国不断爆发无产阶级反抗垄断资本统治和反对帝国主义战争的斗争，无产阶级革命的条件日益成熟。

与此同时，俄国革命的形势也发生了显著的变化。1917 年 3 月 12 日（俄历 2 月 27 日）爆发了二月革命，人们推翻了沙皇专制制度。彼得格勒工人在武装起义后建立了彼得格勒工兵代表苏维埃，但由于布尔什维克党力量还比较弱小，并未掌握国家政权机构；资产阶级建立的临时政府掌握着全部政权机关。于是，出现了两个政权并存局面，"有两个政府同时存在：一个是主要的、真正的、实际的、掌握全部政权机关的资产阶级政府，即李沃夫之流的'临时政府'；另一个是补充的、附加的、'监督性的'政府，即彼得格勒工兵代表苏维埃，它没有掌握国家政权机关，但是它直接依靠显然是绝大多数的人民，依靠武装的工人和士兵"。[1]在事实上说明二月革命已超出了一般的资产阶级民主革命的范围，提出了俄国革命如何实现从第一阶段的资产阶级革命向第二阶段无产阶级过渡的问题。根据当时的形势，列宁曾一度认为有可能通过和平的方式推翻资产阶级临时政府的专制统治，原因在于当时工农群众掌握着武器，也就是说有"武装的工人"。但这种和平发展的可能性很快被资产阶级临时政府的血腥镇压所取代。7 月初，资产阶级临时政府解除工人赤卫队武装，公开镇压彼得格勒群众游行，下令通缉列宁并逮捕大批革命者，临时政府完全掌握政权。革命形势和平发展的可能性已不复存在。在这种情况下，无产阶级应该采取什么样的革命态度对待革命形

[1]《列宁全集》第 29 卷，人民出版社 1985 年版，第 153 页。

势的发展就显得至关重要。

因此，列宁撰写《国家与革命》这一马克思主义国家理论的重要文献，是为了向当时俄国的无产阶级和劳动群众说明在即将到来的革命中应当做些什么，告诉工农群众资产阶级的国家是一个什么样的国家，应该如何对待资产阶级的旧国家，应该怎样建立一个无产阶级专政的新国家，无产阶级国家与资产阶级国家究竟有什么不一样，无产阶级专政的国家会不会被未来的更新的国家消灭，国家将走向何方。这也构成了该书的写作目的和主要内容。

在《国家与革命》这篇经典文献中，列宁结合俄国革命实际，明确回答了上述问题，深化了马克思主义的国家理论。列宁从国家的本质谈起，强调了国家的阶级暴力属性，强调无产阶级要通过暴力革命打碎旧的国家政权，进而建立一个不同于旧政权的无产阶级专政的新政权。这个新政权与旧政权的根本不同在于它是多数人的为多数人谋利益的政权，这个新政权最终不会被新的政权消灭。它是一个成为新统治阶级的无产阶级逐渐把“自身消灭掉”而逐渐走向消亡的国家，最终取代它的是自由人联合体的共产主义社会。

《国家与革命》在理论上回答了国际无产阶级革命和俄国革命的一系列重大问题，粉碎了机会主义者对马克思主义国家学说的攻击，创造性地发展了马克思主义国家学说；在实践上，它直接指导俄国无产阶级顺利取得“十月革命”的胜利，建立起世界上第一个社会主义国家，并推动和指导了国际共产主义运动的蓬勃发展。

一、国家是统治阶级的有组织的暴力

什么是国家？什么是国家的本质？列宁为什么开篇要先谈国家的本质问题？

关于国家是什么的问题，历来有着不同理解。资产阶级和小资产阶级思想家、第二国际的各种机会主义者认为，国家是阶级调和的机关。特别是俄国社会革命党人和孟什维克主张阶级调和的国家观，造成二月革命中两个政权的并存状态，又进一步造成资产阶级镇压工人运动的七月流血事件。因此，阶级调和的国家观的现实危害性极大。为此，列宁要与这些思想斗争，在反驳中澄清和阐明什么是马克思主义的国家观。

列宁首先结合马克思和恩格斯的经典论述进一步阐释了国家的本质。列宁从恩格斯《家庭、私有制和国家的起源》中关于国家的论述讲起，阐明了国家与阶级的关系，指出国家不是从来就有的，是社会发展到阶级社会这个阶段的产物："国家是阶级矛盾不可调和的产物和表现……国家的存在证明阶级矛盾不可调和。"[1]国家是阶级统治的机关，是一个阶级压迫另一个阶级的机构，是剥削被压迫阶级的工具，是阶级统治的工具。据此，列宁驳斥了阶级调和的国家观。因为国家本质上是阶级矛盾不可调和的产物；从恩格斯对国家产生的阐述看，如果阶级矛盾是可以调和的，那就根本不会产生国家。而阶级斗争的发展伴随着生产力的发展而表现得越来越尖锐并日益充满暴力，可以说正是人类社会暴力冲突达到了难以调和的阶级斗争的程度，国家的产

[1]《列宁专题文集·马克思主义》，人民出版社2009年版，第180页。

生就成为必然。阶级斗争的暴力性与不可调和性，决定了国家是“最强大的、在经济上占统治地位的阶级”的国家。而这个经济上占统治地位的阶级“借助于国家而在政治上也成为占统治地位的阶级”[1]，同时获得了国家这一镇压和剥削的新手段。由此可见，国家是暴力和阶级斗争不可调和的产物，是阶级斗争的工具，是经济上居于统治地位的统治阶级剥削和压迫被统治阶级的工具。这也构成国家的本质。

而国家作为与社会日益相异化的力量，何以成为一种力量？何以能够作为居于社会之上的力量来抑制冲突呢？

列宁结合革命斗争的经验进一步分析国家何以成为一种力量。这里的关键要素在于国家作为一种公共权力的象征，不仅拥有武装的人，还有物质的附属物，即“特殊的武装队伍”。列宁引用马克思在《法兰西内战》中的分析，指出，常备军、警察、官僚、僧侣和法官等构成了“中央集权的国家政权及其遍布各地的机关”。特别是随着大工业的发展，资本和劳动之间的矛盾对抗不断发展和深化，促使国家政权日益成为资本借以压迫剥削劳动的工具，使国家政权愈益具有压迫劳动的公共权力的性质，具有阶级统治机器的性质，“每经过一场标志着阶级斗争前进一步的革命以后，国家政权的纯粹压迫性质就暴露得更加突出”。[2]在1848—1849年的欧洲革命以后，国家政权就成为“资本对劳动作战的全国性武器”[3]。即便是标榜实行民主的议会制的资产阶级共和国，其所采取的一切高压手段和加强中央集权和政府权力

[1]《列宁专题文集·马克思主义》，人民出版社2009年版，第185页。
[2]《马克思恩格斯选集》第3卷，人民出版社2012年版，第96页。
[3]《马克思恩格斯选集》第3卷，人民出版社2012年版，第97页。

的措施，“都是使这个机器更加完备，而不是把它摧毁”。[1]由此可见，国家日益与社会相脱离，而成为资产阶级借以实现自身利益的镇压和剥削工具，通过不断强化其公共机构和暴力机器来维护统治阶级的利益。

由此可见，国家能够成为一种力量，能够具有强制力的一个重要因素，在于其本身是由具有公共属性的国家机构和暴力机器所组成，在于拥有监狱和各种强制机关，拥有特殊的武装队伍等暴力机器。当然，这种国家机构的公共属性已经日益异化为统治阶级的统治工具，只是以公共属性面目表现为居于统治地位的资产阶级的国家机构。

而国家本身是阶级斗争的产物，阶级斗争与军队和暴力关系密切。因此，在国家暴力机构中，军队是最主要的构成力量，是统治阶级借助国家实现对人民进行统治和镇压的支柱。警察也是国家暴力机器中的一个重要组成，是对内实行镇压和压迫的直接力量。可以说，对于任何一个统治阶级而言，要维持自己的统治，都需要“刽子手的职能”。[2]无论是奴隶主的国家、封建贵族的国家，还是资产阶级的国家，常备军和警察是国家政权的主要强制力工具，是统治阶级镇压剥削被统治阶级的暴力工具。因此，暴力统治成为一切国家的共同特征，而使用暴力则成为国家的首要特征。因此，国家的力量之源在于国家机器的暴力组成和暴力使用，对于资产阶级的国家而言，也就是使国家成为维护资产阶级利益的暴力力量，成为进行世界大战和殖民掠夺的暴力工具。

[1]《马克思恩格斯选集》第1卷，人民出版社2012年版，第761页。

[2]《列宁选集》第2卷，人民出版社2012年版，第478页。

通过对革命经验的总结，列宁进一步阐明国家的本质是“一个阶级压迫另一个阶级的工具”。在工人运动中，无产阶级对国家机构的破坏，是对作为资产阶级统治工具的国家机器的破坏，是对国家暴力组成的特殊武装队伍的破坏。它的实质是被压迫阶级反抗压迫和剥削的阶级斗争，但统治阶级都“力图恢复替它服务的特殊武装队伍”[1]，并通过国家机器的不断强化来进一步凸显国家机器的暴力属性，从而使国家能够始终成为维护统治阶级利益的工具。但机会主义者却认识不到资产阶级国家的本质和暴力属性，认为国家是阶级调和的机关，完全忽视了马克思主义关于国家是阶级统治工具的论断。这样，列宁就针对机会主义者的歪曲进行了澄清，阐明了国家的本质。

列宁突出强调了阶级矛盾的不可调和性，强调了国家的暴力属性，为无产阶级进行暴力革命提供了理论基础。这也是撰写这篇文献并从国家理论开始论述无产阶级的革命任务的逻辑起点。

二、无产阶级必须通过暴力革命打碎旧的国家机器

在十月革命爆发之前，究竟该如何对待资产阶级的国家？此处的国家事实上包括资产阶级国家机构在内的国家机器。在马克思恩格斯暴力革命思想的基础上，列宁结合俄国革命进一步发展了这一思想，明确提出要通过暴力革命打碎旧的国家机器。列宁严格限制了革命暴力的使用条件和使用对象。在使用条件上，列宁指出在革命战争时期可以使用暴力，对压迫者进行反抗。而

[1]《列宁专题文集·马克思主义》，人民出版社2009年版，第183页。

在无产阶级国家的建设期间，需要谨慎使用暴力。在使用对象上，列宁要求必须严格限制革命暴力的使用对象，不能压迫打击人民群众。列宁继承并发展了无产阶级暴力革命思想，为俄国之外的无产阶级革命提供了科学理论指导。

无产阶级该如何对待资产阶级国家？这实际上是困扰当时俄国工人群众的一个重要问题：推翻资产阶级的国家之后，如果还要建立一个专政的国家，那为什么要推翻旧国家。这就是考茨基等人滑向机会主义的一个思想动因，为什么不可以借助旧国家继续进行统治，而非要打碎旧的国家机器？这事实上涉及革命的一个根本问题，就是如何对待旧政权的问题，也就涉及对待革命的态度和以何种方式进行革命的问题，涉及无产阶级革命在国家方面的具体任务问题。这也构成了列宁在十月革命前夕专门撰写《国家与革命》对这一问题进行深刻剖析的原因，“问题的本质在于：是保存旧的国家机器……还是破坏它并用新的来代替它”。[1]所以，“无产阶级社会主义革命对国家的态度问题不仅具有政治实践的意义，而且具有最迫切的意义”。[2]

在对待资产阶级国家的问题上，当时的机会主义者主张“和平长入”，主张通过普选制在资产阶级议会中进行斗争。为了驳斥机会主义的这种观点，列宁在对国家暴力属性进行分析的基础上，进一步阐明无产阶级对待资本主义国家的态度，就是不仅要进行暴力革命，而且要打碎旧的国家机器，并指出这是无产阶级革命用以取代资产阶级国家的一般规律。

列宁之所以强调暴力革命和打碎旧的国家机器的重要性，主

---

[1]《列宁专题文集·马克思主义》，人民出版社 2009 年版，第 285 页。

[2]《列宁专题文集·马克思主义》，人民出版社 2009 年版，第 176 页。

要是基于两点：一是基于马克思和恩格斯关于暴力革命的思想，二是基于俄国无产阶级革命实践发展的需要。

从马克思和恩格斯的暴力革命思想看，有一个从暴力革命到打碎旧国家机器的思想发展过程。马克思恩格斯在《共产党宣言》中提出，无产阶级的目标“只有用暴力推翻全部现存的社会制度才能达到”，[1]才能建立自己的政治统治。也就是说，资产阶级国家向无产阶级国家的转变，只能通过暴力革命。但当时没有提出打碎资产阶级国家机器的问题，而是在之后的革命实践中不断总结出来的。马克思曾在总结法国革命历史经验时，明确分析了资产阶级对待国家政权的态度，指出一切资产阶级政党除了采用高压手段镇压革命，同时还不断强化政府权力，强化中央集权，也就是巩固国家机器。列宁对马克思、恩格斯的相关论述进行了梳理。列宁指出，资产阶级的“一切变革都是使这个机器更加完备，而不是把它摧毁”。[2]而任何一个争夺统治权的资产阶级政党都把国家官僚机器的获得作为目标，把它作为自己的战利品，并总是把“官吏和军事机构逐渐发展、完备和巩固起来”。[3]也就是说，资产阶级通过不断强化国家机器这一暴力组织来巩固其统治，并通过有组织的暴力对无产阶级进行剥削和镇压。因此，对于这样一个国家机器，马克思明确指出了无产阶级的革命态度，就是必须把官僚军事国家机器打碎、摧毁。而对于无产阶级革命而言，依然需要国家这样一个暴力组织，因此必须消灭和破坏现实存在的资产阶级的国家机器。马克思强调，必须进行暴

[1]《马克思恩格斯选集》第1卷，人民出版社2012年版，第435页。
[2]《马克思恩格斯选集》第1卷，人民出版社2012年版，第761页。
[3]《列宁专题文集·马克思主义》，人民出版社2009年版，第202页。

力革命，必须消灭统治阶级建立的、体现这种“异化”的国家机构。马克思在总结1871年巴黎公社革命经验时，指出法国革命的下一次尝试要打碎官僚军事机器，而不是把它从一些人的手中转到另一些人的手中，明确提出了“工人阶级不能简单地掌握现成的国家机器，并运用它来达到自己的目的”。[1]列宁强调了马克思这样分析的真正目的在于给无产阶级指明革命的方向，即要打碎、摧毁“现成的国家机器”，并进而立刻开始建立一个新的机器。

从俄国无产阶级革命的发展需要看，针对俄国面临的帝国主义掠夺战争，以及机会主义者对恩格斯“国家自行消亡”观的歪曲，列宁强调，通过暴力革命打碎旧的国家机器，对于俄国无产阶级革命十分重要。

一方面，第一次世界大战使资产阶级官僚和军事机构空前膨胀，暴力机器大大加强，加剧了对各国人民群众的剥削压迫，同时也推动了各国无产阶级的反抗运动，推动了无产阶级革命形势的发展。革命的发展要求“‘集中自己的一切破坏力量’去反对国家政权，迫使革命提出这样的任务：不是去改善国家机器，而是破坏它、消灭它”。[2]这时就需要让广大无产阶级明确该如何对待资产阶级的旧政权，因为这关涉革命的形式和策略问题。

另一方面，批驳俄国社会中各种机会主义者反对暴力革命的错误主张。机会主义者幻想通过“保卫国家”的战争方式、通过“和平长入”的方式获取政权，幻想通过资产阶级议会选举的方

[1]《马克思恩格斯选集》第3卷，人民出版社2012年版，第163页。

[2]《列宁专题文集·马克思主义》，人民出版社2009年版，第203页。

式参与资产阶级国家政权，妄想通过这种和平方式使资产阶级政权转入无产阶级手中。俄国社会革命党人、孟什维克、社会沙文主义者以及机会主义者妄图通过普选制获得“更多的东西”。列宁对此进行了无情的批驳，特别是那些人针对恩格斯“国家消亡”理论的歪曲，列宁强调，资产阶级国家是被消灭的，无产阶级国家自行走向消亡。历史证明，资产阶级是在不断强化政权，而不是会自动交出政权，不会自愿退出历史舞台，因此，无产阶级必须用暴力反对暴力，就是要用革命的暴力反对革命的暴力。特别是针对当时俄国革命形势的发展，在经历了“二月革命”和“七月流血事件”之后，无产阶级革命者必须武装起来进行革命，抛弃对资产阶级临时政府的幻想，摧毁临时政府，建立无产阶级苏维埃政权。

我们看到，在革命的历史上，无论是在法国革命还是德国革命中，国家都是被掌握它的阶级所运用，国家的暴力属性不断得到强化和完善，不断得到组织化运用，国家成为统治阶级进行暴力统治的工具。而对于无产阶级而言，也必须借助国家这个拥有暴力组织的机器来争得民主，历史的教训是巴黎公社对“武装人民这个权威”“用得太少了”。[1]暴力对于社会更迭具有革命意义，正如恩格斯所强调的，“暴力，用马克思的话说，是每一个孕育着新社会的旧社会的助产婆”。[2]巴黎公社革命的经验，为俄国无产阶级指明了革命的直接任务就是通过暴力革命打碎旧的国家机器。

---

［1］《马克思恩格斯选集》第3卷，人民出版社2012年版，第277页。

［2］《马克思恩格斯选集》第3卷，人民出版社2012年版，第564页。

三、仍然需要无产阶级革命专政的国家机器

无产阶级打碎旧的国家机器之后该怎么办？还需要国家吗？无产阶级需要的国家是一个什么样的国家？

列宁指出，资本主义向社会主义的过渡会产生不同的政治形式，但本质都是无产阶级专政。无产阶级专政并不仅是革命之后建立国家政权，还包含建设社会主义的具体任务，如经济、国防、生产力、文化科学教育等。在实现这些任务的过程中，无产阶级专政需要以暴力的手段，维持无产阶级当家作主的权益。同时也需要以和平手段，建设社会主义国家。但无论采取什么手段，其最终目的都是要建成消灭一切阶级差别和阶级存在的共产主义社会，实现人的彻底解放。

无产阶级要通过暴力革命打碎资产阶级国家，进而使自身上升为统治阶级。问题在于：无产阶级既然成了统治阶级，那它借以进行阶级统治的中介或者说工具是什么？列宁提出的问题是：用什么东西来代替被打碎的国家机器？答案只能是国家，而且是无产阶级专政的国家。为什么打碎一个旧国家机器，还要再建立一个新国家机器？摧毁了一个旧的专政政权，为什么还要建立一个新的专政政权？

马克思、恩格斯在《共产党宣言》中对此作出了回答，即用“无产阶级组织成为统治阶级”来代替，以“争得民主”来代替。在此回答的基础上，我们再来分析列宁的逻辑。

首先，阶级社会都需要国家。列宁从马克思主义对国家的产生分析开始，因为国家本身就是阶级分化的结果，阶级矛盾的不可调和而产生的国家，必然是阶级社会的常态存在。也就是

说,只要存在阶级,就必然存在国家。当阶级消失了,国家得以产生的前提条件消除了,国家也就没了存在的必要。从马克思主义理论看,人类社会有两种没有国家的社会状态:一个是原始社会,也就是私有制产生以前的社会,原始社会还没有产生阶级,就不需要国家,国家也就不会产生;另一个是未来的共产主义社会,国家因为私有制和阶级的消失而消失,将被"放到古物陈列馆去,同纺车和青铜斧陈列在一起"。[1]但在这两者之间的社会,都是有阶级的社会,为了调和阶级矛盾,国家成为必要,就需要国家的存在。列宁强调,"到目前为止还在阶级对立中运动着的社会,都需要有国家,即需要一个剥削阶级的组织,以便维持它的外部的生产条件,特别是用暴力把被剥削阶级控制在当时的生产方式所决定的那些压迫条件下(奴隶制、农奴制或依附农制、雇佣劳动制)"。[2]无产阶级居于统治地位的社会,依然是阶级社会,依然存在着阶级矛盾和阶级对立,无产阶级要维护阶级利益,还必须借用国家这个统治机器。

其次,必须建立无产阶级专政的国家机器。马克思指出,关于阶级和阶级斗争并不是他的功劳,许多资产阶级学者都有过论述和剖析,其贡献在于对阶级发展阶段的揭示和对无产阶级专政的强调。事实上,马克思运用阶级斗争学说来分析国家和革命问题,认为阶级斗争必然导致承认无产阶级的专政,"即不与任何人分掌而直接依靠群众武装力量的政权"。[3]也就是说,无产阶级专政的中介依然是国家政权,是"组织成为统治阶级的无产阶

[1]《马克思恩格斯选集》第4卷,人民出版社2012年版,第190页。
[2]《列宁专题文集·马克思主义》,人民出版社2009年版,第188页。
[3]《列宁专题文集·马克思主义》,人民出版社2009年版,第198页。

级”[1]的国家。只是无产阶级上升为统治阶级，才能利用国家政权的力量进行专政统治。

所以无产阶级在摧毁资产阶级统治、打碎旧的国家机器之后，需要立即着手建立无产阶级的国家政权和国家机器，剥削阶级需要利用国家的政治统治维持剥削，而被剥削阶级需要运用政治统治来彻底消灭剥削，因为国家是无产阶级革命斗争胜利后不得不“继承下来的一个祸害”[2]。这时的国家对于无产阶级统治地位的确立而言至少有两个关键功能：

一是借用国家这一暴力机器镇压资产阶级的反抗。国家作为一个暴力存在，对于无产阶级依然具有重要意义，只不过国家这一实行镇压的特殊机器变成无产阶级对资产阶级的镇压。资产阶级不会因为国家政权的丧失而立刻消失，其反抗行动依然存在，因此，在从资本主义向共产主义过渡的时候镇压还是必要的，“实行镇压的特殊机构，特殊机器，即‘国家’，还是必要的”。[3]无产阶级加强国家政权的暴力组织建设，发挥这一机器组织的暴力强制功能，才能有效镇压剥削者的反抗，从而真正建立起无产阶级巩固的政治统治。

二是借用国家这一工具来建构新的经济基础。无产阶级对国家的需要，还迫切地表现为要建立与无产阶级政权属性相一致的社会经济基础。无产阶级国家脱胎于资产阶级社会，其经济、社会各个方面都有必要“脱胎换骨”。特别是要建立与大多数人居于统治地位相一致的上层建筑即所有制关系而言，更需要利用

[1]《马克思恩格斯选集》第1卷，人民出版社2012年版，第421页。

[2]《马克思恩格斯选集》第3卷，人民出版社2012年版，第55页。

[3]《列宁专题文集·马克思主义》，人民出版社2009年版，第261页。

国家政权的力量。改变的根本，不再是以一种私有制代替另一种私有制，而是以生产资料的公有制代替。为此，必须发挥国家政权的统治功能，推动生产资料的根本性变革，改造所有制关系，建立起以公有制为基础的经济社会基础。所以，“无产阶级将利用自己的政治统治，一步一步地夺取资产阶级的全部资本，把一切生产工具集中在国家即组织成为统治阶级的无产阶级手里，并且尽可能快地增加生产力的总量”。[1]

因此在革命胜利之后，无产阶级依然需要专政国家这样一个暴力机器来镇压和反对资产阶级。在科学社会主义思想史上，列宁第一次把“是否承认无产阶级专政”作为判断真假马克思主义的标准，认为只有承认阶级斗争和无产阶级专政的人，才是真正的马克思主义者。

四、无产阶级专政的国家已经不是原来意义上的国家

无产阶级国家与原来的国家完全不同。在分析马克思主义无产阶级政权性质的基础上，列宁提出了“半国家”的概念，即走向消亡的无产阶级国家。“半国家”概念区分了无产阶级专政国家与资产阶级“完全意义”上的国家。资本主义国家是一个阶级对另一个阶级、少数人对多数人实行统治的暴力机器。无产阶级专政的国家已经变成“昨天还是雇佣奴隶的多数人去镇压剥削者少数人”，[2]是多数人居于统治地位的国家政权，是走向消亡

[1]《马克思恩格斯选集》第1卷，人民出版社2012年版，第421页。
[2]《列宁专题文集·马克思主义》，人民出版社2009年版，第261页。

的国家政权形式。

一方面，无产阶级的国家是多数人对少数人的专政，与原来少数人对多数人的统治具有根本的不同。无产阶级专政的国家与之前的国家本质上的不同，在于它是多数人成为统治阶级、为多数人谋利益的。马克思总结巴黎公社的意义时指出，正是公社推动了资产阶级民主向无产阶级民主的转变，实现了被压迫者享有的民主，使国家“转变为由大多数人——工人和农民用共同的力量来镇压压迫者”[1]的工具。因为镇压的对象是少数人，所以不像以往的统治阶级那样不断地强化国家机器，无产阶级的专政功能也就不像原来的国家那么突出，而是转向了国家管理，转向让人民“去监督生产和分配，计算劳动和产品”。[2]由于这种监督和计算变得日益简单，几乎每一个市民都可以胜任，只要发放“工人的工资”就可以了，也就使官僚机构成为不必要的，从而使国家机器日益简单化，不再是原来意义上的特殊的镇压机器。可以看到，这种转变的根本在于实现了国家政权由少数人掌握到多数人掌握的转变，这种转变并没有改变国家的性质，依然是马克思、恩格斯所强调的国家是阶级统治的工具，是为统治阶级的利益服务的。只不过，无产阶级掌握国家政权，国家就成为维护无产阶级利益的工具，也就是为多数人谋利益的工具。“资本主义社会里的民主是一种残缺不全的、贫乏的和虚伪的民主，是只供富人、只供少数人享受的民主。”无产阶级专政则是“第一次提供人民享受的、大多数人享受的民主，同时对少数人即剥削者实行

[1]《列宁专题文集·马克思主义》，人民出版社2009年版，第215页。

[2]《列宁专题文集·马克思主义》，人民出版社2009年版，第271页。

必要的镇压”。[1]

另一方面,无产阶级国家是向未来共产主义社会过渡的国家政权形式,是走向消亡的国家。这一过渡时期的国家被列宁称为无产阶级“半国家”,也就是从资本主义向共产主义过渡的国家政权形式,即无产阶级专政国家。之所以如此,在于它是过渡性的,即马克思所说的“革命的暂时形式”。马克思强调,“在资本主义社会和共产主义社会之间,有一个从前者变为后者的革命转变时期。同这个时期相适应的也有一个政治上的过渡时期,这个时期的国家只能是无产阶级的革命专政”。[2]

因此,列宁分析的无产阶级专政的“半国家”,连接的是资产阶级的旧国家和未来的共产主义,是被马克思称为“政治上的过渡时期”的国家政权形式。

从历史看,无产阶级专政的国家是脱胎于资产阶级的旧国家,虽然不可避免地带有旧社会的痕迹,不可避免地具有历史的局限性,但也是与旧国家不一样的国家。无产阶级通过革命取得国家政权上升为统治阶级之后,成为生产资料的占有者,也就使原来意义上的无产阶级不存在了,因为它已经以国家的名义占有了生产资料,而不再是一无所有,这样“它就消灭了作为无产阶级的自身”。因此,全社会共同占有生产资料,也就“消灭了一切阶级差别和阶级对立,也消灭了作为国家的国家”。所以无产阶级的国家一建立就不再是原来意义上的国家,而是走向消亡的国家。列宁引用了马克思对拉萨尔主义的批判,谈到了在这样的过渡时期存在的局限性问题,认为这个时期还不能完全实现公

[1]《列宁专题文集·马克思主义》,人民出版社2009年版,第261页。
[2]《马克思恩格斯选集》第3卷,人民出版社2012年版,第373页。

平和平等。他谈到实行“按劳分配”，虽然看上去付出多少劳动就得到多少报酬是平等的，但事实上由于“各个人是不同等的”，这种看似的平等事实上是以不平等为前提的，它忽略了人与人因体力、家庭等因素所存在的不平等。但在共产主义的第一阶段——社会主义阶段，只能实行这种分配方式，“按劳分配”还存在，还需要国家维持这种过渡时期存在的事实上的不平等现象。因此无产阶级专政只是向共产主义过渡的“暂时形式”。因为对于刚刚脱胎于资产阶级旧社会的新社会而言，生产资料由资产阶级私有变为公有，也就使资产阶级丧失了占有生产资料的权利，但还不能完全取消资产阶级的权利，所以，无产阶级国家虽然建立了，但不可能短时间就确立起适合完全平等的“按需分配”的经济前提。而无政府主义者主张一天之内废除国家，是不可能的。只有到了共产主义，国家才会消亡，才能消除这种“资产阶级权利”，实现真正的平等。

从未来看，这个“政治上的过渡时期”的国家政权所连接的未来的共产主义社会，预示着无产阶级国家的最终走向是不需要国家的共产主义。因此，无产阶级专政的国家政权是走向消亡的国家政权形式，是从国家走向无国家的过渡型国家。正是在这个意义上，列宁指出，“自行消亡的是无产阶级的国家和半国家”。[1]

这里需要注意国家的“消灭”与“消亡”的关系。被“消灭”的国家是资产阶级的国家，因为它是少数人对多数人进行剥削压迫的工具，是由无产阶级通过暴力革命推翻的，不可能自行消亡，是被革命消灭的。走向“消亡”的国家是无产阶级国家或半

[1]《列宁专题文集·马克思主义》，人民出版社2009年版，第190页。

国家。无产阶级国家从建立的那一刻起，就不再是原来完全意义上的国家了。因为它是公有制基础上的大多数人享有的民主和对少数人专政相统一的国家政权。新型民主与新型专政相统一，国家在发挥专政功能的同时更多的是要发挥民主功能，也就是要进行国家管理，并通过国家管理推动政治国家逐步向无国家社会过渡，向未来共产主义社会过渡。

五、民主是国家形式，是国家形态的一种

民主作为全人类的共同价值，几乎所有国家和政党都号称民主。但民主究竟是什么，如何理解民主，民主有哪些实现形式，却有各种不同的立场和角度。西方一些国家试图向其他国家推销自己的民主模式，把凡不符合其标准的都看作是不民主，而这种做法本身就是不民主的。列宁在《国家与革命》中对马克思主义的民主观也作了进一步的阐述和发展。

列宁指出，“民主是国家形式，是国家形态的一种”。[1]这一观点继承了马克思、恩格斯的国家观。马克思主义认为，民主既是一种国家形式，即政体，同时也是国家的一种形态，即国体。也就是说民主首先是国家制度。就建立无产阶级专政的国家制度而言，其本身就意味着人类民主的一大进步。列宁阐述了马克思在《法兰西内战》对巴黎公社的分析，强调“公社是帝国的直接对立物”，[2]是“一个具有广泛代表性的政治形式”，是“可以

[1]《列宁专题文集·马克思主义》，人民出版社2009年版，第270页。
[2]《马克思恩格斯选集》第3卷，人民出版社2012年版，第166页。

使劳动在经济上获得解放的政治形式”。[1]由此可见，马克思把巴黎公社视为无产阶级专政的一次伟大尝试，视为无产阶级国家民主的一种形式。也就是说，马克思、恩格斯事实上是从国家制度和形式的角度来看待民主。列宁进一步发展了这一思想，强调“民主共和国甚至是无产阶级专政的特殊形式”。[2]这既强调了民主作为类的属性，也涉及民主作为治理形式的价值。我们可以从三个方面进行分析。

从阶级属性看，“民主就是承认少数服从多数的国家，即一个阶级对另一个阶级、一部分居民对另一部分居民使用有系统的暴力的组织”。[3]由此可以看出，民主意味着统治阶级的权力。对于资产阶级国家而言，民主是少数统治者享有的民主，是占有生产资料的少数资本家对丧失生产资料的无产者的剥削、压迫和镇压，而对于多数无产阶级而言，则只能出卖劳动力而被剥削被压迫。因此，其所谓民主是虚伪的、供少数资本家享受的权力。无产阶级民主是多数人的民主，是共同占有生产资料的无产阶级成为国家的主人，享有的管理国家的权力，是第一次由人民享有的大多数人的民主。虽然无产阶级国家依然有专政和镇压等功能，但只是对少数剥削者的镇压，对绝大多数人而言实行的是人民民主。因此，从国家形态上讲，两者具有根本的实质性区别，表明无产阶级的国家自摧毁旧政权而建立新政权的那一刻起，就实行一种新的民主，从国家形式和国家形态上就是超越了资产阶级国家的民主。

---

[1]《马克思恩格斯选集》第3卷，人民出版社2012年版，第102页。

[2]《列宁专题文集·马克思主义》，人民出版社2009年版，第242页。

[3]《列宁专题文集·马克思主义》，人民出版社2009年版，第253页。

从国家功能看，作为国家形式的民主实现了民主与专政的统一。资产阶级国家建立在私有制基础上，通过资产阶级专政，对无产阶级实行剥削和镇压。资本主义民主的议会制、选举制都是服务于统治阶级利益的，而“普选制是资产阶级统治的工具”，[1]其本质是“每隔几年决定一次究竟由统治阶级中的什么人在议会里镇压人民、压迫人民”。[2]因而，资本主义国家的民主是统治无产阶级的工具。而且由于民主意味着形式上承认公民一律平等地享有决定国家和管理国家的权利，因此，资产阶级民主通过代议制、普选制等推行民主，具有欺骗性和虚伪性。对于无产阶级专政的国家而言，专政的功能已经只局限于少数反动分子，而对于处于统治地位的广大人民而言则实行民主。由此，国家的功能也由政治统治功能逐渐向社会管理功能转变。也正是在这个意义上，列宁把无产阶级的国家称为“半国家”，即走向消亡的国家。

从国家的消亡看，国家的消亡意味着民主的消失。一方面，未来社会是对任何有组织有系统的暴力的消灭，这就意味着民主的消失。另一方面，国家作为统治阶级享受民主的形式，其功能由政治统治向社会管理的转化，也使之必然走向消亡。列宁指出，由于资本主义的发展为“‘所有的人’能够参加国家管理创造了前提”，[3]因此，国家的功能就会简化为简单的计算和监督，就不再需要政治统治功能，也就不需要“政治国家”，国家的职能主要就变为社会管理。也就是说，由于对镇压、服从的需要越来越

[1]《列宁专题文集·马克思主义》，人民出版社 2009 年版，第 186—187 页。
[2]《列宁专题文集·马克思主义》，人民出版社 2009 年版，第 218 页。
[3]《列宁专题文集·马克思主义》，人民出版社 2009 年版，第 271 页。

少，直至没有，因此国家的镇压统治功能成为不必要的，而主要发挥社会管理功能，成为一个社会“管理处”。民主的愈益发展，使国家的政治统治功能逐渐消失，更多的是进行社会管理。因此，民主作为国家形态和国家形式，也只是人类社会发展的一个必经但又短暂的阶段，民主“只是从封建主义到资本主义和从资本主义到共产主义的道路上的阶段之一”。[1]在未来社会，人们对公共生活规则的遵守和人人能够从事社会管理，促使国家功能与社会功能的协调统一，国家与社会合二为一。按照恩格斯的国家概念，国家生于社会，最后又归于社会，消亡于社会。

六、发展了马克思主义共产主义阶段论和国家消亡理论

无产阶级国家的最终命运是什么？共产主义社会还有国家吗？

在分析马克思主义无产阶级专政思想之后，列宁指出，无产阶级国家最终会走向消亡，发展到它的高级阶段——作为自由人的联合体的共产主义社会。

辩证唯物主义告诉我们，任何事物都有其产生、发展和消亡的过程，国家不是从来就有的，那么，国家也不会永远存在下去，最终会自行消亡。人类社会经历一个从无国家社会到国家社会，再到无国家社会的辩证否定过程，实现了从社会到国家与社会分离，再到国家与社会融合的螺旋式进程，最终实现的是人的解放和人的自由全面发展。

[1]《列宁专题文集·马克思主义》，人民出版社2009年版，第270页。

列宁把共产主义社会的“第一”阶段或低级阶段明确称为“社会主义”。只有经过社会主义这样一个阶段，为进入共产主义的各种条件做好准备，人类才会进入共产主义的高级阶段即“完全的共产主义”。作为共产主义第一阶段的社会主义仍然存在“按劳分配”，是不完全的共产主义。列宁结合马克思所批驳的拉萨尔“全部劳动产品归劳动者”的观点，指出，在共产主义的第一阶段还只能实行“按劳分配”。虽然已经实现了对生产资料私有制的剥夺，生产资料已成为公有财产，从而使人剥削人的制度已经消除。但由于这一阶段是“刚刚从资本主义脱胎出来的在各方面还带着旧社会痕迹的共产主义社会”，[1]因此还不能短时间做到全社会的公平和平等，还存在事实上的不平等。在生产资料公有制的基础上，实现了“不劳动者不得食”和“对等量劳动给予等量产品”这样的原则，但还不可能实行按需分配，也就不能消除“按劳分配”。因为国家的消亡不会像机会主义者所说的会在“一天之内”消灭，而将是一个漫长的过程，需要一系列的条件。这样一个被列宁称为社会主义的阶段，事实上是向完全共产主义过渡的阶段，是在为最终迈入共产主义准备条件。

共产主义的高度发展，是国家完全消亡的经济基础。这种高度发展，包括生产力高度发展、物质财富极大丰富、脑力劳动和体力劳动对立的消失，包括人们能够自愿地尽其所能地劳动，从而劳动真正成为人的第一需要，还包括人们对公共生活规则的遵守，等等。

列宁还指出，脑力和体力劳动之间存在对立，是现代社会不平等的重要根源之一。仅仅剥夺生产资料，还不足以消除这一根

---

[1]《列宁专题文集·马克思主义》，人民出版社2009年版，第263页。

源。只有生产力高度发展，打破了旧的社会分工，劳动成为人们“生活的第一需要”，脑力劳动与体力劳动的差别才会消失，个人才会得到全面发展。社会实现“各尽所能，按需分配”时，国家才会完全消亡。当然，关于这个过程是如何实现的，列宁并没有进行具体的分析，因为“现在还没有可供解决这些问题的材料”。[1]

在列宁关于国家消亡的分析中，特别值得注意的是，他强调的实现未来共产主义社会所需的公共道德要求。他在其中多次提到“公共生活规则”的遵守问题，强调遵守公共生活规则对于共产主义实现的意义和价值。

在分析阶级与国家消亡的关系时，列宁指出，当资本家对无产阶级政治统治的反抗已经彻底粉碎之后，资本家就消失了，阶级也就不复存在。由此人类就摆脱了因为奴役、压迫、剥削所带来的各种强制、服从等的需要，也就不需要暴力，而更多地“习惯于遵守多少世纪以来人们就知道的、千百年来在一切行为守则上反复谈到的、起码的公共生活规则”。[2]

在分析民主、暴力与国家消亡的关系时，列宁指出，民主作为一种国家制度，实际上是强迫服从的“有系统的暴力的组织”。[3]但在未来共产主义社会，私有制消失了，使一部分人服从另一部分人的基础和条件不复存在，暴力也就消失了。共产主义不需要暴力和服从，也就不再需要国家这一强制机器，“因为人们将习惯于遵守公共生活的起码规则”。[4]这种暴力的消失，意味着国家和作为国家形态的民主的消失。

---

[1]《列宁专题文集·马克思主义》，人民出版社2009年版，第267页。

[2]《列宁专题文集·马克思主义》，人民出版社2009年版，第260页。

[3][4]《列宁专题文集·马克思主义》，人民出版社2009年版，第253页。

在谈到劳动与国家消亡问题时，列宁指出，“各尽所能，按需分配”原则的实现是有前提的，即人们要习惯于遵守公共生活的基本规则，提高劳动生产率，才能使劳动成为人们自愿的行为，真正成为人的“第一需要”，才会使按需分配成为可能。到那时，国家才会完全消亡。

可以说，列宁把这种对公共生活规则的遵守看作是向未来社会主义过渡的道德基础。这也是马克思恩格斯强调国家是“消亡”的而不是被“消灭”的深层原因所在。共产主义是人的解放的真正实现，在这一进程中，必然伴随着人的自主性、自觉性的发展进步。人的自由发展表现为每个人都自觉地参与社会管理，也就是每个人都成为社会的管理者，都熟悉社会运行的规则，这样每个人“对于人类一切公共生活的简单的基本规则就会很快从必须遵守变成习惯于遵守了”。[1]在此基础上，也就无所谓被管理了，因为人人参与管理，人人都是管理者，国家就不需要了，社会则变成一个“管理处”。正如列宁指出的，“国家消亡”的说法表明了过程的渐进性和自发性。国家的消亡的本质是国家与社会的融合，因为那时阶级消失了，不需要镇压，不需要暴力。人们在习惯于公共生活规则的遵守中真正实现人的自由和解放，人类社会变成自由人的联合体。

知识链接：

1. 刘奇葆：《深刻认识十月革命的伟大意义》，http://www.scio.gov.cn/tt/lqb/document/1564674/1564674.htm。

2. 蒲国良：《布尔什维克与十月革命》，《当代世界与社会主

[1]《列宁专题文集·马克思主义》，人民出版社2009年版，第273页。

义》2007年第4期。

3. 马蒙、白平浩:《马克思主义国家与民主理论的经典表达——读〈国家与革命〉》,《科学社会主义》2018年第6期。

《共产主义运动中的“左派”幼稚病》导读

阅读导引

在现实中，革命家可不可以在反动工会里做工作？可不可以参加资产阶级议会？可不可以作出任何妥协？为了回答这些问题，以便进一步科学指导共产国际发展和各国共产党建设，揭露和纠正社会主义运动中表现出来的“左”的思潮，推进世界社会主义运动向正确方向发展，1920 年 6 月，列宁发表了《共产主义运动中的“左派”幼稚病》（以下简称《“左派”幼稚病》）这篇重要文献。在 1920 年 7 月 19 日至 8 月 7 日召开的共产国际第二次代表大会期间，该书曾发放给全体代表学习，用以指导国际共产主义运动和无产阶级政党建设，后来产生了重大而深远的历史影响。

其实，左和右作为一种思想倾向或政治派别，早在资产阶级革命以后就出现了。而带引号的“左”或“左派”等词的最早使用者则是列宁，所指对象也有很大不同。十月革命前，“左派”一词通常被马克思主义者用来指称革命派。而十月革命后，1918 年初，俄共（布）党内的主要领导对内外形势判断不一致，政策主张也不尽相同，从而形成了不同的政治派别，以布哈林为首组成了一个反对派集团，自称"左派共产主义者"，他们对外坚决反对同德国签订《布列斯特和约》，对内否定过渡时期的必要性，并且把以列宁为首的党中央称为"右派"。

为了维护和阐明无产阶级革命基本立场，在1918年2月21日的《真理报》上，列宁代表布尔什维克党中央发表了《论革命空谈》一文，在其中首次对"左派"一词加上引号以表示区别于十月革命之前的革命派。后来列宁在多篇文献中对"左派"的错误观点继续揭露和批判，并分析其产生根源和对革命的危害。而在《"左派"幼稚病》这篇文献中，列宁更是进一步集中火力，批判了"左"倾思潮并阐释其在共产主义运动内部产生的思想混乱和严重危害。自此，带引号的"左"在国际共产主义运动内部被广泛使用。

当时，欧洲无产阶级革命在取得一系列重大胜利的同时，也面临着两种来自内部的危险：一种是以考茨基、鲍威尔为代表的右倾机会主义即修正主义的思潮，这是主要的危险；而另外一种则是因憎恨右倾机会主义而出现的"左"的思潮。"左派"人数相对较少，在反对右派的斗争中不能客观地分析革命形势，主张坚决退出反动保守工会、反对参加资产阶级议会斗争、反对作出任何妥协，认为通过夺取政权可以直接进入共产主义。这种严重脱离群众和现实的政治思潮，严重影响着各国共产党的成长和国际共产主义运动的发展，同时也妨碍了对右倾机会主义进行有效斗争。

面对党内外"左"倾思潮的不断发展，列宁迅速意识到这种错误思潮的危害性和危险性。他通过总结俄国无产阶级革命斗争的丰富经验，对妥协问题，议会问题，领袖、政党、阶级、群众的关系问题等一系列"左倾"错误思潮作了系统的回答，并写成了《“左派”幼稚病》这本关于无产阶级革命战略和策略的重要指南。目的是把俄共(布)成长的经验教训介绍给欧美各国共产党人,帮助他们克服幼稚病,用理论联系实际的方法推动共产主义运动的正确发展。

战略和策略是无产阶级政党的生命。毫无疑问,列宁在《“左派”幼稚病》一书中关于无产阶级革命的战略和策略,给他国共产党的成长提供了宝贵经验,尤其是给中国共产党人提供了重要经验。比如,在土地革命战争时期,年幼的中国共产党受共产国际的影响较深,以王明为代表的“左”倾路线险些把中国革命推向绝境,造成了重大损失。后来以毛泽东同志为主要代表的中国共产党人对此作了坚决的斗争,才挽救了中国革命,逐步形成了符合中国革命实际的中国化的马克思主义指导思想。

一、十月革命的特点与经验具有普遍的国际意义

众所周知,十月革命前的俄国是一个十分落后的国家。十月革命掀起了世界无产阶级革命的风暴,震撼了整个世界,具有伟大的世界历史意义。1917 年俄国十月革命爆发后,在俄国无产阶级革命胜利的影响和鼓舞下,欧洲大陆多国工人掀起了一浪高过一浪的罢工和游行示威,有的还发生了无产阶级夺取政权的武装起义。与此同时,第二国际机会主义者却借口落后的俄国同先进的西欧各国有着巨大的差别,断定西欧各国的无产阶级革命同俄国革命很少有相似之处,以此否定十月革命基本经验的国际意义。鉴于这种状况,当时设在莫斯科的共产国际是领导各国无产

阶级革命的中心，列宁认为有必要向各国共产党人说明，俄国革命的经验对各国人民来说到底可不可以利用，并且在多大程度上具有指导无产阶级革命的普遍意义。

为了回答清楚这个问题，列宁强调，“俄国革命具有国际意义”。[1]这句话意味着十月革命的特点和经验具有世界无产阶级革命的普遍性。俄国人民战胜国内反革命叛乱和国外帝国主义的武装干涉，苏维埃政权进一步获得巩固，促使欧洲工人运动高涨。事实证明，落后的俄国和先进的西欧各国在国情上虽有区别，但也有共同之处，都面临着无产阶级革命的任务。其普遍指导意义，在列宁看来，有两个方面尤为重要：

一是从广义方面说，十月革命在人类社会文明史上具有重大意义。十月革命的胜利标志着科学社会主义从理论成为现实，开辟了人类历史新纪元。而第二国际修正主义却说十月革命是在特殊条件下发生的，苏维埃政权是“俄国落后的产物”，从而根本否认俄国十月革命的国际意义。列宁驳斥了第二国际修正主义的这种错误论调，指出苏维埃政权是俄国人民经过近半个世纪的艰苦奋斗，最后终于找到了马克思主义的普遍真理，布尔什维克党创造性地将这个普遍真理应用到俄国的具体革命实践，领导俄国人民取得伟大胜利的产物，是国际共产主义运动史上的一次伟大成功，同时鼓舞了国际无产阶级革命运动。

二是从狭义方面说，十月革命在国际范围内具有重演的历史必然性。十月革命过程中，如布尔什维克关于无产阶级革命和无产阶级专政的理论和策略，关于共产党的领导和建设的经验等，对各国无产阶级革命是具有普遍意义的经验。列宁在充分肯定

[1]《列宁选集》第4卷，人民出版社2012年版，第132页。

十月革命基本经验的普遍意义的同时，明确指出了马克思主义普遍真理同各国革命具体实践相结合的重要原则。由于各个国家和各个民族，存在不同的特点，因此，在运用俄国十月革命的经验时，应该同本国的实际情况相结合，否则，无产阶级革命是不能胜利的。这是俄国革命的基本经验具有普遍国家意义的本质所在。十月革命对无产阶级民主和全人类政治文明作出巨大贡献，揭示了社会主义代替资本主义的历史必然性。它对国际范围内的无产阶级革命斗争具有示范性，它启发了全世界无产阶级革命，启发了中国无产阶级革命。

列宁在强调十月革命普遍意义的同时，还提醒人们不能过度夸大其普遍性。俄国革命之所以具有国际意义，是因为资产阶级不可能将政权拱手相送，各国无产阶级都必须走武装夺取政权的革命道路，这是共通的。但是各国夺取政权的方式将会有差别，不能认为俄国“攻占冬宫式”的夺取政权就是唯一的方式，不能让各国无产阶级都学习和模仿这种方式。事实证明，这是一条颠扑不破的真理，比如我国革命的道路就不一样，因为城市里买办资产阶级、封建势力和帝国主义势力十分强大，直接走“城市起义”的道路，使得我们付出了惨重代价，几乎丧失了所有的革命力量。最后我们党通过及时总结经验和不断探索，开创了一条与俄国革命完全不一样的“农村包围城市”的胜利之路。可见，十月革命并不是“所有基本特点”都具有国际意义，而是必须从本国实际出发确定自己的斗争方式。

各个国家的共产党人学习和运用俄国革命的经验，应当同本国的革命实际相结合。各国在国情方面都有自己的阶级基础、历史文化传统和民族文化特点，因此，各国无产阶级的斗争策略和斗争道路不可能完全相同，更不可能千篇一律。只要世界上民族差别和国家差别还没有完全消除，无产阶级的斗争策略就不能僵化，而是要灵活“正确地加以运用”。[1]因此，列宁要求共产国际和各国共产党必须坚决反对左倾教条主义，搞清楚自己国家的特点，不可机械地照搬别国经验，而必须从本国的特殊情况出发来提出切实可行的斗争策略和革命道路。

反对教条主义，反对照搬照抄他国的经验。列宁在新经济政策方面就是如此。十月革命之后因为面临内外交困，一切为了前线、一切为了胜利，为了保证红军作战需要，他采取了军事共产主义政策，实行余粮收集制。一开始还比较顺利。列宁和俄共(布)中央错误估计形势，想趁势按照马克思的设想直接过渡到共产主义，但军事共产主义政策大大超出农民负担，农民苦不堪言，造成了许多恶性事件，有的地方甚至出现了大规模农民暴动。这促使列宁不得不重新思考，为了减轻农民负担，不能照抄书本上的某些做法，而是采取余粮税收制，实行新经济政策，迂回过渡到共产主义。这是因为俄国是一个农民人口占绝大多数的国家，经济发展极不平衡，社会生产力水平十分低下，因此其社会主义建设就与在西欧发达资本主义国家不一样，就不得不采取特殊办法。新经济政策的实质就是要求从各国实际出发探寻社会主义的实现途径。

历史经验告诉我们，思想路线的正确与否对于国家与民族发展具有极端重要的作用。各国的无产阶级政党只有把马克思主义理论和本国具体革命实践相结合，才能取得革命的成功。这是俄国革命的基本经验具有普遍意义的本质所在。

《“左派”幼稚病》对今天的共产党人来说仍具有重要的指导

---

[1]《列宁选集》第4卷，人民出版社2012年版，第200页。

意义。中国共产党人带领人民在革命、建设和改革的历史进程中，形成了中国化时代化的马克思主义，推动了中国问题的解决。事实证明，无论社会发展到哪一步，都需要我们实事求是，不断总结经验，把马克思主义基本原理同中国具体实际相结合、同中华优秀传统文化相结合，不断开辟新境界。

二、坚持无产阶级政党对社会主义事业的领导

从国际共产主义运动史上看，加强无产阶级政党的集中统一领导是革命走向成功的基本条件。俄共（布）领导了俄国1905年资产阶级民主革命和1917年二月革命，而且最终取得了俄国十月革命的胜利，建立了苏维埃政权，取得了国内革命战争的胜利，并且战胜了帝国主义的武装干涉，巩固了新政权。正因为这样，列宁特别强调："没有铁一般的在斗争中锻炼出来的党……要顺利地进行这种斗争是不可能的。"[1]可见，具有坚强的无产阶级革命政党，才可能取得无产阶级革命事业的伟大胜利。

批评一些在共产主义运动中出现的关于党的领导的错误认识。一些国家无产阶级政党领袖采取机会主义立场，背离无产阶级的利益，遭到了广大人民群众的唾弃。在德国新的共产主义运动中，一部分人犯有"左派"幼稚病，否定无产阶级政党的作用，认为不仅存在着一个"领袖的党"，而且还有一个"群众的党"，而"领袖的党"成为不了革命的依靠，革命必须依靠"群

[1]《列宁选集》，人民出版社2012年版，第154—155页。

众的党”。这种错误观点在西欧一些国家的“左派”人士里还特别有市场，严重影响了本来十分脆弱的无产阶级政党的和革命的健康发展。列宁分析了这种看法产生的原因后指出，把政党与领袖、群众与领袖对立起来是十分错误的。只有到了共产主义的高级阶段，经济高度发达，阶级消灭了，政党才会消亡；而只要还存在着阶级和阶级斗争，政党就必然还要发挥它应有的作用。

无产阶级革命政党的坚强领导对无产阶级革命事业包括社会主义事业的决定性意义，为后来诸多的历史事实所证明。比如，20 世纪 30 年代，苏联能够建成社会主义社会，离不开无产阶级政党的正确领导。20 世纪 40 年代，在世界反法西斯战争中，能够打败法西斯侵略者，离不开苏联共产党的坚强领导。可见，只有在党的领导下，坚持妥善处理好政党、领袖与群众等这些关系，充分调动各个方面的积极性，才能不断将社会主义现代化事业推向前进。

三、无产阶级政党需要铁的纪律

制定党的铁的纪律，是无产阶级革命必需的。针对一些共产党人缺乏阶级斗争坚韧性，尤其是西欧“左派”出现的十分严重的无政府主义倾向，列宁深刻地论述了无产阶级政党严密的组织纪律性对于无产阶级夺取和巩固政权的重大意义。在无产阶级革命斗争中，无产阶级政党没有严格的组织纪律，是不可能取得成功的。如果没有真正铁的纪律，面临内忧外患的严峻形势，布尔什维克想把苏维埃政权保持下去就无从谈起，可能连“两个半月也保持不住”。[1]可见，实行铁的纪律，是无产阶级新型政党的一个重要标志。

无产阶级革命政党为什么必须具有铁的纪律？这样一种铁的纪律靠什么来维持、检验和加强？列宁强调必须从党员自身修养、党与群众的关系、党坚强的领导机关三个方面来实现：一是靠党员的政治觉悟。党的铁的纪律是依靠党员自觉自愿的服从为前提的，只有自觉的纪律才能真正成为铁的纪律，党员的自觉性从哪里来？来自党员对革命的忠诚，他的坚韧性、自我牺牲精神和英雄气概。一句话，靠党员的共产主义觉悟，靠党员从思想上的服从到组织上的服从。二是靠党与群众的密切关系。同劳动群众打成一片，才能得到群众的拥护。三是靠党的正确政治路线。重要的是说服群众，通过向群众学习，倾听群众的意见，更好地团结和赢得最广大群众的支持，为实现党提出的任务而奋斗。列宁强调，没有这三条，纪律“必然会成为空谈”。[2]

维护和加强党的纪律，需要在长期革命斗争中不断锻炼。由于沙皇专制制度的残酷统治，布尔什维克从1903年就开始制定了一条实行民主集中制原则的组织路线，以在极为艰险的环境下坚持斗争。布尔什维克最后能够战胜阶级敌人包括许许多多的机会主义派别的破坏，取得十月革命胜利，建立无产阶级专政的苏维埃政权，除了其他必要条件之外，最重要的就是党内实行的铁的纪律。列宁所强调的组织纪律建设，在我国革命、建设和改革的时期都同样重要。

---

[1]《列宁选集》第4卷，人民出版社2012年版，第135页。

[2]《列宁选集》第4卷，人民出版社2012年版，第136页。

四、无产阶级政党必须制定一条正确的政治路线

除了上述条件以外，无产阶级政党的建设，还有一个正确政治路线建设的问题。那么，党怎么才能制定一条正确的政治路线？列宁强调需要向群众学习，倾听群众的意见，重视群众的革命积极性，研究群众的斗争实践。应当说服群众而不是强迫命令群众认识到党的正确领导，从而紧密地使群众团结在党的周围，共同为实现党提出的任务而奋斗。制定一条正确的政治路线很不容易，它需要在不断实践中进行探索，需要在不断总结经验教训的过程中获得启示，需要根据变化的实际情况来调整；而在执行过程中又经常遇到来自右和“左”的干扰，因而无产阶级政党要具备进行两条战线斗争的准备，而且任何时候都不能放松。为了教育各国年轻的共产党人及时纠正他们的错误，列宁总结了布尔什维克党内斗争的经验，揭示了无产阶级政党的成长和发展规律。

1914 年，右倾机会主义彻底倒向了资产阶级。这时右倾机会主义就成为布尔什维主义的主要敌人。布尔什维克需时刻注意右倾机会主义，它甚至可能“首先是而且主要是”反对的敌人。

在谈到工人运动内部布尔什维主义的另一个敌人“左”倾机会主义时，情形就不同了。从历史上看，布尔什维主义政党就是在既同右倾机会主义，又同“左”倾机会主义的斗争中成长壮大的。

“左”倾机会主义和右倾机会主义在产生的阶级根源上，既有共同点，也有不同点。共同的是，它们都是小资产阶级的代表，而非纯粹的工人。右倾是工人贵族阶层的产物，主张改良，

否定革命；“左”倾则是以往小有产者阶层的产物。他们容易受到生活水平的影响而经常身份地位不稳定，甚至颠倒，因此关于革命的主张和斗争形式也经常变来变去。此外，“左”倾机会主义和右倾机会主义产生的理论根源，主要是受形而上学的影响而产生的认识偏差。

列宁号召各国共产党人，为促进各国无产阶级革命斗争的发展，为推进国际共产主义运动，必须开展反对“左”、右倾机会主义的战争。反对“左”、右倾机会主义的观点对各国无产阶级政党来说具有普遍指导意义。从历史发展阶段看，在国际共产主义运动史上，在不同国家的共产党内部，在革命、建设和改革的不同历史阶段，有的时候右是主要危险，有的时候“左”是主要危险。

五、坚持处理好领袖、政党、阶级、群众之间的辩证关系

“左派”共产党人由于缺乏历史唯物主义观点，不了解领袖、政党、阶级、群众之间的辩证关系，提出“党专政还是阶级专政”，把党和阶级对立起来，否认党的领导作用，提出“领袖专政还是群众专政”，把领袖和群众对立起来，否认党的领袖的作用等许多错误问题，产生了许多错误认识。这些错误认知会使无产阶级和广大劳动群众在革命斗争中陷入没有领导的混乱状态。

马克思主义唯物史观指出，人民群众是历史的创造者，革命的阶级是社会发展的推动力量，两者在社会历史发展中起引领性和决定性作用，但并不否定杰出人物的重要作用。无产阶级是最先进的革命阶级，在推翻资本主义和建立社会主义的革命斗争

中，其领导作用是通过自己的先锋队共产党来实现的；而共产党又是在党的领袖领导下进行活动的。无产阶级革命领袖是在经过长期革命斗争实践的锻炼和考验从人民群众中涌现出来的，深受群众爱戴和拥护。他们是革命思想的创立者和传播者，是革命斗争的组织者和领导者。他们精通革命理论，了解社会发展规律，他们站得更高、看得更远，能适应时代的要求，能够对人类社会文明和进步起到巨大的推动作用。无产阶级要战胜资产阶级，取得革命胜利，离不开自己的政治家和领袖。

列宁指出，如果“左派”共产党人不能学会团结群众，不懂得正确的战略策略争取中间势力，不去分化瓦解敌对势力，“不学会把领袖和阶级、领袖和群众结成一个整体”，[1]就无法建立起广泛的统一战线，便不配拥有这个称号。

正确处理领袖与政党之间的关系，被历史一再证明是事关党的事业兴衰成败的大事。列宁晚年十分重视党内民主问题，尽管他自己是党的领袖，主持布尔什维克党的工作，但是他更多的是强调集体领导。在 1922 年 5 月，他在题为《论“双重”领导和法制》的一封信中就谈到双重领导弊端极大，建议改变这种领导模式和运行机制，因为检察机关对同级党委和政府不可能实现有效监督。[2]后来他还向党建议新的中央监察委员应该吸收更多的工农群众，从工人和农民中选出优秀分子，并且享有中央委员的一切权利。这样就能够充分吸收劳动者参与管理国家，对党的工作实施有效的监督，以提升国家机关的工作效率，通过这种方式使领袖同政党乃至阶级、群众间联系起来，真正使苏维埃活跃起来。

---

[1] 《列宁选集》第 4 卷，人民出版社 2012 年版，第 160 页。

[2] 参见《列宁选集》第 4 卷，人民出版社 2012 年版，第 701—705 页。

六、根据客观实际不断调整革命策略

与否定十月革命国际意义的修正主义者、右倾机会主义者不同，各国“左派”共产党人自称拥护十月革命，拥护苏维埃政权。但是，他们并不真正懂得马克思主义，只会喊一些空洞的口号或对布尔什维克说一些赞美的话。西欧“左派”共产党人，由于轻视群众和同盟军的作用，在战略、策略的一系列具体问题上都持有错误的观点。列宁要求他们多研究研究、多熟悉熟悉布尔什维克的策略，并且根据俄国和其他国家革命斗争的经验，在批判“左派”小资产阶级的同时，主要回答了以下几个争取群众的理论与策略的极其重要的现实问题。

一是在革命家应否在资本主义反动工会中工作的问题上，认为是可以的。

西欧多国的“左派”共产党人因为资产阶级工会具有“反动性”而拒绝参加。为了彰显其坚定的“革命”立场，主张与资产阶级工会彻底切割，另外建立一种以无产阶级专政为原则的完全不同于资产阶级工会的新的职工会组织——红色工会。这种“革命论调”，在列宁看来是根本错误的，而且是“幼稚可笑”的，这表明“左派”完全不懂得利用反动工会争取工人群众战胜资本主义的策略。

工会发展的历史是比较悠久的，它早于无产阶级政党的产生，甚至早于政党的出现，在资本主义发展初期的西欧各国，职工会就已经诞生。职工会随着资本主义的发展而发展，通过与资本家的斗争，在改善和维护工人阶级经济利益、社会福利、工作环境等方面做了很多有益的工作，成效明显。如果盲目退出资产阶级职工会就等于抛弃了广大工人群众，正好中了资产阶级的下怀。这种背叛工人阶级利益的行为，正如列宁说，“这无异是共产党人给资产阶级帮大忙”[1]。如果在经济建设和军事建设方面不同工会密切联系，缺乏工会支持，那么共产党人夺取政权，管理国家和实现无产阶级专政都是不可能的。列宁在批判“左派”时，提出在革命斗争中无产阶级政党“要善于说服落后分子”，[2]引导他们支持革命。也就是说，共产党人要做到“哪里有群众，就一定到哪里去工作”，[3]克服最大的障碍，有步骤地、有耐心地对由无产阶级群众构成的工会和工人合作社进行宣传和鼓动。列宁指出，作为无产阶级政党，必须善于争取群众，团结群众大多数，因为无产阶级革命斗争“单靠先锋队是不能胜利的”。这是列宁在该书中着重阐述的第一个基本战略原则。

二是在共产党人应否参加资产阶级议会问题上，认为原则上是可以的。

西欧多国的“左派”共产党人明确拒绝参加资产阶级议会，因为他们认为议会制已经过时。对这种轻浮有害的策略，列宁进行了坚决的批驳。如果从政治上历史上看议会制的话，的确已过时，因为自俄国十月革命胜利之日建立起苏维埃政权，就宣告了资产阶级议会制度的终结。可见，在无产阶级专政的国家，议会制已经完全过时。但因为其他许多国家还没有建立无产阶级专政的政权，工人阶级中的大多数人仍然只能继续生活在资产阶级统治下，因此在政治上议会制并未完全过时，也未马上过时，议

[1]《列宁选集》第4卷，人民出版社2012年版，第162页。
[2]《列宁选集》第4卷，人民出版社2012年版，第164页。
[3]《列宁选集》第4卷，人民出版社2012年版，第163页。

会制仍然是工人阶级和广大群众争取权利和开展斗争的重要工具。因此,各国共产党人必须认真分析客观形势,正确地利用资产阶级议会,而不是打着革命的旗号一味地拒绝和排斥,共产党人要做的是利用议会开展合法性斗争。这对阶级、对于群众来说十分重要,要揭露资产阶级议会的虚伪性,争取广大群众。

那么,议会斗争在何种意义上过时?又在何种意义上仍需坚持?这需要具体情况具体分析,要看力量对比和革命的发展形势。列宁指出,在当时的德国议会制并没有过时,为了拯救那些陷入水深火热的农民和工人,革命人士只有通过参加议会斗争才能寻找机会。在一定条件下,只有参加议会,利用议会讲坛,进行合法斗争,揭露资产阶级的反动,才能教育和争取人民群众,把群众基础打牢固。而“左”派人员则以为,只有不参加议会,革命才彻底。他们没有看到,只有维护群众利益,才能积蓄革命力量,因此他们犯了机会主义错误。

当然,共产党人参加资产阶级议会,不只是去进行所谓的立法,而是要把议会斗争作为一种手段,积极配合议会外的阶级斗争。也并非任何时候共产党人都可以参加,而必须看能否服务于巩固党和争取群众。共产党议会党团的任务是利用议会讲坛去揭露资产阶级的反动政策和争取教育广大群众。二月革命后,列宁领导下的布尔什维克党对杜马采取了灵活策略,因为那时在资产阶级共和国中“立宪会议是民主制的最高形式”。[1]召开立宪会议也是俄国各主要党派的共同目标,所以布尔什维克党也积极参与,成功利用资产阶级议会达到了自己的目的。十月革命后,苏维埃成了比立宪会议更先进、更优越的民主形式,因此布尔什

[1]《列宁选集》第3卷,人民出版社2012年版,第363页。

维克为了保卫十月革命的胜利成果，最后决定解散立宪会议。

在参加议会斗争时，无产阶级政党必须将原则性和灵活性结合起来。总之，共产党人必须占领一切阵地，揭露资产阶级的欺骗行为，把广大群众争取过来，团结在自己的周围，这样才能彻底孤立和战胜资产阶级及其走狗，否则就会“给革命带来更大的危害”。

三是在共产党人应不应当作出妥协的问题上，认为要以不同性质为依据。

“左派”共产党人否认一切妥协，宣称妥协就是机会主义，就是与马克思主义的要求相背离。“左派”事实上暴露了自己是一批宗派主义者，他们才是十足的机会主义。其实，“左派”并不了解争取群众的重要性，真正的马克思主义者是有原则地妥协，而并不是一味地妥协。

十月革命后，苏维埃俄国的力量还很弱小，面对外有德国进攻，内有叛军挑衅，导致国内出现了两派：一是斗争派，二是妥协派。斗争派即“左”派认为，如果对德国作出妥协，签订《布列斯特和约》，就是卖国行为，共产主义就不会真正胜利。列宁分析后指出，妥协分为两种：一种是为客观条件所迫，这是革命的行为，是为了最后胜利积蓄力量；另一种是叛徒行为的妥协，这才是出卖革命。这两种性质上是完全不同的，前者不会影响工人对革命的忠诚，而后者是怯懦畏缩屈从于资本家的威胁利诱。在实际政治生活中，对于哪些需要妥协，哪些需要斗争，其中的界限可能一时不是很明确，有的或有时会发生变动。因此在下结论时不可过于武断。这就要求我们能够做到具体问题具体分析，当然还要提高党自身的政治觉悟和辨识能力。例如，在反对沙皇制度的斗争中，布尔什维克同孟什维克、社会革命党人等政党的目标基本是一致的，所以有过合作；在资产阶级临时政府中，布尔什维克也与民主党、十月党、社会革命党、孟什维克等组成过联合政府；在杜马选举中，布尔什维克也曾同其他政党结成政治联盟合作共事，这属于第一种妥协，是有利于革命的妥协。当然在妥协的过程中，布尔什维克党也是有原则的，而且从来没有停止同机会主义和各种反动势力作坚决的斗争。

其实有些妥协是必要的，不能一概拒绝妥协。列宁强调，区分革命者的妥协和叛徒的妥协，这是两种不同性质的妥协。他用了一个通俗的例子形象地说明了这两种不同性质的妥协，比如一种人把钱和武器交给强盗，另一种人也把钱和武器交给强盗，前者是为了将来捕获和枪毙强盗，这种妥协是允许的，而后者则是为了入伙分赃，这种妥协是必须坚决反对的。[1]“左派”不了解两种不同性质的妥协，因而在反对机会主义妥协的同时，从根本上否认了一切妥协、通融和机动的必要。这就列宁所批判的是在妥协问题上耍孩子气，反对一切性质的妥协，正确的策略应该是根据妥协的性质来确定。

堡垒最容易从内部被攻破。同样的道理，任何敌人包括一切反动保守势力，其阵营也绝不会是铁板一块。因此，妥协就是我们可以利用敌人的矛盾，团结广大同盟者和同情革命的支持者，结成最广泛的统一战线，采取迂回进攻的策略，积蓄革命力量，最终取得无产阶级革命的胜利。列宁曾经借用车尔尼雪夫斯基关于“政治活动”复杂性的话对此作了很好的回应，强调无产阶级革命是充满曲折甚至付出牺牲的，它永远不可能有一条笔直的顺利大道。共产党人需要学会一切通融和妥协的策略以减少代

[1]《列宁选集》第4卷，人民出版社2012年版，第148页。

价和成本，当然，如果敌弱我强可以采取直接进攻。但是如果敌强我弱，则要采取迂回包围的策略。如果幻想不走曲折迂回道路的话就会给革命带来损失，正如列宁所说：“这岂不是可笑到了极点吗？”[1]

实际上，布尔什维克党有过许多成功妥协的案例，为革命事业的发展赢得了宝贵机遇。比如，早期为推翻沙皇专制政权同孟什维克的妥协；苏维埃政权建立初期与“左派”社会革命党人共同组织政府；1918年为集中力量建设社会主义苏维埃同德国妥协签订《布列斯特和约》，退出了第一次世界大战，等等。这些成功案例所蕴含的正确对待妥协的原则和策略，为世界各国共产党开展革命活动提供了宝贵经验。

总之，《“左派”幼稚病》一书内容极其丰富，论述十分深刻，其核心议题主要是全面批判共产主义运动中所表现出来的“左倾”错误，进而系统阐述了无产阶级的战略和策略等基本理论问题。除此之外，该书还深入探讨了关于加强党的组织纪律建设和思想理论建设、反对工人运动内部“左”右两条战线斗争的思想等等，给人们带来了许多启示。关于无产阶级战略与策略问题，正如列宁所说，如果谁不懂得这一点，就不是马克思主义者，就无法完成我们伟大的社会主义事业。

知识链接：

1. 吴克明：《列宁〈共产主义运动中的“左派”幼稚病〉研究读本》，中央编译出版社2017年版。

2. 余源培：《论列宁对共产主义运动中“左派”幼稚病的批

[1]《列宁选集》第4卷，人民出版社2012年版，第179页。

判》,《学术界》1994 年第 5 期。

3. 赵曜:《马克思主义战略和策略的通俗讲话——读〈共产主义运动中的“左派”幼稚病〉》,《高校理论战线》2006 年第 9 期。

4. 王晓放:《〈共产主义运动中的“左派”幼稚病〉建构政治主体的三重逻辑》,《学术研究》2022 年第 4 期。

5. [希腊]吉厄戈斯·马瑞诺斯、李捷:《关于共产主义运动中的一些战略问题——从希腊共产党的经验出发》,《马克思主义研究》2013 年第 4 期。

《新民主主义论》导读

阅读导引

1940年1月9日，毛泽东同志在陕甘宁边区文化协会第一次代表大会上，以《新民主主义的政治与新民主主义的文化》为题发表了著名讲演。“这个长篇讲话，从下午一直讲到入夜点起煤气灯的时分”，“拥挤在会场里的五六百听众，被他的精辟见解和生动话语所鼓舞、所吸引，聚精会神，屏息静听，情绪热烈，不时响起一阵阵的掌声”。[1]同年2月15日，这篇讲演稿在《中国文化》创刊号上发表；后刊登于《解放》，题目改为《新民主主义论》；1952年收入人民出版社出版的《毛泽东选集》第二卷。

这篇文章开宗明义提出“中国向何处去”的问题，毛泽东有力地回答，我们要建立一个新中国。彼时的中国，全国抗战进入相持阶段。中国共产党从原来被严密封锁的根据地走向全国政治舞台，并以其鲜明的抗战主张、坚定的抗战意志、无畏的抗战壮举极大吸引了全国民众的目光。国民党对此如坐针毡，大肆攻

[1] 温济泽：《听毛泽东讲新民主主义论》，《征鸿片羽集》，当代中国出版社1995年版，第473页。

击中国共产党的政策主张。一些反动政客也粉墨登场，以《致毛泽东先生一封公开信》等方式，表示要讨论“共产党之理论”，认定“马克思主义不适于中国”，主张取消边区、取消八路军与新四军，并替蒋介石大肆鼓吹“一个主义”“一个政党”。在这种形势下，中国应该向何处去、中国共产党的主张是什么，这些重大的理论和现实问题亟须我们党作出明确而有力的回答。

新民主主义理论并非突然产生的。无论是在土地革命战争期间毛泽东对中国社会的深入调查、对革命道路的成功开辟，还是在抗日战争期间对经验教训的深刻总结、对抗战前途的前瞻性思考，虽然没有明确提出“新民主主义”，但已经对其各方面进行了卓有成效的探索。1939 年，毛泽东同志写下《中国革命与中国共产党》一文，最早提出了“新民主主义”这个概念，并对中国社会的历史演进、百年革命运动状况，特别是中国革命的对象、任务、动力、性质、前途等进行了全面而深刻的分析，引起了广大民众的关注。为了对新民主主义的政治、经济、文化等若干重大理论问题作进一步阐述，毛泽东同志开始着手撰写《新民主主义论》。为此，他不但对近代中国的历史和革命进程进行了更深入的研究，而且注重从马克思主义著作中汲取营养，《共产党宣言》就翻阅了很多次[1]，最终形成了这篇光辉著作。这篇文献，共讲了 15 个问题，对中国应该建立一个怎样的国家，其政治、经济、文化具有怎样的特征，革命的战略步骤和最终前途是什么等问题，作了科学系统的回答，并驳斥了国民党顽固派散布的错误主张。这一重要著作彰显出毛泽东同志深厚的理论素养，不但使全

［1］ 曾志：《谈谈我知道的毛主席》，《缅怀毛泽东》上，中央文献出版社 1993 年版，第 401 页。

党进一步统一了思想、明确了方向，就连反动文人看后也不得不表示自从读了《新民主主义论》，就把毛泽东“作共产党理论家看待了”[1]。

“主义譬如一面旗子，旗子立起了，大家才有所指望，才知所趋赴。”[2]《新民主主义论》是新民主主义革命的纲领性文献，它同此前发表的《〈共产党人〉发刊词》《中国革命和中国共产党》等著作一起，构筑起新民主主义革命的理论体系，树立起“新民主主义”光辉旗帜，有力回答了“中国向何处去”这一困扰人们的时代课题，清晰勾勒出中国民主革命的发展进程和历史趋向，为把社会各阶级阶层紧紧团结在党的周围，形成推动历史发展的伟力提供了重要的理论支撑。这部光辉著作在多个领域丰富和发展了马克思主义，其中对阶级阶层、国家政权建设、经济社会发展、文化建设方向等问题的重要论断，蕴含着马克思主义的立场、观点、方法，彰显了中国共产党人推进理论创新、理论创造的勇气和智慧，对于新时代更好坚持和发展中国特色社会主义具有重要的指导和借鉴意义。

一、近代中国是一个半殖民地半封建社会

要回答“中国向何处去”这个重大的理论和现实问题，必须首先搞清楚中国正处于什么样的历史方位、具有怎样的历史特

[1] 转引自中共中央文献研究室编，逄先知、金冲及主编：《毛泽东传》(二)，中央文献出版社 2011 年版，第 574 页。

[2] 《毛泽东年谱(1893—1949)》(修订本)上卷，中央文献出版社2013年版，第70 页。

点，这构成了该文的立论基础。《中国革命和中国共产党》围绕“中国社会”从“中华民族”“古代的封建社会”“现代的殖民地、半殖民地和半封建社会”三个方面进行了阐述。《新民主主义论》则进一步对“中国历史的特点”进行了分析与概括。打开波澜壮阔的历史长卷不难发现，近代中国是一个急剧变动又极为复杂的社会，既有封建王朝末年的种种问题和乱象，又有外国入侵带来的一系列冲击和矛盾；既蕴含向上发展的趋向，也具有沉沦没落的因素。其间，各种政治力量登上历史舞台，围绕中国的去向进行了各式各样的尝试，但都没能找到正确答案。他们或想“少”了，以为单纯“器物之变”即可救亡图存；或想“错”了，以为照搬“西方模式”便可救国救民；或想“浅”了，以为“多研究些问题”就能水到渠成，从而无一例外以失败告终。其中一个重要原因是对中国社会的复杂性认识不足，对中国国情的特殊性把握不够。因此，只有正确回答中国是一个什么样的社会、具有怎样的特殊国情，并在此基础上科学确定发展的趋势、革命的对象、依靠的力量、行动的策略等，才能真正引领中国沿着正确方向前行。

要科学解答这个复杂且宏大的问题，必须站在正确立场、运用科学方法，对中国社会进行通盘审视，对实践要求进行全局谋划。我们党在领导革命、建设、改革的过程中，通常通过对国情的分析，以及对社会性质和主要矛盾的认识，来确定党的主要任务和路线方针政策。例如，在社会主义建设时期，党的八大对我国社会的主要矛盾作出正确判断，进而确定党的主要任务是集中力量发展生产力；在改革开放和社会主义现代化建设新时期，党的十三大明确了我国处于社会主义初级阶段，概括了这一阶段我国社会的主要矛盾，进而确定党和国家的主要任务，以及党的基本路线、“三步走”发展战略等；进入新时代，我们党把准我国发展新的历史方位，敏锐洞察我国社会主要矛盾的变化，进而明确党的基本理论、基本路线、基本方略等。这一指导伟大实践的科学方法，实际上早在新民主主义革命时期就已开始运用。无论是《中国社会各阶级的分析》开篇第一句话就提出“谁是我们的敌人？谁是我们的朋友？这个问题是革命的首要问题”[1]，还是《中国革命和中国共产党》明确指出“认清中国社会的性质，就是说，认清中国的国情，乃是认清一切革命问题的基本的根据”[2]，特别是在《新民主主义论》中，毛泽东同志以生动幽默的语言强调：谁不了解中国的国情，不了解中国革命的历史特点，“谁就不能指导这个革命和进行这个革命到胜利，谁就会被人民抛弃，变为向隅而泣的可怜虫”。[3]可以说，认清中国的特殊国情，才能准确把握革命的性质、对象、任务、动力、前途等一系列重大问题，从而推动革命事业不断向前发展。

对一国国情的分析，因不同的研究角度和不同的研究目的，会得出不同的结论。对于以马克思主义为根本指导思想的中国共产党来说，认清中国的国情，始终聚焦于中国社会的性质和主要矛盾。《新民主主义论》以“中国的历史特点”破题，指出古代的中国是一个封建社会，进入近代之后，中国变成了一个“殖民地、半殖民地、半封建的社会”，“这就是现时中国社会的性质，这就是现时中国的国情”。[4]

近代中国社会为什么会发生如此剧烈的变动？近代中国社

---

[1] 《毛泽东选集》第1卷，人民出版社1991年版，第3页。

[2] 《毛泽东选集》第2卷，人民出版社1991年版，第633页。

[3] 《毛泽东选集》第2卷，人民出版社1991年版，第665页。

[4] 《毛泽东选集》第2卷，人民出版社1991年版，第664—665页。

会性质的重大变化是如何发生的?毛泽东同志指出,由于外国资本主义的入侵,“这个社会的内部才发生了重大的变化”。也就是说,是将中国社会置于世界局势的演变中来认识。西方资本主义的发展,特别是其对中国的殖民掠夺,使古老的中华民族遭遇到空前挑战和严重危机。鸦片战争以及《南京条约》的签订,中国开始沦为半殖民地半封建社会;甲午战争的爆发以及《马关条约》的签订,使中国民族危机空前严重,半殖民地化程度大大加深;八国联军侵华,迫使清政府签订《辛丑条约》,中国彻底沦为半殖民地半封建社会。虽然辛亥革命推翻了清朝政府的统治,但由于这场革命的不彻底性,没能彻底改变中国遭受帝国主义欺凌、封建主义压迫的现状。此后,无论是北洋军阀集团,还是南京国民政府,都没能改变旧中国处于半殖民地半封建社会的状况。

对于造成近代中国社会性质变化的原因,可以从两个方面来理解。一方面,帝国主义的侵略是造成这一社会形态的最根本原因。一是帝国主义用坚船利炮打开中国国门,迫使中国政府屈服,无论是割地赔款,还是划分势力范围,中国的独立和主权受到严重侵害;二是帝国主义通过各种手段控制了中国的经济命脉,无论是把持海关,还是垄断金融,或是利用片面最惠国待遇大量倾销商品,掠夺肆无忌惮,压制新的经济因素发展,严重阻碍了中国社会生产力的发展;三是帝国主义勾结、扶植中国封建势力和买办势力,以其作为统治中国的支柱;四是帝国主义通过文化渗透,麻痹和毒化民众心灵,削弱反抗意志、培养奴化意识,希图在思想文化上控制中国。帝国主义的侵略虽然促使中国封建社会解体,带来资本主义因素发展,从而使中国从封建社会变为半封建社会;但帝国主义的残酷侵略和野蛮统治,使独立的中国变成半殖民地的中国。从这个意义上说，近代中国的历史正是帝国主义“把一个封建的中国变为一个半封建、半殖民地和殖民地的中国的血迹斑斑的图画”[1]。另一方面，中国的封建主义是帝国主义统治中国的基础。政治上，封建专制统治根深蒂固，无论是清王朝，还是北洋军阀、蒋介石集团，政权的更迭没有改变封建统治的实质；经济上，封建地主占有大量土地，即使进入民国，封建生产关系在广大农村仍然得以延续；文化上，封建礼教是中国人民精神上的枷锁。特别是封建势力与帝国主义势力相互勾结，出卖中国利益，换取帝国主义支持，共同压迫中国人民，把中华民族推向灾难的深渊。这就是近代中国沦为半殖民地半封建社会的历史动因。

对近代中国社会性质的定位构成了研究中国的基本框架，而要对中国国情予以深入把握，还需要对其具体展示出来的特点进行科学归纳。近代中国社会的特点如下：一是原有的自然经济基础由于帝国主义的侵略、资本主义因素的发展等而被破坏，但因为封建土地所有制仍然存在，地主阶级对农民阶级的剥削仍然保持；二是民族资本主义虽然有了一定程度发展，但在半殖民地半封建社会的环境中，其发展因受到帝国主义和封建主义的双重压迫而步履维艰，因而没能成为中国社会经济的主要形式；三是封建皇权被推翻，但封建专制主义依然在政治、经济、文化等各方面统治着中国；四是帝国主义操纵着中国的经济命脉，把控着中国政治的发展，中国虽然在形式上是独立的，但实际上已丧失独立主权；五是由于帝国主义分而治之的政策，加之中国幅员辽阔，中国长期处于一个不统一的状态，经济、政治、文化的发展

---

[1]《毛泽东选集》第2卷，人民出版社1991年版，第630页。

呈现出不平衡状态；六是在帝国主义和封建主义双重压迫下，中国人民特别是广大农民，经济上极端贫困，政治上毫无权利，这在世界上都少见。上述六个方面的特点说明，近代中国既不同于古代的封建社会，又不同于近代的资本主义社会，属于一个特殊的社会形态。

基于对近代中国国情，特别是中国社会性质的变动过程、历史动因和主要特征的分析，毛泽东同志深刻揭示出近代中国社会的主要矛盾。这就是：帝国主义和中华民族的矛盾，封建主义和人民大众的矛盾；其中，帝国主义和中华民族的矛盾，是各种矛盾中最主要的矛盾。这些矛盾的长期存在并不断尖锐化，势必造成革命运动的不断发生。同时，由于中国革命的敌人异常强大，使得“中国革命的长期性和残酷就发生了”，“那种以为中国革命力量瞬间就可以组成，中国革命斗争顷刻就可以胜利的观点，是不正确的”[1]。中国共产党领导的新民主主义革命，正是在这一特殊国情、这一社会主要矛盾背景下发展起来的。

二、中国革命是世界革命的一部分

列宁在《帝国主义是资本主义的最高阶段》中指出，要制定正确的策略，必须首先把握一个时代的基本特征，并在此基础上认识一国的具体特点。“中国向何处去”这一重大问题，虽然直接源于对中国前途命运思考和谋划，实则包含着对近代世界的认知和理解。这是因为近代中国社会发生的一系列深刻变化，与外部

[1]《毛泽东选集》第2卷，人民出版社1991年版，第634页。

世界的巨大变动密不可分，由此中国革命发展的趋向、特点、规律等深受外部世界的影响。在《新民主主义论》中，毛泽东同志站在时代之巅，以无比宽广的视野提出“中国革命是世界革命的一部分”这一重大论断，将中国革命运动与世界革命运动紧密结合，从历史大势中把准中国革命历史脉搏，进而指明中国社会发展的趋势和走向。

一方面，从近代世界历史运动观之，中国革命的发展越来越受到外部世界的影响。马克思、恩格斯通过对资本主义生产方式的深入考察，深刻揭示出“民族历史”向“世界历史”转变的历史趋势，明确指出过去那种地方的和民族的自给自足和闭关自守状态，被各民族的各方面的互相往来和各方面的互相依赖所代替。以英国资产阶级革命为标志，世界进入资本主义时代。在政治方面，英国、美国、法国等爆发了资产阶级革命，建立起资产阶级政权；在经济方面，英国掀起工业革命，并迅速蔓延至欧美各国，整个资本主义世界的生产力得到极大提升。由于资本具有逐利性，这就需要更广大的商品销售市场和原材料供给地，由此资本主义国家加速了外殖民扩张的步伐。到 19 世纪末，资本主义进入帝国主义阶段，出现了瓜分世界的狂潮。在这一大的时代背景下，中国不可避免地卷入其中，中国与外部世界的联系越发紧密，这不但催生了民族复兴的历史主题，同时也对中国革命产生了深远的影响。这一时期中国的革命运动，不可能再是简单复制历史上曾经出现过的封建王朝虽然更替但社会性质没有改变的情况，在亡国危机和外部示范的双重作用下，近代中国革命呈现出新的性质、新的特点。毛泽东同志在《新民主主义论》中指出，从 1840 年鸦片战争开始后的百年时间，中国人民进行了反帝反封建的斗争，辛亥革命是“比较更完全的意义上开始了这个革命”，这就是“资产阶级的民主主义的革命”。

另一方面，中国所处的外部世界并非一个停滞不前的世界。资本主义虽然与以往相比创造了更高的生产力，但自身也存在着不可解决的矛盾。马克思、恩格斯深入考察资本主义的经济、政治、社会状况，创立科学社会主义。列宁把马克思主义基本原理同俄国具体实际相结合，领导十月革命取得成功，开辟了人类历史新纪元，“改变了整个世界历史的方向，划分了整个世界历史的时代”[1]。这一新的时代条件，不可避免地对殖民地半殖民地国家产生深远影响。1918年，斯大林为纪念十月革命胜利一周年写下的《十月革命和民族问题》一文中明确指出，十月革命把东方各民族人民“拉进反对帝国主义的共同阵营”，由此民族问题从资产阶级民主革命的一部分“变成了世界无产阶级社会主义革命的一部分”。这一系列重大历史事件极大启发了毛泽东同志，他从当时中国流行的各种思潮中最终选择了马克思主义，“认为它是对历史的正确解释，以后，就一直没有动摇过”[2]。同时，毛泽东同志还吸收了列宁、斯大林关于帝国主义时代殖民地民族解放斗争的思想，明确指出“中国革命是世界革命的一部分”这一正确命题是“根据斯大林的理论”得出的。早在1925年，毛泽东同志撰写的《中国社会各阶级的分析》一文明确提出，整个世界正处于“革命和反革命两大势力作最后斗争的局面”，两大势力分别举起的是“红色的革命大旗”和“白色的反革命的大旗”[3]。在《新民主主义论》中，毛泽东同志进一步发展了这一

[1]《毛泽东选集》第2卷，人民出版社1991年版，第667页。

[2] 毛泽东：《毛泽东自述》，人民出版社2008年版，第45页。

[3]《毛泽东选集》第1卷，人民出版社1991年版，第4页。

思想，对中国革命所处的时代环境进行了更为深入的分析并指出，这是一个资本主义腐朽性充分暴露并因十月革命的胜利而出现崩溃的时代，这是一个资本主义对殖民地半殖民地依赖程度越来越严重的时代，这是一个社会主义国家帮助殖民地半殖民地寻求民族解放的时代，这是一个资本主义国家中的无产阶级不断觉醒并愿意帮助殖民地半殖民地的民众实现解放的时代。因此，殖民地半殖民地国家为寻求民族解放而发生的反对帝国主义的斗争，就不再属于世界资产阶级民主主义革命的范畴，不是资本主义世界革命的一部分，而是属于社会主义世界革命的一部分。

毛泽东同志对中国革命所处时代的分析，进一步丰富和发展了列宁、斯大林关于殖民地半殖民地国家民族民主革命的理论，在“两种世界革命”视角下对中国革命所处时代方位的准确判研，为科学指明中国应该向何处去起到了重要支撑作用。“中国革命是世界革命的一部分”这一论断，最终落脚点是要认清中国革命所处的阶段，这就是毛泽东同志提出的“新民主主义革命”这一重大命题。也就是说，近代中国的社会性质和主要矛盾，决定了中国革命的性质是资产阶级民主主义革命；但十月革命开辟的历史新纪元，以及由此带来的新的世界革命形势，使中国民主主义革命变成“新式的特殊的资产阶级民主主义的革命”。1840年鸦片战争以后、五四运动之前所发生的革命运动，属于旧民主主义革命；而1919年五四运动开始后的革命运动，则属于新民主主义革命。新民主主义革命之所以为“新”：在于有了新的革命领导力量，资产阶级不再是革命运动的领导，取而代之的是无产阶级及其政党；在于有了新的革命指导思想，不再是以资产阶级民主主义思想作为革命的指导，取而代之的是马克思列宁主义；在于有了新的革命的前途，不再是建立资本主义社会、资产阶级民主共和国，而是要建立新民主主义社会、新民主主义共和国，并最终过渡到社会主义社会；在于与世界革命的关系不同，不再属于旧式的世界资产阶级民主主义革命范畴，而是属于世界无产阶级社会主义革命的一部分。

三、中国革命要分两步走

“两种世界革命”这一大的时代背景，使中国革命与早期西方国家的资产阶级革命相比，具有不同的发展趋向。对“中国革命如何走”的科学回答，就能够解决“中国向何处去”的历史之问。

《新民主主义论》明确提出“中国革命不能不做两步走，第一步是新民主主义，第二步才是社会主义”[1]，这实际上讨论的是中国民主主义革命与社会主义革命关系的问题。中国革命第一步要进行民主主义革命，改变半殖民地半封建社会性质，建立一个独立的民主主义的社会。一个国家在一定历史时期的社会性质和主要矛盾，决定了这一时期的革命任务。在近代中国社会，既然帝国主义和封建主义是造成中华民族备受屈辱、中国人民备受压迫、中国社会步履维艰的原因，因此中国革命的任务就是以暴力的手段，对外推翻帝国主义的统治以求得民族独立，对内推翻封建主义的统治以求得人民解放。进行民族革命和民主革命是中国革命的两大任务。其中，由于帝国主义是致使中国沦为半殖民地半封建社会的根本原因，因而推翻帝国主义是中国革命的主要任务。对于这两大革命任务，毛泽东同志还深刻分析了其相

[1]《毛泽东选集》第2卷，人民出版社1991年版，第683—684页。

互区别又相互联系的关系。帝国主义是封建主义的支持者，因此要推翻封建主义的统治，就必须推翻帝国主义的统治；封建主义是帝国主义统治中国的主要社会基础，加之农民是中国革命的主力军，因此必须组织动员农民阶级推翻封建主义的统治，进而推翻帝国主义的压迫。因此，要实现中国革命的伟大目标，必须把民族革命和民主革命这两个任务紧密结合起来。既然中国革命的主要任务是反对帝国主义和封建主义，这就决定了中国革命的性质不是无产阶级社会主义的革命，而是资产阶级的民主主义的革命。这不仅是因为帝国主义和封建主义是革命对象，而且还因为在革命过程中，“有时还有资产阶级参加，即使大资产阶级背叛革命而成了革命的敌人，革命的锋芒也不是向着一般的资本主义和资本主义的私有财产”[1]。中国革命的第二步是进行社会主义革命，建立社会主义的社会。这是因为在中国所进行的民主主义革命，已经具备了诸多新的历史因素。无论是在革命中无产阶级的领导权得到广大民众的充分认同，还是中国民族资产阶级无力领导革命，无论是这场革命的理论指导是马克思列宁主义，还是在革命胜利后社会主义的因素有相当程度的发展，特别是中国的民主革命正身处于世界无产阶级革命的时代，这就使得中国所进行的民主主义革命只是“一方面的结果，不是它的全部结果”。必须在条件成熟后进行社会主义革命，建立社会主义社会。中国革命的这两个步骤，虽然性质和任务不同，但又紧密联系，“民主主义革命是社会主义革命的必要准备，社会主义革命是民主主义革命的必然趋势”。而作为当时的民主主义革命和此后阶段的社会主义革命，都离不开中国共产党的正确领导，“完成中国资产

[1]《毛泽东选集》第2卷，人民出版社1991年版，第646—647页。

阶级民主主义的革命（新民主主义的革命），并准备在一切必要条件具备的时候把它转变到社会主义革命的阶段上去，这就是中国共产党光荣的伟大的全部革命任务”。[1]

在革命步骤问题上，要反对两种错误倾向：一个是“二次革命论”。这一论调认为，从阶级力量看，中国无产阶级比较弱小、不够成熟，而资产阶级的力量比无产阶级的大；从经济基础看，中国资本主义经济发展还不够充分，因此只有在资本主义有了高度发展后，才能进行社会主义革命。由此，“二次革命论”认为，中国的民主主义革命只能由资产阶级来领导，革命胜利后应当建立资产阶级专政，发展资本主义。这一论调的实质是在民主主义革命和社会主义革命之间插入一段资产阶级专政。这种观点不仅在理论上是错误的，而且在实践中也行不通，曾使我们的事业遭受挫折。例如，大革命失败的一个重要原因，就在于这种右倾机会主义错误观点使我们没能真正掌握领导权，没能真正掌握武装力量，希望以妥协退让和束缚工农手脚来换取即将叛变的同盟者，从而陷入极为被动的局面。《新民主主义论》中专门列出“驳资产阶级专政”这个问题，强调指出，新民主主义社会和社会主义社会必须衔接，不容许横插一个资产阶级专政的共和国。这是因为帝国主义不容许，他们依赖殖民地半殖民地才能生存，“绝不容许任何殖民地半殖民地建立什么资产阶级专政的资本主义社会”；同时社会主义也不容许，在“资本主义决然死灭和社会主义决然兴盛的时代”，革命胜利后“再建立资产阶级专政的资本主义社会，岂非是完全的梦呓”？[2]此外，中国以往的革命特

[1]《毛泽东选集》第2卷，人民出版社1991年版，第651页。

[2]《毛泽东选集》第2卷，人民出版社1991年版，第680页。

别是大革命实践证明，中国大资产阶级在取得胜利后就踢开人民大众，与帝国主义和封建势力结成反革命联盟，实行半殖民地半封建的专政，也没有建立资产阶级专政的资本主义社会。因此，理论和实践证明，在民主主义革命和社会主义革命之间不应该也不可能建立资本主义社会。

另一个是“一次革命论”。这一论调认为资产阶级是革命最危险的敌人，因此在反帝反封建的同时，也要反对资产阶级和资本主义，将社会主义革命与民主主义革命合并一次完成。这实际上是混淆了民主主义革命和社会主义革命的区别。这一超越革命阶段的错误观点，主要表现为“左”倾冒险主义，曾给党的事业造成极大危害。例如大革命失败后，一些人提出民主主义革命和社会主义革命之间“没有截然分为两段的界线”，认为民族资产阶级已经走入反革命阵营，因此要进行所谓的“无间断革命”。后来在党的六大上，对于这一错误认识给予严肃批评。毛泽东同志在《新民主主义论》中，列出“驳‘左’倾空谈主义”这个问题并明确指出，新民主主义和社会主义“是性质不同的两个革命过程”，所以不能“举政治革命与社会革命毕其功于一役”，不能忽视当时的条件当空想家[1]。

四、建立新民主主义的政治关系

上述几个问题的分析，在从什么地方出发、怎样奔赴前方等方面对“中国向何处去”这个问题进行了回答。那么，“中国的去

[1]《毛泽东选集》第2卷，人民出版社1991年版，第685页。

处”又是怎样的呢？毛泽东同志明确指出，要通过新民主主义革命，建立一个新民主主义的中国，并在此基础上建立社会主义的中国。那么应该如何认识这一论断？《新民主主义论》明确提出了“新民主主义社会”这个概念，即中国革命的第一步、第一阶段“是要建立以中国无产阶级为首领的中国各个革命阶级联合专政的新民主主义的社会”。此后，毛泽东在多个场合对新民主主义社会进行阐释。例如，1943 年毛泽东在中央党校二部开学典礼的讲话中指出，新民主主义社会，它的“基本性质仍是资本主义的”，但同时又是无产阶级领导的、人民群众充分发动起来的社会。[1]可以说，新民主主义社会不是一个不变的、独立的社会形态，而是一个过渡性质的社会，其最终前途是社会主义社会。关于从这种过渡性质的社会向社会主义社会转变，1944 年，毛泽东在同英国记者斯坦因谈话时提出“要实行相当长的一个时期”。[2]1948 年，毛泽东同志则表示：“我国在经济上完成民族独立，还要一二十年时间。我们要努力发展经济，由发展新民主主义经济过渡到社会主义。”[3]毛泽东同志还曾明确指出：“没有一个新民主主义的联合统一的国家，没有新民主主义的国家经济的发展，没有私人资本主义经济和合作社经济的发展，没有民族的科学的大众的文化即新民主主义文化的发展，没有几万万人民的个性的解放和个性的发展，一句话，没有一个由共产党领导的新式的资产阶级性质的彻底的民主革命，要想在殖民地半殖民地半封建的废墟上建立起社会主义社会来，那只是完全的空想。”[4]中华人民共和国成

[1]《毛泽东文集》第 3 卷，人民出版社 1996 年版，第 56 页。

[2]《毛泽东文集》第 3 卷，人民出版社 1996 年版，第 182 页。

[3]《毛泽东文集》第 5 卷，人民出版社 1996 年版，第 146 页。

[4]《毛泽东选集》第 3 卷，人民出版社 1991 年版，第 1060 页。

立后，国内外形势的发展变化使社会主义改造的任务开始具备，1952 年毛泽东同志提出开始用十到十五年时间基本完成向社会主义的过渡，而不是十年或者以后才开始过渡。由此，1953 年我们党提出了过渡时期总路线，并开始了社会主义改造。也就是说向社会主义过渡，需要新民主主义在政治、经济、文化等方面相当程度的发展，这就引申出新民主主义政治、经济、文化的问题。《新民主主义论》对此进行了阐释。其中，“新民主主义政治”，也就是关于新民主主义国家政权的基本主张。毛泽东同志指出，新民主主义革命胜利后所要建立的民主共和国，“只能是在无产阶级领导下的一切反帝反封建的人们联合专政的民主共和国”。[1]

新民主主义的政治实质上讨论的是内部的政治关系，其中对新民主主义革命中无产阶级、农民阶级等在内的阶级阶层的分析，构成了新民主主义政治的立论基础。关于无产阶级，毛泽东同志认为中国无产阶级除了具有不占有生产资料、富于组织性纪律性等世界上其他国家无产阶级共同的优点外，还因深受世上罕见的压迫剥削而更具革命的彻底性和坚决性；而作为先锋队和领导力量的中国共产党没有受到欧洲工人运动中机会主义、改良主义的影响，从而使整个工人阶级最革命；此外，中国工人阶级多数是来源于破产农民，这种与农民天然的联系就使其能与农民结成联盟。因此中国革命必须由工人阶级、由中国共产党来领导。关于农民阶级，毛泽东同志依据占有土地的多少和劳动关系，将没有土地或土地不足的贫农看作农村中的半无产阶级；把依靠出卖劳动力为生的雇农看作农村中的无产阶级；而中农虽然一般不剥削别人，但受到帝国主义、地主阶级、资产阶级的剥削压迫，因此具有革命

[1]《毛泽东选集》第 2 卷，人民出版社 1991 年版，第 675 页。

性；他们是无产阶级最可靠的同盟军，是“中国革命的主要力量”。关于城市小资产阶级，主要包括知识分子、小商人、手工业者和自由职业者，他们受到反动势力的压迫剥削，日益走向没落和破产，因此也具有很大的革命性。关于中国的资产阶级，最难分析也容易产生认识偏差，毛泽东同志指出，中国资产阶级包括带买办性质的大资产阶级和民族资产阶级。其中，带买办性质的资产阶级，直接为帝国主义服务，又和封建势力有密切联系，因此属于革命的对象。而中国的民族资产阶级既具有革命性也具有妥协性：一方面，因受帝国主义和封建主义的压迫与束缚，这就不可避免与之产生矛盾，从而导致民族资产阶级具有革命性，是革命的力量之一；另一方面，因与帝国主义和封建主义并没有完全断绝联系，这就导致民族资产阶级缺乏斗争的勇气，具有妥协性。因此其在一定程度上和一定时期中能够参加反帝反封建的革命。从上述分析可以看出，毛泽东同志不是笼统地对中国资产阶级进行定位，而是根据其赖以存在的经济社会基础，特别是与帝国主义、封建主义的关系，进而将其细分为民族资产阶级和买办资产阶级，并根据其对革命的态度决定我们的政策。毛泽东同志也并非采取机械的、静止的观点看待民族资产阶级，而是根据具体历史条件及其变动来予以定位，并决定对之政策，正如毛泽东同志所指出的，“中国现阶段的历史将形成中国现阶段的制度”[1]。通过上述对中国社会各阶级阶层的分析，毛泽东同志指出，要建立由无产阶级领导的、各个反帝反封建的阶级阶层联合专政的共和国。

毛泽东同志对新民主主义政治的设计，还参考了世界上其他国家的政权组织形式：一种是欧美式的资产阶级共和国，但属于

[1]《毛泽东选集》第3卷，人民出版社1991年版，第1062页。

旧民主主义革命的产物，已经过时；一种是苏联式的无产阶级专政、社会主义共和国，但这种政权形式需要有先进的经济社会发展基础，因此也不适用于殖民地半殖民地国家的革命；一种是新民主主义共和国，即由几个反对压迫的阶级联合起来建立的国家。毛泽东同志指出，第三种是殖民地半殖民地国家革命胜利后，“在一定历史时期所采取的国家形式”，是“过渡的形式”，但又是“必要的形式”。由此，毛泽东同志对新民主主义共和国的国体和政体进行了详细阐述。所谓国体，即社会各阶级在国家中的地位。基于对中国社会各阶级的分析，特别是对中国革命动力的分析，毛泽东同志认为新民主主义的政治，“是建立一个联合一切民主阶级的统一战线的政治制度”，也就是无产阶级领导的、以工农联盟为基础的、几个革命阶级的联合专政。所谓政体，即政权构成的形式，即“一定的社会阶级取何种形式去组织那反对敌人保护自己的政权机关”。[1]毛泽东同志指出，新民主主义的政体必须与新民主主义的国体相适应，要建立以民主集中制为基础的各级人民代表大会。对于国体、政体，毛泽东同志总结说：“国体——各革命阶级联合专政。政体——民主集中制。这就是新民主主义的政治，这就是新民主主义的共和国。”[2]

五、发展新民主主义经济

经济基础决定上层建筑，因此要科学回答“中国向何处去”，不能不对新民主主义经济的构成、纲领、政策等进行充分的研

---

[1][2]《毛泽东选集》第2卷，人民出版社1991年版，第677页。

究。新民主主义革命是以帝国主义、封建主义为对象，但中国经济社会发展还比较落后，特别是新民主主义革命的领导是无产阶级，革命的最终前途是建立社会主义，因此中国既不可能建立欧美式的资本主义经济制度，也不可能建立苏联式的社会主义经济制度，新民主主义的经济必然包含着社会主义和非社会主义因素。

《新民主主义论》对新民主主义经济主要从三个方面进行了论述：一是把“大银行、大工业、大商业，归这个共和国的国家所有”，建立无产阶级领导的具有社会主义性质的国营经济，使之成为国民经济的领导力量。二是对于资本主义的私有财产并不没收，对于“不能操纵国民生计”的资本主义生产的发展也不禁止。三是针对封建土地占有关系，采取没收地主土地并分配给农民的办法，以实现“耕者有其田”的目标。上述思想在实践中不断得到深化。1947 年 12 月，毛泽东同志在《目前形势和我们的任务》一文中完整地提出了新民主主义的三大经济纲领，即没收封建阶级的土地归农民所有、没收官僚的垄断资本归新民主主义国家所有、保护民族工商业。之所以采取这样的经济政策，是因为：土地是农民赖以生存的命根子，而在封建土地所有制下，地主占有大量土地，农民没有或只有很少土地，因此只有将地主阶级的土地分配给农民，满足农民对于土地的要求，才能真正从经济基础上摧毁封建主义赖以存在的基础，才能最大程度调动农民参加革命、从事生产的积极性。无论是土地革命战争时期的《井冈山土地法》《兴国土地法》，还是解放战争时期的“五四指示”《中国土地法大纲》，我们党正是满足了农民对土地的需要，从而汇聚起改天换地的磅礴力量。而官僚资本依靠帝国主义、勾结封建势力、压迫民族资产阶级，严重阻碍了社会生产力的发展，因此没收官僚资本归新民主主义国家所有，不但可以摧毁反动力量赖以生存的经济基础，而且可以使人民政权掌握国家命脉，使社会主义性质的国营经济在国民经济中成为领导力量。对于私人资本主义，毛泽东同志指出，新民主主义革命的对象是帝国主义、封建主义和官僚资本主义，而不是一般地消灭资本主义，“在革命胜利之后，因为肃清了资本主义发展道路上的障碍物，资本主义经济在中国社会中会有一个相当程度的发展，是可以想象得到的，也是不足为怪的”[1]，加之旧中国的经济发展比较落后，因此使民族资本主义经济有一定程度发展，有利于国计民生，“拿资本主义的某种发展去代替外国帝国主义和本国封建主义的压迫，不但是一个进步，而且是一个不可避免的过程”。[2]这不但有利于资产阶级，而且有利于无产阶级，“即使革命在全国胜利以后，在一个长时期内，还是必须允许它们存在；并且按照国民经济的分工，还需要它们中一切有益于国民经济的部分有一个发展；它们在整个国民经济中，还是不可缺少的一部分”。[3]当然，在保护民族资本利益的同时，还要限制其消极作用，使其不能操纵国计民生。

六、建设新民主主义文化

我们党所要建立的新中国，“不但有新政治、新经济，而且有新文化”，也就是说，“要把一个被旧文化统治因而愚昧落后的中

[1]《毛泽东选集》第2卷，人民出版社1991年版，第650页。

[2]《毛泽东选集》第3卷，人民出版社1991年版，第1060页。

[3]《毛泽东选集》第4卷，人民出版社1991年版，第1254—1255页。

国，变为一个被新文化统治因而文明先进的中国”。对于新民主主义文化，毛泽东同志主要从四个方面进行了阐述。

一是运用马克思主义关于文化与经济、政治的辩证关系阐释了新文化与旧文化的生成基础。毛泽东同志指出：“一定的文化（当作观念形态的文化）是一定社会的政治和经济的反映，又给予伟大影响和作用于一定社会的政治和经济；而经济是基础，政治则是经济的集中的表现。”[1]由此观之，中国旧政治、旧经济乃是旧文化存在的基础，要建设新文化，就必须革除旧政治、旧经济，建立新政治、新经济。在中国长期的封建社会发展过程中，形成了反映封建政治和经济的封建文化。进入近代之后，中国逐渐沦为半殖民地半封建社会，由此产生了殖民地、半殖民地、半封建的文化。其中，帝国主义文化反映的是帝国主义在政治、经济上的统治，包含奴化思想等在内的文化属于这一类；半封建的文化主要包括主张尊孔读经、提倡旧思想旧礼教的文化；同时，帝国主义文化和半封建文化又结成反动同盟，为帝国主义和封建阶级服务，共同反对新文化，因此它们必须被打倒。此外，新文化并非凭空而来，伴随近代之后中国资本主义经济的发展，以及由此产生的包括资产阶级、小资产阶级、无产阶级等在内的新政治力量，必然会在观念形态上形成新文化。而新的经济、政治力量与旧的经济、政治力量的斗争，必然要求新文化与旧文化作坚决斗争。

二是从旧民主主义革命和新民主主义革命的角度对新文化在五四运动前后两个不同时期的表现和实质进行了阐释。在五四运动前的旧民主主义革命阶段，旧的资产阶级民主主义主要

[1]《毛泽东选集》第2卷，人民出版社1991年版，第663—664页。

是为中国资产阶级服务的，是旧民主主义性质的文化，属于世界资产阶级的资本主义的文化革命的一部分。由于中国资产阶级的软弱性，其在政治、经济上不可能战胜帝国主义和封建主义，其在与帝国主义奴化思想和封建主义复古思想的斗争中也被打败。而五四运动后，中国产生了新的文化主力军，这就是中国共产党领导的共产主义文化思想，其以马克思主义为指导，展现出蓬勃的生机与活力，与帝国主义文化和封建文化展开斗争，起到极大的革命作用，“其动员之广大，超过中国任何历史时代”，因此它是新民主主义性质的文化，属于世界无产阶级的社会主义的文化革命的一部分。

三是具体阐释了新民主主义的文化纲领。毛泽东同志指出，“所谓新民主主义的文化，就是人民大众反帝反封建的文化”，具体来说，就是“无产阶级领导的民族的科学的大众的文化”。新民主主义文化是民族的文化，强调的是这一文化具有民族特性，主张反对帝国主义的压迫、维护中华民族的尊严和独立；同时民族的文化必须有民族的特性，在形式和内容上都应具有中国作风和中国气派。新民主主义文化是科学的文化，强调的是“反对一切封建思想和迷信思想，主张实事求是，主张客观真理，主张理论和实践一致”[1]。新民主主义文化是大众的文化，强调的是这一文化是民主的，是为广大工农劳苦民众服务的。民众是革命文化的源泉，革命文化又是民众进行斗争的有力武器。需要指出的是，建设民族的大众的科学的新民主主义文化，要正确处理好同其他文化的关系，不能排斥外来文化，无论是社会主义文化，还是包括外国古代文化、资本主义的启蒙文化等在内的外国的进

[1]《毛泽东选集》第2卷，人民出版社1991年版，第707页。

步文化，都要以排除糟粕、吸收精华的原则批判地加以学习，以此作为自己文化的原料，但这一过程中要坚决反对“全盘西化”；也不能完全割裂历史，中国的新文化是从古代旧文化发展而来的，中国封建社会也曾创造灿烂的古代文化，对其要剔除封建糟粕、吸收民主精华，因此必须尊重自己的历史，给历史以科学的定位。

四是新民主主义文化是无产阶级领导的，起决定作用的是社会主义因素，但并非单纯的无产阶级社会主义文化。一方面，资产阶级文化专制主义的路是走不通的，没有国内国际条件的支撑，必须以无产阶级文化思想来领导。另一方面，民主主义革命阶段主要是反帝反封建，而不是以推翻资本主义为目标，因此虽然新民主主义文化中包含着起决定作用的社会主义因素，但就整个文化情况看，却不是社会主义而是新民主主义的，那种“以为现在的整个国民文化就是或应该是社会主义的国民文化”的观点是不正确的。中国革命是由无产阶级领导的，因此新文化不能离开无产阶级文化思想的领导，不能离开共产主义思想的领导。但是这种领导是为了反对帝国主义和封建主义，故而应该扩大共产主义思想的宣传，加紧马克思主义的学习，从而指导当时民主革命的胜利和后来发展到社会主义，但必须把对共产主义思想的宣传“同对于新民主主义的行动纲领的实践区别开来”、把马克思主义的理论和方法“同作为整个国民文化的新民主主义的方针区别开来”[1]，不能混为一谈。

总之，《新民主主义论》运用马克思主义立场观点方法科学审视世界与中国，着眼帝国主义时代和无产阶级革命时代下殖民

[1]《毛泽东选集》第2卷，人民出版社1991年版，第706页。

地半殖民地斗争形势发展，总结中国革命的经验，深刻阐明了新民主主义一系列重大理论和现实问题，统一了全党思想，批驳了国民党顽固派的种种错误主张，指明了中国革命的正确方向和行动策略，推动了中国革命事业向前发展，其中蕴含的立场观点方法在今天依然具有重要的指导意义和现实价值。

知识链接：

1. 王继平、罗雅真:《党的十八大以来中国近现代史基本问题研究述评》,《思想政治工作研究》2022 年第 5 期。

2. 周伟东:《毛泽东关于新中国构想的历史演变》,《党的文献》2019 年第 6 期。

3. 陈静:《文化自信的三维向度——重读毛泽东〈新民主主义论〉》,《学习时报》2020 年 3 月 11 日。

4. 1940 年 1 月 9 日，毛泽东发表《新民主主义论》，学习强国，https://article.xuexi.cn/articles/index.html?art_id=1543608888978242794 7&item_id=15436088889782427947&study_style_id=video_default&t=1641368617646&showmenu=false&ref_read_id=6004597c-9fa5-495e-a8c0-432a7d6b77f3_1711536343773&pid=&ptype=-1&source=share&share_to=text_msg。

5. 党校公开课:《新民主主义论》与中国共产党的理论创新，https://article.xuexi.cn/articles/index.html?art_id=4923989031698163526&cdn=https%3A%2F%2Fregion-liaoning-resource&item_id=4923989031698163526&study_style_id=video_default&t=1683354702102&showmenu=false&ref_read_id=cb04e41c-b116-425c-bd9d-61e245531a63_1711536534709&pid=&ptype=-1&source=share&share_to=text_msg。

代跋：学习恩格斯的战斗精神

本丛书虽然力求精要、力求简明、力求通俗、力求优美，但作为经典著作导读类的成果，仍难免有更多理论关切、更多学术阐释、更多理性思考、更多原理剖析。事实上，经典著作无论是其最初创作问世，还是其持续发挥效应，都与经典作家的超凡能力和卓越人格密切相关。为了弥补本丛书对经典作家之博学睿智、真挚情感、坚强意志等方面呈现的相对缺失，也为了呼应“代序”中对马克思的致敬，特以一篇缅怀恩格斯的文章“代跋”。但愿能够进一步以点代面地展现经典作家们的伟岸形象和人格魅力，并与广大读者共同从更宏阔维度汲取经典作家所留给我们的丰厚滋养。

作为一位卓越的思想导师、革命领袖，恩格斯的性情显得格外温润平和，但他的一生，却是战斗的一生。从追求自由进步的青年，到革命民主主义战士，再到社会主义理论家和无产阶级革命领袖，恩格斯为谋求人类解放，为实现共产主义理想，为创立和发展马克思主义科学理论，不懈奋斗了半个多世纪，向我们诠释了“生命不息，战斗不止”的革命品格和人生境界。

眺望远方闪烁的晨星

中学时，恩格斯就表现出向往民主自由、反对压迫统治的志向。他崇尚英雄，喜欢德国文学作品中反对专制强暴的故事，赞誉退尔、齐格弗里特、浮士德、阿基里斯和布尔昂等英雄人物，在16岁创作的诗歌《我看到远方闪烁着光芒》中表达了周游世界、驰骋八方的梦想，渴望像骑士一样英勇战斗。他不愿做“政治上的瞌睡虫”，在不来梅实习期间，撰写了第一篇政论文章《乌培河谷来信》，对腐朽封建势力和反动专制政权进行了无情鞭挞。他蔑视虔诚主义，“这个旧蒙昧主义的断崖也抵挡不住时代的巨流：沙石一定会被水流卷走，断崖一定会轰然倒塌”。[1]他抨击专制官僚，“你们这群恶犬对我有何妨碍？我照样高枕而卧，自由、大胆地憧憬未来，我正告你们不要打错算盘，我们知道，黎明前的夜魔最会兴妖作怪”。[2]他呼唤自由，“我们要走出去，跨入自由的天地，冲决谨小慎微的束缚，为夺取生活的桂冠，为有所作为而奋斗”，[3]“废除一切等级，建立一个伟大的、统一的、平等的公民国家……”[4]一篇篇战斗檄文犹如巨石一般投入家乡的乌培河，顿时掀起了轩然大波。人们无法想象如此大胆非议现存制度的作者竟然来自上流社会的家庭。正如爱琳娜·马克思评价的，恩格斯的家庭在社会上极有地位，也许这种家庭还从来不曾有过像他那样生活道路完全和家世背道

[1]《马克思恩格斯全集》第2卷，人民出版社2005年版，第54页。
[2] 同上书，第169页。
[3] 同上书，第259页。
[4] 同上书，第277页。

而驰的子弟。人们不禁思考：是什么让青年恩格斯摆脱了家庭出身和宗教信仰的传统桎梏？答案或许是多元的。但归根到底无疑是远大的追求和坚定的信念，正如恩格斯用诗歌道出的心声："是的，清晨即将来临，晨星闪烁，昭示着黎明，自由的钟声把一切善良的人唤醒，钟声预告的不是风暴，而是令人欣喜的和平！"[1]

控诉资本主义的种种罪行

1842年，恩格斯来到曼彻斯特，这是资本主义经贸最繁荣的城市之一，同时也是资本主义经济社会矛盾最激烈的地方。恩格斯走进工人的栖身之所，无产者悲惨的遭遇和强烈的反抗精神深深触动了他——"我从来没有看到过一个阶级像英国资产阶级那样堕落，那样自私自利到不可救药的地步，那样内部腐败，那样无力再前进一步"，"无产者除了接受资产阶级向他们提供的条件或者饿死、冻死、赤身露体地到森林中的野兽那里去找一个藏身之所，就再也没有任何选择的余地了"[2]——正是这些穿透心灵的感性认识，使恩格斯以一种更为清晰的理性眼光觉察到两大阶级之间一触即发的紧张感。从他为《莱因报》《前进报》等刊物撰写的有关英国情况的文章中可以看出，这个时期的恩格斯就已然区别于宪章派的"合法革命"和共产主义同盟主张的空想社会主义理论，而是以排斥任何政治浪漫主义的方式坚定地

[1] 《马克思恩格斯全集》第2卷，人民出版社2005年版，第169页。
[2] 《马克思恩格斯文集》第1卷，人民出版社2009年版，第476页。

站在了工人阶级立场上。他向全世界控诉英国资产阶级所犯下的大量杀人、抢劫以及其他种种罪行，强调只有通过暴力变革现有的反常关系，根本推翻门阀贵族和金融贵族，才能改善无产者的物质状况。青年恩格斯并不是停留于对社会现象的感慨，而是努力将剖析触角深入到资本主义的内在本质，深度揭露资本主义的虚伪性和历史过渡性，并尝试揭开一系列社会现象的奥秘。被誉为"天才大纲"的《国民经济学批判大纲》，就揭露了资本主义生产方式的矛盾，强调只有消灭私有制、全面变革现存的社会关系，才能消除资本主义的弊端。尽管恩格斯自谦为"第二小提琴手"，但其思想的敏锐性、开创性、深刻性是毋庸置疑的，以至于梅林在《马克思传》谈到恩格斯的政治经济学时明言，就思想性而言，认为恩格斯是给予者，马克思是承受者。两人在同一时期完成共产主义世界观和唯物主义历史观的转变，共同开启了人类思想史的新篇章，走向推翻旧世界、建立新世界的革命道路。

冲锋在最困难危险的地方

在 1848—1849 年风起云涌的革命斗争中，马克思、恩格斯高举无产阶级国际主义旗帜，热烈支持波兰、匈牙利、意大利、捷克人民的斗争。然而，革命事业并非一帆风顺。《新莱茵报》被当局悍然查封，马克思、恩格斯遭受驱逐和不公正控诉，但他们并未因此而退缩。恩格斯更是奔赴战场，参与一线战斗。在维护德国宪法运动的武装斗争中，恩格斯领导工人修筑工事，袭击反革命武装的军械库。随后，转战普法尔茨前线，加入维利希率领的起义军部队，掩护革命军向巴登会师。战场上，身为副官的恩格斯威风凛凛，佩戴军刀和手枪，穿梭在枪林弹雨中。爱琳娜·马克思称赞道，凡是在战火中见过他的人，很久以后都还在谈论他那非凡的镇静和漠视一切危险的气魄。他自己却非常谦虚地说，备受赞扬的冲锋陷阵的勇敢是人们能够具备的最平常的品质。子弹飞鸣简直是微不足道的事情。在这样的枪林弹雨洗礼中，恩格斯不仅表现出气概英武、身先士卒的战斗精神，更展现了杰出的军事才能，他擅长绘制战局图，能够准确判断战机、灵活处置军情，数次帮助起义军转危为安。虽然面对数倍于己的反革命武装，装备低劣的起义军最终败下阵来，但恩格斯一直战斗到最后一刻，才作为最后一批撤离德国的人员流亡瑞士。即便如此，他依然保持昂扬斗志和乐观心态，安抚同伴不惧失败，反动派的胜利是暂时的，更伟大的斗争还在后头。李卜克内西回忆道："1849 年盛夏，恩格斯从他的'驻地'洛桑到日内瓦看望我们。……他穿着一件蓝色的上衣，这使得他那挺直的、像普鲁士人那样强壮的身躯显得更加魁梧。快乐的、炯炯有神的眼睛，响亮而愉快的嗓音，诙谐风趣的谈吐，完全是一个爽朗的、热情奔放的年轻人。"[1]

缔造马克思主义军事理论

这个在战火中冲锋陷阵的年轻人，不仅在处境极其困难的军事实践中积累了经验，更自觉把这些经验提炼升华为理论。早在

[1] 转引自萧灼基：《恩格斯传》，中国社会科学出版社 2011 年版，第 132 页。

1845年，恩格斯在爱北斐特发表的两篇演说中，就探讨了资本主义国家的常备军对经济建设的影响，揭示了军队的阶级性和历史性。1851年8月至1852年9月，恩格斯应马克思之邀为《纽约每日论坛报》撰写了一组关于革命斗争的文章，这些文章后来构成著名的《德国的革命和反革命》。恩格斯用历史唯物主义观点分析德国革命的起因、性质、过程和失败的原因，指出应当根据社会总的经济状况和生活条件研究革命发生和成败的原因，并通过对德国社会阶级结构、各阶级的社会地位及其在革命中的态度和作用的分析，论述了无产阶级领导权和工农联盟问题。这些思想为马克思主义军事理论体系的建立奠定了坚实基础，并在后来的《反杜林论》等重要著作中丰富和发展，系统阐明了马克思主义战争观、军队理论、武装起义理论、作战指导理论、科学技术与军事的关系，等等。正是在这个意义上，马克思把恩格斯看作能为他解答任何军事问题的"曼彻斯特的陆军部"，列宁赞誉恩格斯是"伟大的军事学家"。

投身激烈的理论批判

恩格斯不仅战斗在硝烟弥漫的军事战场，更战斗在同样惊心动魄的理论战场。他同马克思一道，以笔杆为武器，一生为追求真理而论战，形成了以批判为主要特征的理论风格和思想内核。从年轻时期向黑格尔、谢林开火，到与马克思共同创作《神圣家族》《德意志意识形态》批判费尔巴哈、鲍威尔、施蒂纳，再到《共产党宣言》中对形形色色的"社会主义和共产主义"进行批判，再到国际工人协会时期花费大量精力同"第一国际"内部的蒲鲁东主义、巴枯宁主义、拉萨尔主义、工联主义等错误思潮进行坚决斗争，再到放下自然辩证法研究转而去完成典型的论战性巨著《反杜林论》……这些都客观记述了恩格斯理论批判的足迹。为了应对“创造体系”的欧根·杜林，恩格斯跟着杜林先生进入一个广阔的领域，在这个领域中，他谈到了所有可能涉及的东西，而且还不止这些东西。这一旗帜鲜明的科学批判，不仅是严谨缜密的，更是积极进取的，不仅是对错误的消解，更是对正确的建构——“消极的批判成了积极的批判；论战转变成对马克思和我所主张的辩证方法和共产主义世界观的比较连贯的阐述”。[1]正如列宁所评价的，《反杜林论》分析了哲学、自然科学和社会科学中最大的问题，是一部内容十分丰富的书，它和《共产党宣言》一样，是每个工人必读的书籍。

鞠躬尽瘁　死而后已

马克思逝世后，恩格斯将更多的精力用来整理和编辑《资本论》第 2 卷和第 3 卷——整整 11 年，他日以继夜地抄写、整理、补充、编排，几次累得生病。他却因此而欣慰：“这是我喜欢的劳动，因为这时我又和我的老朋友在一起了。”[2]列宁评价说：“恩格斯出版《资本论》第 2 卷和第 3 卷，就是替他的天才朋友建立了一座庄严宏伟的纪念碑，无意中也把自己的名字不可磨灭地铭刻在上面了。”[3]不仅如此，恩格斯还独自承担起指导国际共

[1] 《马克思恩格斯选集》第 3 卷，人民出版社 2012 年版，第 383 页。
[2] 《马克思恩格斯文集》第 10 卷，人民出版社 2009 年版，第 509 页。
[3] 《列宁选集》第 1 卷，人民出版社 2012 年版，第 95 页。

产主义运动的历史重任，他不遗余力地指导德国社会民主党活动，帮助创建法国工人党，呼吁真正的英国工人运动，并且关切俄国革命动向……这纷繁复杂的日常工作，可以从恩格斯致保尔·拉法格的信中窥见一斑，我要考察欧洲五个大国和许多小国运动的情况，还有美国运动的情况，为此我收到三份德国报纸、两份英国报纸、一份意大利报纸，从1月1日起还有一份维也纳报，总共七份日报。我收到的周报有：德国两份、奥地利七份、法国一份、美国三份（两份是英文的，一份是德文的），意大利两份，以及波兰、保加利亚、西班牙和捷克的各一份，这几种文字中有三种我现在还在逐步掌握。除此之外，还有各种各样的来访者，其中许多人都希望得到详细的说明，这都要占去时间。[1]对于年迈的恩格斯来说，这繁重的工作量超乎人们想象，但他满怀豪情地说："我将以我余下的有限岁月和全部精力，一如既往地完全献给我为之服务近50年的伟大事业——国际无产阶级事业。"[2]"谁要是像我这样50多年来一直在这个运动中从事活动，他就会把由此产生的各项工作看作一种义不容辞的、必须立即履行的义务。"[3]当海德公园中举行为争取八小时工作制的大规模游行示威时，恩格斯却每天至少平均工作16小时。在世的最后一年，恩格斯的身体每况愈下，他一边抓紧一切时间勤奋工作，一边从容准备后事。在多次修改的遗嘱中，他考虑到了几乎所有亲密的人，分别给予财产、藏书、他同马克思的著作手稿及书信，等等，却从未考虑给自己找一块墓地。遵照恩格斯遗愿，他的骨

[1]《马克思恩格斯文集》第10卷，人民出版社2009年版，第680页。
[2]《马克思恩格斯全集》第22卷，人民出版社1965年版，第309—310页。
[3]《马克思恩格斯文集》第7卷，人民出版社2009年版，第4页。

灰最后沉入浩瀚的大海。

虽然后人无从面对恩格斯的骨灰甚至墓碑，但一代代高尚的人们总会为这位慨然战斗一生的勇士洒下热泪。

后 记

“读书使人进步”是一个适用于古今中外的朴素而深刻的大智慧。当今时代，人们缺少的不再是“书 / 信息”，而是阅读汲取“书 / 信息”的兴趣和意志，判断选择“书 / 信息”的态度和眼光。置身于浩如烟海的信息、汗牛充栋的书丛之中，我们应该鞭策自己努力把宝贵的时间和精力花到“经典”上——因为不是所有的“信息”都能成为“书”，也不是所有的“书”都能成为“经典”。

马克思主义经典著作详尽记录着经典作家创立和发展马克思主义的伟大历程，充分展现着经典作家宽广的理论视野、广泛的议题关注、独特的思考角度、丰富的思想内容、多样的论证方式，等等。党的十八大以来，习近平总书记围绕学习马克思主义经典著作发表了一系列重要论述，强调要把读马克思主义经典、悟马克思主义原理当作一种生活习惯、当作一种精神追求，用经典涵养正气、淬炼思想、升华境界、指导实践。[1]

为更好推进马克思主义经典著作学习研究，帮助读者更加客观、更加真切、更加准确、更加系统地理解把握马克思主义基本

[1] 习近平：《在纪念马克思诞辰200周年大会上的讲话》，《人民日报》2018年5月5日第2版。

理论，国防大学政治学院马克思主义经典著作教研团队合作编写了三卷本的《马克思主义经典著作导读》。之所以按照哲学卷、政治经济学卷、科学社会主义卷的结构设置，首先是考虑每一卷的文字体量相对适中；其次是方便各位读者进行专题性关注和使用；同时，我们也坚信，对经典著作的分领域研究和呈现，并不是对马克思主义整体性的消解，相反，往往能带来一种“掘进”式的深化效应。

在每一卷中，我们都努力：(1)精选篇目。结合实际教学需要，在经典作家浩如烟海的著作中精心选择，“以点代面”地帮助读者更高效地领略马克思主义的整体景观、把握马克思主义的理论框架。(2)突出要点。在每个篇目的导读中，不局限于经典著作的固有结构，也跳出导读类作品的传统样貌，不按部就班地进行缩写和搬运，而是采取“阅读导引 + 观点阐释”的总分结构——“阅读导引”部分，概要介绍本篇目的写作背景、地位意义、基本结构等；“观点阐释”部分，则努力抓取本篇目中最核心、最具原理意味的思想点，通过文本和现实、理论和实践的互动深入释义——突出呈现基本原理。(3)易学易懂。对经典著作进行导读，重在忠于原意，难在通俗易懂。我们注意结合理论和实践热点，注意文字表达的简捷明快，力争深入浅出地呈现每个经典篇目的思想意蕴。同时，设置相对生动活泼又有助于深化理解的“知识链接”。(4)陶冶情操。不仅注重知识点的梳理和呈现，而且强调价值观的关切和引领，将经典作家的博大胸怀、坚强意志、伟大人格等有机融合于重要思想导读之中。本丛书把缅怀致敬马克思、恩格斯的两篇文章分别作为代序和代跋，也主要是出于这方面的考虑。

本科学社会主义卷，由姜延军、翟桂萍主持编写、审改定稿。

具体写作分工是：代序，姜延军；《英国工人阶级状况》导读，张光辉；《共产党宣言》导读，姜延军；《法兰西内战》导读，周宝砚；《哥达纲领批判》导读，李海平；《社会主义从空想到科学的发展》导读，周宝砚；《家庭、私有制和国家的起源》导读，翟桂萍、韩新源；《共产主义运动中的"左派"幼稚病》导读，李海平；《国家与革命》导读，翟桂萍；《新民主主义论》导读，王喆；代跋，姜延军、林琳。这些同志，有的是长期奋斗在教学一线的老教授，有的是正值当打之年的中坚骨干，有的是才过而立之年的后起之秀，虽然这只是学院马克思主义经典著作教研团队的部分成员，但都是在这个接力传承的集体中成长起来的，因此，这份成果是这个集体的智慧结晶。

借此，对所有关心、支持、帮助过这个集体的人们，对所有为推进政治学院经典著作教学研究付出过心血的人们，致以衷心感谢。也恳请并感谢各位读者予以批评指正。

编 者

2021 年 8 月

图书在版编目(CIP)数据

马克思主义经典著作导读. 科学社会主义卷/姜延军,翟桂萍主编. —上海:上海人民出版社,2024
ISBN 978-7-208-18808-2

Ⅰ. ①马… Ⅱ. ①姜… ②翟… Ⅲ. ①科学社会主义理论-马克思著作研究 Ⅳ. ①A811.1

中国国家版本馆 CIP 数据核字(2024)第 055120 号

责任编辑 刘华鱼
封面设计 一本好书

马克思主义经典著作导读(科学社会主义卷)
姜延军 翟桂萍 主编

出　版 上海人民出版社
(201101 上海市闵行区号景路 159 弄 C 座)
发　行 上海人民出版社发行中心
印　刷 苏州工业园区美柯乐制版印务有限责任公司
开　本 890×1240 1/32
印　张 8.5
插　页 2
字　数 185,000
版　次 2024 年 6 月第 1 版
印　次 2024 年 6 月第 1 次印刷
ISBN 978-7-208-18808-2/A·159
定　价 68.00 元